À la recherche du temps perdu
IX
Sodome et Gomorrhe

(Première partie)

Copyright © 2022 Marcel Proust
Édition : BoD – Books on Demand, info@bod.fr
Impression : BoD – Books on Demand,
In de Tarpen 42, Norderstedt (Allemagne)
Impression à la demande
ISBN : 978-2-3224-5567-6
Dépôt légal : Août 2022
Mise en page et maquettage : https://reedsy.com/
Cet ouvrage a été composé avec la police Bauer Bodoni Tous droits réservés pour tous pays.

Sodome et Gomorrhe – Première partie

Première apparition des hommes-femmes, descendants de ceux des habitants de Sodome qui furent épargnés par le feu du ciel.

« La femme aura Gomorrhe
et l'homme aura Sodome. »

Alfred de Vigny.

On sait que bien avant d'aller ce jour-là (le jour où avait lieu la soirée de la princesse de Guermantes) rendre au duc et à la duchesse la visite que je viens de raconter, j'avais épié leur retour et fait, pendant la durée de mon guet, une découverte, concernant particulièrement M. de Charlus, mais si importante en elle-même que j'ai jusqu'ici, jusqu'au moment de pouvoir lui donner la place et l'étendue voulues, différé de la rapporter. J'avais, comme je l'ai dit, délaissé le point de vue merveilleux, si confortablement aménagé au haut de la maison, d'où l'on embrasse les pentes accidentées par où l'on monte jusqu'à l'hôtel de Bréquigny, et qui sont gaiement décorées à l'italienne par le rose campanile de la remise appartenant au marquis de Frécourt. J'avais trouvé plus pratique, quand j'avais pensé que le duc et la duchesse étaient sur le point de revenir, de me poster sur l'escalier. Je regrettais un peu mon séjour d'altitude. Mais à cette heure-là, qui était celle d'après le déjeuner, j'avais moins à regretter, car je n'aurais pas vu, comme le matin, les minuscules personnages de tableaux, que devenaient à distance les valets de pied de l'hôtel de Bréquigny et de Tresmes, faire la lente ascension de la côte abrupte, un plumeau à la main, entre les larges feuilles de mica transparentes qui se détachaient si plaisamment sur les contreforts rouges. À défaut de la contemplation du géologue, j'avais du moins celle du botaniste et regardais par les volets de l'escalier le petit arbuste de la duchesse et la plante précieuse exposés dans la cour avec cette insistance qu'on met à faire sortir les jeunes gens à marier, et je me demandais si l'insecte improbable viendrait, par un hasard providentiel, visiter le pistil offert et délaissé. La curiosité m'enhardissant peu à peu, je descendis jusqu'à la fenêtre du rez-de-chaussée, ouverte elle aussi, et dont les volets n'étaient qu'à moitié clos. J'entendais distinctement, se préparant à partir, Jupien qui ne pouvait me découvrir derrière mon store où je restai immobile jusqu'au moment où je me rejetai brusquement de côté par peur d'être vu de M. de Charlus, lequel, allant chez Mme de Villeparisis, traversait lentement la cour, bedonnant, vieilli par le plein jour, grisonnant. Il avait fallu une indisposition de Mme de Villeparisis (conséquence de la maladie du marquis de Fierbois avec lequel il était personnellement brouillé à mort) pour que M. de Charlus fît une visite, peut-être la première fois de son existence, à cette heure-là. Car avec cette singularité des Guermantes qui, au lieu de se conformer à la vie mondaine, la modifiaient d'après leurs habitudes personnelles (non mondaines, croyaient-ils, et dignes par conséquent qu'on humiliât devant elles cette chose sans valeur, la mondanité – c'est ainsi que Mme de Marsantes n'avait pas de jour, mais recevait tous les matins ses amies, de 10 heures à midi) – le baron, gardant ce temps pour la lecture, la recherche des vieux bibelots, etc... ne faisait jamais une visite qu'entre 4 et 6 heures du soir. À 6 heures il allait au Jockey ou se promener au Bois. Au bout d'un instant je fis un nouveau mouvement de recul pour ne pas être vu par Jupien ; c'était bientôt son heure de partir au bureau, d'où il ne revenait que pour le dîner, et même pas toujours depuis une semaine que sa nièce était allée avec ses apprenties à la campagne chez une cliente finir une robe. Puis me rendant compte que personne ne pouvait me voir, je résolus de ne plus me déranger de peur de manquer, si le miracle devait se produire, l'arrivée presque impossible à espérer (à travers tant d'obstacles, de distance, de risques contraires, de dangers) de l'insecte envoyé de si loin en ambassadeur à la vierge qui depuis longtemps prolongeait son attente. Je savais que cette attente n'était pas plus passive que chez la fleur mâle, dont les étamines s'étaient spontanément tournées pour que l'insecte pût plus facilement la recevoir ; de même la fleur-femme qui était ici, si l'insecte venait, arquerait coquettement ses « styles », et pour être mieux pénétrée par lui ferait imperceptiblement, comme une jouvencelle hypocrite mais ardente, la moitié du chemin. Les lois du monde végétal sont gouvernées elles-mêmes par des lois de plus en plus hautes. Si la visite d'un insecte, c'est-à-dire l'apport de la semence d'une autre fleur, est habituellement nécessaire pour féconder une fleur, c'est que l'autofécondation, la fécondation de la fleur par elle-même, comme les mariages répétés dans une même famille, amènerait la dégénérescence et la stérilité, tandis que le croisement opéré par les insectes donne aux générations suivantes de la même espèce une vigueur inconnue de leurs aînées. Cependant cet essor peut être excessif, l'espèce se développer démesurément ; alors, comme une antitoxine défend contre la maladie, comme le corps thyroïde règle notre embonpoint, comme la défaite vient punir l'orgueil, la fatigue le plaisir, et comme le sommeil repose à son tour de la fatigue, ainsi un acte exceptionnel d'autofécondation vient à point nommé donner son tour de vis, son coup de frein, fait rentrer dans la norme la fleur qui en était exagérément sortie. Mes réflexions avaient suivi une pente que je décrirai plus tard et j'avais déjà tiré de la ruse apparente des fleurs une conséquence sur toute une partie inconsciente de l'œuvre littéraire, quand je vis M. de Charlus qui ressortait de chez la marquise. Il ne s'était passé que quelques minutes depuis son entrée. Peut-être avait-il appris de sa vieille parente elle-même, ou seulement par un domestique, le grand mieux ou plutôt la guérison complète de ce qui n'avait été chez Mme de Villeparisis qu'un malaise. À ce moment, où il ne se croyait regardé par personne, les paupières baissées contre le soleil, M. de Charlus avait relâché dans son visage cette tension, amorti cette vitalité factice, qu'entretenaient chez lui l'animation de la causerie et la force de la volonté. Pâle comme un marbre, il avait le nez fort, ses traits fins ne recevaient plus d'un regard volontaire une signification différente qui altérât la beauté de leur modelé ; plus rien qu'un Guermantes, il semblait déjà sculpté, lui Palamède XV, dans la chapelle de Combray. Mais ces traits généraux de toute une famille prenaient pourtant, dans le visage de M. de Charlus, une finesse plus spiritualisée, plus douce surtout. Je regrettais pour lui qu'il adultérât habituellement de tant de violences, d'étrangetés déplaisantes, de potinages, de dureté, de susceptibilité et d'arrogance, qu'il cachât sous une brutalité postiche l'aménité, la bonté qu'au moment où il sortait de chez Mme de Villeparisis, je voyais s'étaler si naïvement sur son visage. Clignant des yeux contre le soleil, il semblait presque sourire, je trouvai à sa figure vue ainsi au repos et comme au naturel quelque chose de si affectueux, de si désarmé, que je ne pus m'empêcher de penser combien M. de Charlus eût été fâché s'il avait pu se savoir regardé ; car ce à quoi me faisait penser cet homme, qui était si épris, qui se piquait si fort de virilité, à qui tout le monde semblait odieusement efféminé, ce à quoi il me faisait penser tout d'un coup, tant il en avait passagèrement les traits, l'expression, le sourire, c'était à une femme.

J'allais me déranger de nouveau pour qu'il ne pût m'apercevoir ; je n'en eus ni le temps, ni le besoin. Que vis-je ! Face à face, dans cette cour où ils ne s'étaient certainement jamais rencontrés (M. de Charlus ne venant à l'hôtel Guermantes que dans l'après-midi, aux heures où Jupien était à son bureau), le baron, ayant soudain largement ouvert ses yeux mi-clos, regardait avec une attention extraordinaire l'ancien giletier sur le seuil de sa boutique, cependant que celui-ci, cloué subitement sur place devant M. de Charlus, enraciné comme une plante, contemplait d'un air émerveillé l'embonpoint du baron vieillissant. Mais, chose plus étonnante encore, l'attitude de M. de Charlus ayant changé, celle de Jupien se mit aussitôt, comme selon les lois d'un art secret, en harmonie avec elle. Le baron, qui cherchait maintenant à dissimuler l'impression qu'il avait ressentie, mais qui, malgré son indifférence affectée, semblait ne s'éloigner qu'à regret, allait, venait, regardait dans le vague de la façon qu'il pensait mettre le plus en valeur la beauté de ses prunelles, prenait un air fat, négligent, ridicule. Or Jupien, perdant aussitôt l'air humble et bon que je lui avais toujours connu, avait – en symétrie parfaite avec le baron – redressé la tête, donnait à sa taille un port avantageux, posait avec une impertinence grotesque son poing sur la hanche, faisait saillir son derrière, prenait des poses avec la coquetterie qu'aurait pu avoir l'orchidée pour le bourdon providentiellement survenu. Je ne savais pas qu'il pût avoir l'air si antipathique. Mais j'ignorais aussi qu'il fût capable de tenir à l'improviste sa partie dans cette sorte de scène des deux muets, qui (bien qu'il se trouvât pour la première fois en présence de M. de Charlus) semblait avoir été longuement répétée ; – on n'arrive spontanément à cette perfection que quand on rencontre à l'étranger un compatriote, avec lequel alors l'entente se fait d'elle-même, le truchement étant identique, et sans qu'on se soit pourtant jamais vu.

    Cette scène n'était, du reste, pas positivement comique, elle était empreinte d'une étrangeté, ou si l'on veut d'un naturel, dont la beauté allait croissant. M. de Charlus avait beau prendre un air détaché, baisser distraitement les paupières, par moments il les relevait et jetait alors sur Jupien un regard attentif. Mais (sans doute parce qu'il pensait qu'une pareille scène ne pourrait se prolonger indéfiniment dans cet endroit, soit pour des raisons qu'on comprendra plus tard, soit enfin par ce sentiment de la brièveté de toutes choses qui fait qu'on veut que chaque coup porte juste, et qui rend si émouvant le spectacle de tout amour), chaque fois que M. de Charlus regardait Jupien, il s'arrangeait pour que son regard fût accompagné d'une parole, ce qui le rendait infiniment dissemblable des regards habituellement dirigés sur une personne qu'on connaît ou qu'on ne connaît pas ; il regardait Jupien avec la fixité particulière de quelqu'un qui va vous dire : « Pardonnez-moi mon indiscrétion, mais vous avez un long fil blanc qui pend dans votre dos », ou bien : « Je ne dois pas me tromper, vous devez être aussi de Zurich, il me semble bien vous avoir rencontré souvent chez le marchand d'antiquités. » Telle, toutes les deux minutes, la même question semblait intensément posée à Jupien dans l'œillade de M. de Charlus, comme ces phrases interrogatives de Beethoven, répétées indéfiniment, à intervalles égaux, et destinées – avec un luxe exagéré de préparations – à amener un nouveau motif, un changement de ton, une « rentrée ». Mais justement la beauté des regards de M. de Charlus et de Jupien venait, au contraire, de ce que, provisoirement du moins, ces regards ne semblaient pas avoir pour but de conduire à quelque chose. Cette beauté, c'était la première fois que je voyais le baron et Jupien la manifester. Dans les yeux de l'un et de l'autre, c'était le ciel, non pas de Zurich, mais de quelque cité orientale dont je n'avais pas encore deviné le nom, qui venait de se lever. Quel que fût le point qui pût retenir M. de Charlus et le giletier, leur accord semblait conclu et ces inutiles regards n'être que des préludes rituels, pareils aux fêtes qu'on donne avant un mariage décidé. Plus près de la nature encore – et la multiplicité de ces comparaisons est elle-même d'autant plus naturelle qu'un même homme, si on l'examine pendant quelques minutes, semble successivement un homme, un homme-oiseau ou un homme-insecte, etc. – on eût dit deux oiseaux, le mâle et la femelle, le mâle cherchant à s'avancer, la femelle – Jupien – ne répondant plus par aucun signe à ce manège, mais regardant son nouvel ami sans étonnement, avec une fixité inattentive, jugée sans doute plus troublante et seule utile, du moment que le mâle avait fait les premiers pas, et se contentant de lisser ses plumes. Enfin l'indifférence de Jupien ne parut plus lui suffire ; de cette certitude d'avoir conquis à se faire poursuivre et désirer, il n'y avait qu'un pas et Jupien, se décidant à partir pour son travail, sortit par la porte cochère. Ce ne fut pourtant qu'après avoir retourné deux ou trois fois la tête, qu'il s'échappa dans la rue où le baron, tremblant de perdre sa piste (sifflotant d'un air fanfaron, non sans crier un « au revoir » au concierge qui, à demi saoul et traitant des invités dans son arrière-cuisine, ne l'entendit même pas), s'élança vivement pour le rattraper. Au même instant où M. de Charlus avait passé la porte en sifflant comme un gros bourdon, un autre, un vrai celui-là, entrait dans la cour. Qui sait si ce n'était pas celui attendu depuis si longtemps par l'orchidée, et qui venait lui apporter le pollen si rare sans lequel elle resterait vierge ? Mais je fus distrait de suivre les ébats de l'insecte, car au bout de quelques minutes, sollicitant davantage mon attention, Jupien (peut-être afin de prendre un paquet qu'il emporta plus tard et que, dans l'émotion que lui avait causée l'apparition de M. de Charlus, il avait oublié, peut-être tout simplement pour une raison plus naturelle), Jupien revint, suivi par le baron. Celui-ci, décidé à brusquer les choses, demanda du feu au giletier, mais observa aussitôt : « Je vous demande du feu, mais je vois que j'ai oublié mes cigares. » Les lois de l'hospitalité l'emportèrent sur les règles de la coquetterie : « Entrez, on vous donnera tout ce que vous voudrez », dit le giletier, sur la figure de qui le dédain fit place à la joie. La porte de la boutique se referma sur eux et je ne pus plus rien entendre. J'avais perdu de vue le bourdon, je ne savais pas s'il était l'insecte qu'il fallait à l'orchidée, mais je ne doutais plus, pour un insecte très rare et une fleur captive, de la possibilité miraculeuse de se conjoindre, alors que M. de Charlus (simple comparaison pour les providentiels hasards, quels qu'ils soient, et sans la moindre prétention scientifique de rapprocher certaines lois de la botanique et ce qu'on appelle parfois fort mal l'homosexualité), qui, depuis des années, ne venait dans cette maison qu'aux heures où Jupien n'y était pas, par le hasard d'une indisposition de Mme de Villeparisis, avait rencontré le giletier et avec lui la bonne fortune réservée aux hommes du genre du baron par un de ces êtres qui peuvent même être, on le verra, infiniment plus jeunes que Jupien et plus beaux, l'homme prédestiné pour que ceux-ci aient leur part de volupté sur cette terre : l'homme qui n'aime que les vieux messieurs.

Ce que je viens de dire d'ailleurs ici est ce que je ne devais comprendre que quelques minutes plus tard, tant adhèrent à la réalité ces propriétés d'être invisible, jusqu'à ce qu'une circonstance l'ait dépouillée d'elles. En tout cas, pour le moment j'étais fort ennuyé de ne plus entendre la conversation de l'ancien giletier et du baron. J'avisai alors la boutique à louer, séparée seulement de celle de Jupien par une cloison extrêmement mince. Je n'avais pour m'y rendre qu'à remonter à notre appartement, aller à la cuisine, descendre l'escalier de service jusqu'aux caves, les suivre intérieurement pendant toute la largeur de la cour, et, arrivé à l'endroit du sous-sol où l'ébéniste, il y a quelques mois encore, serrait ses boiseries, où Jupien comptait mettre son charbon, monter les quelques marches qui accédaient à l'intérieur de la boutique. Ainsi toute ma route se ferait à couvert, je ne serais vu de personne. C'était le moyen le plus prudent. Ce ne fut pas celui que j'adoptai, mais, longeant les murs, je contournai à l'air libre la cour en tâchant de ne pas être vu. Si je ne le fus pas, je pense que je le dois plus au hasard qu'à ma sagesse. Et au fait que j'aie pris un parti si imprudent, quand le cheminement dans la cave était si sûr, je vois trois raisons possibles, à supposer qu'il y en ait une. Mon impatience d'abord. Puis peut-être un obscur ressouvenir de la scène de Montjouvain, caché devant la fenêtre de Mlle Vinteuil. De fait, les choses de ce genre auxquelles j'assistai eurent toujours, dans la mise en scène, le caractère le plus imprudent et le moins vraisemblable, comme si de telles révélations ne devaient être la récompense que d'un acte plein de risques, quoique en partie clandestin. Enfin j'ose à peine, à cause de son caractère d'enfantillage, avouer la troisième raison, qui fut, je crois bien, inconsciemment déterminante. Depuis que pour suivre – et voir se démentir – les principes militaires de Saint-Loup, j'avais suivi avec grand détail la guerre des Boërs, j'avais été conduit à relire d'anciens récits d'explorations, de voyages. Ces récits m'avaient passionné et j'en faisais l'application dans la vie courante pour me donner plus de courage. Quand des crises m'avaient forcé à rester plusieurs jours et plusieurs nuits de suite non seulement sans dormir, mais sans m'étendre, sans boire et sans manger, au moment où l'épuisement et la souffrance devenaient tels que je pensais n'en sortir jamais, je pensais à tel voyageur jeté sur la grève, empoisonné par des herbes malsaines, grelottant de fièvre dans ses vêtements trempés par l'eau de la mer, et qui pourtant se sentait mieux au bout de deux jours, reprenait au hasard sa route, à la recherche d'habitants quelconques, qui seraient peut-être des anthropophages. Leur exemple me tonifiait, me rendait l'espoir, et j'avais honte d'avoir eu un moment de découragement. Pensant aux Boërs qui, ayant en face d'eux des armées anglaises, ne craignaient pas de s'exposer au moment où il fallait traverser, avant de retrouver un fourré, des parties de rase campagne : « Il ferait beau voir, pensai-je, que je fusse plus pusillanime, quand le théâtre d'opérations est simplement notre propre cour, et quand, moi qui me suis battu plusieurs fois en duel sans aucune crainte, au moment de l'affaire Dreyfus, le seul fer que j'aie à craindre est celui du regard des voisins qui ont autre chose à faire qu'à regarder dans la cour. »

Mais quand je fus dans la boutique, évitant de faire craquer le moins du monde le plancher, en me rendant compte que le moindre craquement dans la boutique de Jupien s'entendait de la mienne, je songeai combien Jupien et M. de Charlus avaient été imprudents et combien la chance les avait servis.

Je n'osais bouger. Le palefrenier des Guermantes, profitant sans doute de leur absence, avait bien transféré dans la boutique où je me trouvais une échelle serrée jusque-là dans la remise. Et si j'y étais monté j'aurais pu ouvrir le vasistas et entendre comme si j'avais été chez Jupien même. Mais je craignais de faire du bruit. Du reste c'était inutile. Je n'eus même pas à regretter de n'être arrivé qu'au bout de quelques minutes dans ma boutique. Car d'après ce que j'entendis les premiers temps dans celle de Jupien et qui ne furent que des sons inarticulés, je suppose que peu de paroles furent prononcées. Il est vrai que ces sons étaient si violents que, s'ils n'avaient pas été toujours repris un octave plus haut par une plainte parallèle, j'aurais pu croire qu'une personne en égorgeait une autre à côté de moi et qu'ensuite le meurtrier et sa victime ressuscitée prenaient un bain pour effacer les traces du crime. J'en conclus plus tard qu'il y a une chose aussi bruyante que la souffrance, c'est le plaisir, surtout quand s'y ajoutent – à défaut de la peur d'avoir des enfants, ce qui ne pouvait être le cas ici, malgré l'exemple peu probant de la Légende dorée – des soucis immédiats de propreté. Enfin au bout d'une demi-heure environ (pendant laquelle je m'étais hissé à pas de loup sur mon échelle afin de voir par le vasistas que je n'ouvris pas), une conversation s'engagea. Jupien refusait avec force l'argent que M. de Charlus voulait lui donner.

Au bout d'une demi-heure, M. de Charlus ressortit. « Pourquoi avez-vous votre menton rasé comme cela, dit-il au baron d'un ton de câlinerie. C'est si beau une belle barbe. – Fi ! c'est dégoûtant », répondit le baron.

Cependant il s'attardait encore sur le pas de la porte et demandait à Jupien des renseignements sur le quartier. « Vous ne savez rien sur le marchand de marrons du coin, pas à gauche, c'est une horreur, mais du côté pair, un grand gaillard tout noir ? Et le pharmacien d'en face, il a un cycliste très gentil qui porte ses médicaments. » Ces questions froissèrent sans doute Jupien car, se redressant avec le dépit d'une grande coquette trahie, il répondit : « Je vois que vous avez un cœur d'artichaut. » Proféré d'un ton douloureux, glacial et maniéré, ce reproche fut sans doute sensible à M. de Charlus qui, pour effacer la mauvaise impression que sa curiosité avait produite, adressa à Jupien, trop bas pour que je distinguasse bien les mots, une prière qui nécessiterait sans doute qu'ils prolongeassent leur séjour dans la boutique et qui toucha assez le giletier pour effacer sa souffrance, car il considéra la figure du baron, grasse et congestionnée sous les cheveux gris, de l'air noyé de bonheur de quelqu'un dont on vient de flatter profondément l'amour-propre, et, se décidant à accorder à M. de Charlus ce que celui-ci venait de lui demander, Jupien, après des remarques dépourvues de distinction telles que : « Vous en avez un gros pétard ! », dit au baron d'un air souriant, ému, supérieur et reconnaissant : « Oui, va, grand gosse ! »

« Si je reviens sur la question du conducteur de tramway, reprit M. de Charlus avec ténacité, c'est qu'en dehors de tout, cela pourrait présenter quelque intérêt pour le retour. Il m'arrive en effet, comme le calife qui parcourait Bagdad pris pour un simple marchand, de condescendre à suivre quelque curieuse petite personne dont la silhouette m'aura amusé. » Je fis ici la même remarque que j'avais faite sur Bergotte. S'il avait jamais à répondre devant un tribunal, il userait non de phrases propres à convaincre les juges, mais de ces phrases bergottesques que son tempérament littéraire particulier lui suggérait naturellement et lui faisait trouver plaisir à employer. Pareillement M. de Charlus se servait, avec le giletier, du même langage qu'il eût fait avec des gens du monde de sa coterie, exagérant même ses tics, soit que la timidité contre laquelle il s'efforçait de lutter le poussât à un excessif orgueil, soit que, l'empêchant de se dominer (car on est plus troublé devant quelqu'un qui n'est pas de votre milieu), elle le forçât de dévoiler, de mettre à nu sa nature, laquelle était en effet orgueilleuse et un peu folle, comme disait Mme de Guermantes. « Pour ne pas perdre sa piste, continua-t-il, je saute comme un petit professeur, comme un jeune et beau médecin, dans le même tramway que la petite personne, dont nous ne parlons au féminin que pour suivre la règle (comme on dit en parlant d'un prince : Est-ce que Son Altesse est bien portante). Si elle change de tramway, je prends, avec peut-être les microbes de la peste, la chose incroyable appelée « correspondance », un numéro, et qui, bien qu'on le remette à moi, n'est pas toujours le n° 1 ! Je change ainsi jusqu'à trois, quatre fois de « voiture ». Je m'échoue parfois à onze heures du soir à la gare d'Orléans, et il faut revenir ! Si encore ce n'était que de la gare d'Orléans ! Mais une fois, par exemple, n'ayant pu entamer la conversation avant, je suis allé jusqu'à Orléans même, dans un de ces affreux wagons où on a comme vue, entre des triangles d'ouvrages dits de « filet », la photographie des principaux chefs-d'œuvre d'architecture du réseau. Il n'y avait qu'une place de libre, j'avais en face de moi, comme monument historique, une « vue » de la cathédrale d'Orléans, qui est la plus laide de France, et aussi fatigante à regarder ainsi malgré moi que si on m'avait forcé d'en fixer les tours dans la boule de verre de ces porte-plume optiques qui donnent des ophtalmies. Je descendis aux Aubrais en même temps que ma jeune personne qu'hélas, sa famille (alors que je lui supposais tous les défauts excepté celui d'avoir une famille) attendait sur le quai ! Je n'eus pour consolation, en attendant le train qui me ramènerait à Paris, que la maison de Diane de Poitiers. Elle a eu beau charmer un de mes ancêtres royaux, j'eusse préféré une beauté plus vivante. C'est pour cela, pour remédier à l'ennui de ces retours seul, que j'aimerais assez connaître un garçon des wagons-lits, un conducteur d'omnibus. Du reste ne soyez pas choqué, conclut le baron, tout cela est une question de genre. Pour les jeunes gens du monde par exemple, je ne désire aucune possession physique, mais je ne suis tranquille qu'une fois que je les ai touchés, je ne veux pas dire matériellement, mais touché leur corde sensible. Une fois qu'au lieu de laisser mes lettres sans réponse, un jeune homme ne cesse plus de m'écrire, qu'il est à ma disposition morale, je suis apaisé, ou du moins je le serais, si je n'étais bientôt saisi par le souci d'un autre. C'est assez curieux, n'est-ce pas ? À propos de jeunes gens du monde, parmi ceux qui viennent ici, vous n'en connaissez pas ? – Non, mon bébé. Ah ! si, un brun, très grand, à monocle, qui rit toujours et se retourne. – Je ne vois pas qui vous voulez dire. » Jupien compléta le portrait, M. de Charlus ne pouvait arriver à trouver de qui il s'agissait, parce qu'il ignorait que l'ancien giletier était une de ces personnes, plus nombreuses qu'on ne croit, qui ne se rappellent pas la couleur des cheveux des gens qu'ils connaissent peu. Mais pour moi, qui savais cette infirmité de Jupien et qui remplaçais brun par blond, le portrait me parut se rapporter exactement au duc de Châtellerault. « Pour revenir aux jeunes gens qui ne sont pas du peuple, reprit le baron, en ce moment j'ai la tête tournée par un étrange petit bonhomme, un intelligent petit bourgeois, qui montre à mon égard une incivilité prodigieuse. Il n'a aucunement la notion du prodigieux personnage que je suis et du microscopique vibrion qu'il figure. Après tout qu'importe, ce petit âne peut braire autant qu'il lui plaît devant ma robe auguste d'évêque. – Évêque ! s'écria Jupien qui n'avait rien compris des dernières phrases que venait de prononcer M. de Charlus, mais que le mot d'évêque stupéfia. Mais cela ne va guère avec la religion, dit-il. – J'ai trois papes dans ma famille, répondit M. de Charlus, et le droit de draper en rouge à cause d'un titre cardinalice, la nièce du cardinal mon grand-oncle ayant apporté à mon grand-père le titre de duc qui fut substitué. Je vois que les métaphores vous laissent sourd et l'histoire de France indifférent. Du reste, ajouta-t-il, peut-être moins en manière de conclusion que d'avertissement, cet attrait qu'exercent sur moi les jeunes personnes qui me fuient, par crainte, bien entendu, car seul le respect leur ferme la bouche pour me crier qu'elles m'aiment, requiert-il d'elles un rang social éminent. Encore leur feinte indifférence peut-elle produire malgré cela l'effet directement contraire. Sottement prolongée elle m'écœure. Pour prendre un exemple dans une classe qui vous sera plus familière, quand on répara mon hôtel, pour ne pas faire de jalouses entre toutes les duchesses qui se disputaient l'honneur de pouvoir me dire qu'elles m'avaient logé, j'allai passer quelques jours à l'« hôtel », comme on dit. Un des garçons d'étage m'était connu, je lui désignai un curieux petit « chasseur » qui fermait les portières et qui resta réfractaire à mes propositions. À la fin exaspéré, pour lui prouver que mes intentions étaient pures, je lui fis offrir une somme ridiculement élevée pour monter seulement me parler cinq minutes dans ma chambre. Je l'attendis inutilement. Je le pris alors en un tel dégoût que je sortais par la porte de service pour ne pas apercevoir la frimousse de ce vilain petit drôle. J'ai su depuis qu'il n'avait jamais eu aucune de mes lettres, qui avaient été interceptées, la première par le garçon d'étage qui était envieux, la seconde par le concierge de jour qui était vertueux, la troisième par le concierge de nuit qui aimait le jeune chasseur et couchait avec lui à l'heure où Diane se levait. Mais mon dégoût n'en a pas moins persisté, et m'apporterait-on le chasseur comme un simple gibier de chasse sur un plat d'argent, je le repousserais avec un vomissement. Mais voilà le malheur, nous avons parlé de choses sérieuses et maintenant c'est fini entre nous pour ce que j'espérais. Mais vous pourriez me rendre de grands services, vous entremettre ; et puis non, rien que cette idée me rend quelque gaillardise et je sens que rien n'est fini. »

Dès le début de cette scène, une révolution, pour mes yeux dessillés, s'était opérée en M. de Charlus, aussi complète, aussi immédiate que s'il avait été touché par une baguette magique. Jusque-là, parce que je n'avais pas compris, je n'avais pas vu. Le vice (on parle ainsi pour la commodité du langage), le vice de chacun l'accompagne à la façon de ce génie qui était invisible pour les hommes tant qu'ils ignoraient sa présence. La bonté, la fourberie, le nom, les relations mondaines, ne se laissent pas découvrir, et on les porte cachés. Ulysse lui-même ne reconnaissait pas d'abord Athéné. Mais les dieux sont immédiatement perceptibles aux dieux, le semblable aussi vite au semblable, ainsi encore l'avait été M. de Charlus à Jupien. Jusqu'ici je m'étais trouvé, en face de M. de Charlus, de la même façon qu'un homme distrait, lequel, devant une femme enceinte dont il n'a pas remarqué la taille alourdie, s'obstine, tandis qu'elle lui répète en souriant : « Oui, je suis un peu fatiguée en ce moment », à lui demander indiscrètement : « Qu'avez-vous donc ? » Mais que quelqu'un lui dise : « Elle est grosse », soudain il aperçoit le ventre et ne verra plus que lui. C'est la raison qui ouvre les yeux ; une erreur dissipée nous donne un sens de plus.

Les personnes qui n'aiment pas se reporter comme exemples de cette loi aux messieurs de Charlus de leur connaissance, que pendant bien longtemps elles n'avaient pas soupçonnés, jusqu'au jour où, sur la surface unie de l'individu pareil aux autres, sont venus apparaître, tracés en une encre jusque-là invisible, les caractères qui composent le mot cher aux anciens Grecs, n'ont, pour se persuader que le monde qui les entoure leur apparaît d'abord nu, dépouillé de mille ornements qu'il offre à de plus instruits, qu'à se souvenir combien de fois, dans la vie, il leur est arrivé d'être sur le point de commettre une gaffe. Rien, sur le visage privé de caractères de tel ou tel homme, ne pouvait leur faire supposer qu'il était précisément le frère, ou le fiancé, ou l'amant d'une femme dont elles allaient dire : « Quel chameau ! » Mais alors, par bonheur, un mot que leur chuchote un voisin arrête sur leurs lèvres le terme fatal. Aussitôt apparaissent, comme un Mane, Thecel, Pharès, ces mots : il est le fiancé, ou : il est le frère, ou : il est l'amant de la femme qu'il ne convient pas d'appeler devant lui : « chameau ». Et cette seule notion nouvelle entraînera tout un regroupement, le retrait ou l'avance de la fraction des notions, désormais complétées, qu'on possédait sur le reste de la famille. En M. de Charlus un autre être avait beau s'accoupler, qui le différenciait des autres hommes, comme dans le centaure le cheval, cet être avait beau faire corps avec le baron, je ne l'avais jamais aperçu. Maintenant l'abstrait s'était matérialisé, l'être enfin compris avait aussitôt perdu son pouvoir de rester invisible, et la transmutation de M. de Charlus en une personne nouvelle était si complète, que non seulement les contrastes de son visage, de sa voix, mais rétrospectivement les hauts et les bas eux-mêmes de ses relations avec moi, tout ce qui avait paru jusque-là incohérent à mon esprit, devenaient intelligibles, se montraient évidents, comme une phrase, n'offrant aucun sens tant qu'elle reste décomposée en lettres disposées au hasard, exprime, si les caractères se trouvent replacés dans l'ordre qu'il faut, une pensée que l'on ne pourra plus oublier.

De plus je comprenais maintenant pourquoi tout à l'heure, quand je l'avais vu sortir de chez M*me* de Villeparisis, j'avais pu trouver que M. de Charlus avait l'air d'une femme : c'en était une ! Il appartenait à la race de ces êtres, moins contradictoires qu'ils n'en ont l'air, dont l'idéal est viril, justement parce que leur tempérament est féminin, et qui sont dans la vie pareils, en apparence seulement, aux autres hommes ; là où chacun porte, inscrite en ces yeux à travers lesquels il voit toutes choses dans l'univers, une silhouette installée dans la facette de la prunelle, pour eux ce n'est pas celle d'une nymphe, mais d'un éphèbe. Race sur qui pèse une malédiction et qui doit vivre dans le mensonge et le parjure, puisqu'elle sait tenu pour punissable et honteux, pour inavouable, son désir, ce qui fait pour toute créature la plus grande douceur de vivre ; qui doit renier son Dieu, puisque, même chrétiens, quand à la barre du tribunal ils comparaissent comme accusés, il leur faut, devant le Christ et en son nom, se défendre comme d'une calomnie de ce qui est leur vie même ; fils sans mère, à laquelle ils sont obligés de mentir toute la vie et même à l'heure de lui fermer les yeux ; amis sans amitiés, malgré toutes celles que leur charme fréquemment reconnu inspire et que leur cœur souvent bon ressentirait ; mais peut-on appeler amitiés ces relations qui ne végètent qu'à la faveur d'un mensonge et d'où le premier élan de confiance et de sincérité qu'ils seraient tentés d'avoir les ferait rejeter avec dégoût, à moins qu'ils n'aient à faire à un esprit impartial, voire sympathique, mais qui alors, égaré à leur endroit par une psychologie de convention, fera découler du vice confessé l'affection même qui lui est la plus étrangère, de même que certains juges supposent et excusent plus facilement l'assassinat chez les invertis et la trahison chez les Juifs pour des raisons tirées du péché originel et de la fatalité de la race. Enfin – du moins selon la première théorie que j'en esquissais alors, qu'on verra se modifier par la suite, et en laquelle cela les eût par-dessus tout fâchés si cette contradiction n'avait été dérobée à leurs yeux par l'illusion même que les faisait voir et vivre – amants à qui est presque fermée la possibilité de cet amour dont l'espérance leur donne la force de supporter tant de risques et de solitudes, puisqu'ils sont justement épris d'un homme qui n'aurait rien d'une femme, d'un homme qui ne serait pas inverti et qui, par conséquent, ne peut les aimer ; de sorte que leur désir serait à jamais inassouvissable si l'argent ne leur livrait de vrais hommes, et si l'imagination ne finissait par leur faire prendre pour de vrais hommes les invertis à qui ils se sont prostitués. Sans honneur que précaire, sans liberté que provisoire, jusqu'à la découverte du crime ; sans situation qu'instable, comme pour le poète la veille fêté dans tous les salons, applaudi dans tous les théâtres de Londres, chassé le lendemain de tous les garnis sans pouvoir trouver un oreiller où reposer sa tête, tournant la meule comme Samson et disant comme lui : « Les deux sexes mourront chacun de son côté » ; exclus même, hors les jours de grande infortune où le plus grand nombre se rallie autour de la victime, comme les Juifs autour de Dreyfus, de la sympathie – parfois de la société – de leurs semblables, auxquels ils donnent le dégoût de voir ce qu'ils sont, dépeint dans un miroir qui, ne les flattant plus, accuse toutes les tares qu'ils n'avaient pas voulu remarquer chez eux-mêmes et qui leur fait comprendre que ce qu'ils appelaient leur amour (et à quoi, en jouant sur le mot, ils avaient, par sens social, annexé tout ce que la poésie, la peinture, la musique, la chevalerie, l'ascétisme, ont pu ajouter à l'amour) découle non d'un idéal de beauté qu'ils ont élu, mais d'une maladie inguérissable ; comme les Juifs encore (sauf quelques-uns qui ne veulent fréquenter que ceux de leur race, ont toujours à la bouche les mots rituels et les plaisanteries consacrées) se fuyant les uns les autres, recherchant ceux qui leur sont le plus opposés, qui ne veulent pas d'eux, pardonnant leurs rebuffades, s'enivrant de leurs complaisances ; mais aussi rassemblés à leurs pareils par l'ostracisme qui les frappe, l'opprobre où ils sont tombés, ayant fini par prendre, par une persécution semblable à celle d'Israël, les caractères physiques et moraux d'une race, parfois beaux, souvent affreux, trouvant (malgré toutes les moqueries dont celui qui, plus mêlé, mieux assimilé à la race adverse, est relativement, en apparence, le moins inverti, accable qui l'est demeuré davantage) une détente dans la fréquentation de leurs semblables, et même un appui dans leur existence, si bien que, tout en niant qu'ils soient une race (dont le nom est la plus grande injure), ceux qui parviennent à cacher qu'ils en sont, ils les démasquent volontiers, moins pour leur nuire, ce qu'ils ne détestent pas, que pour s'excuser, et allant chercher, comme un médecin l'appendicite, l'inversion jusque dans l'histoire, ayant plaisir à rappeler que Socrate était l'un d'eux, comme les Israélites disent de Jésus, sans songer qu'il n'y avait pas d'anormaux quand l'homosexualité était la norme, pas d'antichrétiens avant le Christ, que l'opprobre seul fait le crime, parce qu'il n'a laissé subsister que ceux qui étaient réfractaires à toute prédication, à tout exemple, à tout châtiment, en vertu d'une disposition innée tellement spéciale qu'elle répugne plus aux autres hommes (encore qu'elle puisse s'accompagner de hautes qualités morales) que de certains vices qui y contredisent, comme le vol, la cruauté, la mauvaise foi, mieux compris, donc plus excusés du commun des hommes ; formant une franc-maçonnerie bien plus étendue, plus efficace et moins soupçonnée que celle des loges, car elle repose sur une identité de goûts, de besoins, d'habitudes, de dangers, d'apprentissage, de savoir, de trafic, de glossaire, et dans laquelle les membres mêmes qui souhaitent de ne pas se connaître aussitôt se reconnaissent à des signes naturels ou de convention, involontaires ou voulus, qui signalent un de ses semblables au mendiant dans le grand seigneur à qui il ferme la portière de sa voiture, au père dans le fiancé de sa fille, à celui qui avait voulu se guérir, se confesser, qui avait à se défendre, dans le médecin, dans le prêtre, dans l'avocat qu'il est allé trouver ; tous obligés à protéger leur secret, mais ayant leur part d'un secret des autres que le reste de l'humanité ne soupçonne pas et qui fait qu'à eux les romans d'aventure les plus invraisemblables semblent vrais, car dans cette vie romanesque, anachronique, l'ambassadeur est ami du forçat ; le prince, avec une certaine liberté d'allures que donne l'éducation aristocratique et qu'un petit bourgeois tremblant n'aurait pas, en sortant de chez la duchesse s'en va conférer avec l'apache ; partie réprouvée de la collectivité humaine, mais partie importante, soupçonnée là où elle n'est pas étalée, insolente, impunie là où elle n'est pas devinée ; comptant des adhérents partout, dans le peuple, dans l'armée, dans le temple, au bagne, sur le trône ; vivant enfin, du moins un grand nombre, dans l'intimité caressante et dangereuse avec les hommes de l'autre race, les provoquant, jouant avec eux à parler de son vice comme s'il n'était pas sien, jeu qui est rendu facile par l'aveuglement ou la fausseté des autres, jeu qui peut se prolonger des années jusqu'au jour du scandale où ces dompteurs sont dévorés ; jusque-là obligés de cacher leur vie, de détourner leurs regards d'où ils voudraient se fixer, de les fixer sur ce dont ils voudraient se détourner, de changer le genre de bien des adjectifs dans leur vocabulaire, contrainte sociale légère auprès de la contrainte intérieure que leur vice, ou ce qu'on nomme improprement ainsi, leur impose non plus à l'égard des autres mais d'eux-mêmes, et de façon qu'à eux-mêmes il ne leur paraisse pas un vice. Mais certains, plus pratiques, plus pressés, qui n'ont pas le temps d'aller faire leur marché et de renoncer à la simplification de la vie et à ce gain de temps qui peut résulter de la coopération, se sont fait deux sociétés dont la seconde est composée exclusivement d'êtres pareils à eux.

    Cela frappe chez ceux qui sont pauvres et venus de la province, sans relations, sans rien que l'ambition d'être un jour médecin ou avocat célèbre, ayant un esprit encore vide d'opinions, un corps dénué de manières et qu'ils comptent rapidement orner, comme ils achèteraient pour leur petite chambre du quartier latin des meubles d'après ce qu'ils remarqueraient et calqueraient chez ceux qui sont déjà « arrivés » dans la profession utile et sérieuse où ils souhaitent de s'encadrer et de devenir illustres ; chez ceux-là, leur goût spécial, hérité à leur insu, comme des dispositions pour le dessin, pour la musique, est peut-être, à la vérité, la seule originalité vivace, despotique – et qui tels soirs les force à manquer telle réunion utile à leur carrière avec des gens dont, pour le reste, ils adoptent les façons de parler, de penser, de s'habiller, de se coiffer. Dans leur quartier, où ils ne fréquentent sans cela que des condisciples, des maîtres ou quelque compatriote arrivé et protecteur, ils ont vite découvert d'autres jeunes gens que le même goût particulier rapproche d'eux, comme dans une petite ville se lient le professeur de seconde et le notaire qui aiment tous les deux la musique de chambre, les ivoires du moyen âge ; appliquant à l'objet de leur distraction le même instinct utilitaire, le même esprit professionnel qui les guide dans leur carrière, ils les retrouvent à des séances où nul profane n'est admis, pas plus qu'à celles qui réunissent des amateurs de vieilles tabatières, d'estampes japonaises, de fleurs rares, et où, à cause du plaisir de s'instruire, de l'utilité des échanges et de la crainte des compétitions, règne à la fois, comme dans une bourse aux timbres, l'entente étroite des spécialistes et les féroces rivalités des collectionneurs. Personne d'ailleurs, dans le café où ils ont leur table, ne sait quelle est cette réunion, si c'est celle d'une société de pêche, des secrétaires de rédaction, ou des enfants de l'Indre, tant leur tenue est correcte, leur air réservé et froid, et tant ils n'osent regarder qu'à la dérobée les jeunes gens à la mode, les jeunes « lions » qui, à quelques mètres plus loin, font grand bruit de leurs maîtresses, et parmi lesquels ceux qui les admirent sans oser lever les yeux apprendront seulement vingt ans plus tard, quand les uns seront à la veille d'entrer dans une académie et les autres de vieux hommes de cercle, que le plus séduisant, maintenant un gros et grisonnant Charlus, était en réalité pareil à eux, mais ailleurs, dans un autre monde, sous d'autres symboles extérieurs, avec des signes étrangers, dont la différence les a induits en erreur. Mais les groupements sont plus ou moins avancés ; et comme l'« Union des gauches » diffère de la « Fédération socialiste » et telle société de musique Mendelssohnienne de la Schola Cantorum, certains soirs, à une autre table, il y a des extrémistes qui laissent passer un bracelet sous leur manchette, parfois un collier dans l'évasement de leur col, forcent par leurs regards insistants, leurs gloussements, leurs rires, leurs caresses entre eux, une bande de collégiens à s'enfuir au plus vite, et sont servis, avec une politesse sous laquelle couve l'indignation, par un garçon qui, comme les soirs où il sert les dreyfusards, aurait plaisir à aller chercher la police s'il n'avait avantage à empocher les pourboires.

C'est à ces organisations professionnelles que l'esprit oppose le goût des solitaires, et sans trop d'artifices d'une part, puisqu'il ne fait en cela qu'imiter les solitaires eux-mêmes qui croient que rien ne diffère plus du vice organisé que ce qui leur paraît à eux un amour incompris, avec quelque artifice toutefois, car ces différentes classes répondent, tout autant qu'à des types physiologiques divers, à des moments successifs d'une évolution pathologique ou seulement sociale. Et il est bien rare en effet qu'un jour ou l'autre, ce ne soit pas dans de telles organisations que les solitaires viennent se fondre, quelquefois par simple lassitude, par commodité (comme finissent ceux qui en ont été le plus adversaires par faire poser chez eux le téléphone, par recevoir les Iéna, ou par acheter chez Potin). Ils y sont d'ailleurs généralement assez mal reçus, car, dans leur vie relativement pure, le défaut d'expérience, la saturation par la rêverie où ils sont réduits, ont marqué plus fortement en eux ces caractères particuliers d'efféminement que les professionnels ont cherché à effacer. Et il faut avouer que chez certains de ces nouveaux venus, la femme n'est pas seulement intérieurement unie à l'homme, mais hideusement visible, agités qu'ils sont dans un spasme d'hystérique, par un rire aigu qui convulse leurs genoux et leurs mains, ne ressemblant pas plus au commun des hommes que ces singes à l'œil mélancolique et cerné, aux pieds prenants, qui revêtent le smoking et portent une cravate noire ; de sorte que ces nouvelles recrues sont jugées, par de moins chastes pourtant, d'une fréquentation compromettante, et leur admission difficile ; on les accepte cependant et ils bénéficient alors de ces facilités par lesquelles le commerce, les grandes entreprises, ont transformé la vie des individus, leur ont rendu accessibles des denrées jusque-là trop dispendieuses à acquérir et même difficiles à trouver, et qui maintenant les submergent par la pléthore de ce que seuls ils n'avaient pu arriver à découvrir dans les plus grandes foules. Mais, même avec ces exutoires innombrables, la contrainte sociale est trop lourde encore pour certains, qui se recrutent surtout parmi ceux chez qui la contrainte mentale ne s'est pas exercée et qui tiennent encore pour plus rare qu'il n'est leur genre d'amour. Laissons pour le moment de côté ceux qui, le caractère exceptionnel de leur penchant les faisant se croire supérieurs à elles, méprisent les femmes, font de l'homosexualité le privilège des grands génies et des époques glorieuses, et quand ils cherchent à faire partager leur goût, le font moins à ceux qui leur semblent y être prédisposés, comme le morphinomane fait pour la morphine, qu'à ceux qui leur en semblent dignes, par zèle d'apostolat, comme d'autres prêchent le sionisme, le refus du service militaire, le saint-simonisme, le végétarisme et l'anarchie. Quelques-uns, si on les surprend le matin encore couchés, montrent une admirable tête de femme, tant l'expression est générale et symbolise tout le sexe ; les cheveux eux-mêmes l'affirment, leur inflexion est si féminine, déroulés, ils tombent si naturellement en tresses sur la joue, qu'on s'émerveille que la jeune femme, la jeune fille, Galathée qui s'éveille à peine dans l'inconscient de ce corps d'homme où elle est enfermée, ait su si ingénieusement, de soi-même, sans l'avoir appris de personne, profiter des moindres issues de sa prison, trouver ce qui était nécessaire à sa vie. Sans doute le jeune homme qui a cette tête délicieuse ne dit pas : « Je suis une femme. » Même si – pour tant de raisons possibles – il vit avec une femme, il peut lui nier que lui en soit une, lui jurer qu'il n'a jamais eu de relations avec des hommes. Qu'elle le regarde comme nous venons de le montrer, couché dans un lit, en pyjama, les bras nus, le cou nu sous les cheveux noirs. Le pyjama est devenu une camisole de femme, la tête celle d'une jolie Espagnole. La maîtresse s'épouvante de ces confidences faites à ses regards, plus vraies que ne pourraient être des paroles, des actes mêmes, et que les actes mêmes, s'ils ne l'ont déjà fait, ne pourront manquer de confirmer, car tout être suit son plaisir, et si cet être n'est pas trop vicieux, il le cherche dans un sexe opposé au sien. Et pour l'inverti le vice commence, non pas quand il noue des relations (car trop de raisons peuvent les commander), mais quand il prend son plaisir avec des femmes. Le jeune homme que nous venons d'essayer de peindre était si évidemment une femme, que les femmes qui le regardaient avec désir étaient vouées (à moins d'un goût particulier) au même désappointement que celles qui, dans les comédies de Shakespeare, sont déçues par une jeune fille déguisée qui se fait passer pour un adolescent. La tromperie est égale, l'inverti même le sait, il devine la désillusion que, le travestissement ôté, la femme éprouvera, et sent combien cette erreur sur le sexe est une source de fantaisiste poésie. Du reste, même à son exigeante maîtresse, il a beau ne pas avouer (si elle n'est pas gomorrhéenne) : « Je suis une femme », pourtant en lui, avec quelles ruses, quelle agilité, quelle obstination de plante grimpante, la femme inconsciente et visible cherche-t-elle l'organe masculin. On n'a qu'à regarder cette chevelure bouclée sur l'oreiller blanc pour comprendre que le soir, si ce jeune homme glisse hors des doigts de ses parents, malgré eux, malgré lui ce ne sera pas pour aller retrouver des femmes. Sa maîtresse peut le châtier, l'enfermer, le lendemain l'homme-femme aura trouvé le moyen de s'attacher à un homme, comme le volubilis jette ses vrilles là où se trouve une pioche ou un râteau. Pourquoi, admirant dans le visage de cet homme des délicatesses qui nous touchent, une grâce, un naturel dans l'amabilité comme les hommes n'en ont point, serions-nous désolés d'apprendre que ce jeune homme recherche les boxeurs ? Ce sont des aspects différents d'une même réalité. Et même, celui qui nous répugne est le plus touchant, plus touchant que toutes les délicatesses, car il représente un admirable effort inconscient de la nature : la reconnaissance du sexe par lui-même ; malgré les duperies du sexe, apparaît la tentative inavouée pour s'évader vers ce qu'une erreur initiale de la société a placé loin de lui. Pour les uns, ceux qui ont eu l'enfance la plus timide sans doute, ils ne se préoccupent guère de la sorte matérielle de plaisir qu'ils reçoivent, pourvu qu'ils puissent le rapporter à un visage masculin. Tandis que d'autres, ayant des sens plus violents sans doute, donnent à leur plaisir matériel d'impérieuses localisations. Ceux-là choqueraient peut-être par leurs aveux la moyenne du monde. Ils vivent peut-être moins exclusivement sous le satellite de Saturne, car pour eux les femmes ne sont pas entièrement exclues comme pour les premiers, à l'égard desquels elles n'existeraient pas sans la conversation, la coquetterie, les amours de tête. Mais les seconds recherchent celles qui aiment les femmes, elles peuvent leur procurer un jeune homme, accroître le plaisir qu'ils ont à se trouver avec lui ; bien plus, ils peuvent, de la même manière, prendre avec elles le même plaisir qu'avec un homme. De là vient que la jalousie n'est excitée, pour ceux qui aiment les premiers, que par le plaisir qu'ils pourraient prendre avec un homme et qui seul leur semble une trahison, puisqu'ils ne participent pas à l'amour des femmes, ne l'ont pratiqué que comme habitude et pour se réserver la possibilité du mariage, se représentant si peu le plaisir qu'il peut donner, qu'ils ne peuvent souffrir que celui qu'ils aiment le goûte ; tandis que les seconds inspirent souvent de la jalousie par leurs amours avec des femmes. Car dans les rapports qu'ils ont avec elles, ils jouent pour la femme qui aime les femmes le rôle d'une autre femme, et la femme leur offre en même temps à peu près ce qu'ils trouvent chez l'homme, si bien que l'ami jaloux souffre de sentir celui qu'il aime rivé à celle qui est pour lui presque un homme, en même temps qu'il le sent presque lui échapper, parce que, pour ces femmes, il est quelque chose qu'il ne connaît pas, une espèce de femme. Ne parlons pas non plus de ces jeunes fous qui, par une sorte d'enfantillage, pour taquiner leurs amis, choquer leurs parents, mettent une sorte d'acharnement à choisir des vêtements qui ressemblent à des robes, à rougir leurs lèvres et noircir leurs yeux ; laissons-les de côté, car ce sont eux qu'on retrouvera, quand ils auront trop cruellement porté la peine de leur affectation, passant toute une vie à essayer vainement de réparer, par une tenue sévère, protestante, le tort qu'ils se sont fait quand ils étaient emportés par le même démon qui pousse des jeunes femmes du faubourg Saint-Germain à vivre d'une façon scandaleuse, à rompre avec tous les usages, à bafouer leur famille, jusqu'au jour où elles se mettent avec persévérance et sans succès à remonter la pente qu'il leur avait paru si amusant de descendre, qu'elles avaient trouvé si amusant, ou plutôt qu'elles n'avaient pas pu s'empêcher de descendre. Laissons enfin pour plus tard ceux qui ont conclu un pacte avec Gomorrhe. Nous en parlerons quand M. de Charlus les connaîtra. Laissons tous ceux, d'une variété ou d'une autre, qui apparaîtront à leur tour, et pour finir ce premier exposé, ne disons un mot que de ceux dont nous avions commencé de parler tout à l'heure, des solitaires. Tenant leur vice pour plus exceptionnel qu'il n'est, ils sont allés vivre seuls du jour qu'ils l'ont découvert, après l'avoir porté longtemps sans le connaître, plus longtemps seulement que d'autres. Car personne ne sait tout d'abord qu'il est inverti, ou poète, ou snob, ou méchant. Tel collégien qui apprenait des vers d'amour ou regardait des images obscènes, s'il se serrait alors contre un camarade, s'imaginait seulement communier avec lui dans un même désir de la femme. Comment croirait-il n'être pas pareil à tous, quand ce qu'il éprouve il en reconnaît la substance en lisant Mme de Lafayette, Racine, Baudelaire, Walter Scott, alors qu'il est encore trop peu capable de s'observer soi-même pour se rendre compte de ce qu'il ajoute de son cru, et que si le sentiment est le même, l'objet diffère, que ce qu'il désire c'est Rob Roy et non Diana Vernon ? Chez beaucoup, par une prudence défensive de l'instinct qui précède la vue plus claire de l'intelligence, la glace et les murs de leur chambre disparaissaient sous des chromos représentant des actrices ; ils font des vers tels que : « Je n'aime que Chloé au monde, elle est divine, elle est blonde, et d'amour mon cœur s'inonde. » Faut-il pour cela mettre au commencement de ces vies un goût qu'on ne devait point retrouver chez elles dans la suite, comme ces boucles blondes des enfants qui doivent ensuite devenir les plus bruns ? Qui sait si les photographies de femmes ne sont pas un commencement d'hypocrisie, un commencement aussi d'horreur pour les autres invertis ? Mais les solitaires sont précisément ceux à qui l'hypocrisie est douloureuse. Peut-être l'exemple des Juifs, d'une colonie différente, n'est-il même pas assez fort pour expliquer combien l'éducation a peu de prise sur eux, et avec quel art ils arrivent à revenir, peut-être pas à quelque chose d'aussi simplement atroce que le suicide où les fous, quelque précaution qu'on prenne, reviennent et, sauvés de la rivière où ils se sont jetés, s'empoisonnent, se procurent un revolver, etc., mais à une vie dont les hommes de l'autre race non seulement ne comprennent pas, n'imaginent pas, haïssent les plaisirs nécessaires, mais encore dont le danger fréquent et la honte permanente leur feraient horreur. Peut-être, pour les peindre, faut-il penser sinon aux animaux qui ne se domestiquent pas, aux lionceaux prétendus apprivoisés mais restés lions, du moins aux noirs, que l'existence confortable des blancs désespère et qui préfèrent les risques de la vie sauvage et ses incompréhensibles joies. Quand le jour est venu où ils se sont découverts incapables à la fois de mentir aux autres et de se mentir à soi-même, ils partent vivre à la campagne, fuyant leurs pareils (qu'ils croient peu nombreux) par horreur de la monstruosité ou crainte de la tentation, et le reste de l'humanité par honte. N'étant jamais parvenus à la véritable maturité, tombés dans la mélancolie, de temps à autre, un dimanche sans lune, ils vont faire une promenade sur un chemin jusqu'à un carrefour, où, sans qu'ils se soient dit un mot, est venu les attendre un de leurs amis d'enfance qui habite un château voisin. Et ils recommencent les jeux d'autrefois, sur l'herbe, dans la nuit, sans échanger une parole. En semaine, ils se voient l'un chez l'autre, causent de n'importe quoi, sans une allusion à ce qui s'est passé, exactement comme s'ils n'avaient rien fait et ne devaient rien refaire, sauf, dans leurs rapports, un peu de froideur, d'ironie, d'irritabilité et de rancune, parfois de la haine. Puis le voisin part pour un dur voyage à cheval, et, à mulet, ascensionne des pics, couche dans la neige ; son ami, qui identifie son propre vice avec une faiblesse de tempérament, la vie casanière et timide, comprend que le vice ne pourra plus vivre en son ami émancipé, à tant de milliers de mètres au-dessus du niveau de la mer. Et en effet, l'autre se marie. Le délaissé pourtant ne guérit pas (malgré les cas où l'on verra que l'inversion est guérissable). Il exige de recevoir lui-même le matin, dans sa cuisine, la crème fraîche des mains du garçon laitier et, les soirs où des désirs l'agitent trop, il s'égare jusqu'à remettre dans son chemin un ivrogne, jusqu'à arranger la blouse de l'aveugle. Sans doute la vie de certains invertis paraît quelquefois changer, leur vice (comme on dit) n'apparaît plus dans leurs habitudes ; mais rien ne se perd : un bijou caché se retrouve ; quand la quantité des urines d'un malade diminue, c'est bien qu'il transpire davantage, mais il faut toujours que l'excrétion se fasse. Un jour cet homosexuel perd un jeune cousin et, à son inconsolable douleur, vous comprenez que c'était dans cet amour, chaste peut-être et qui tenait plus à garder l'estime qu'à obtenir la possession, que les désirs avaient passé par virement, comme dans un budget, sans rien changer au total, certaines dépenses sont portées à un autre exercice. Comme il en est pour ces malades chez qui une crise d'urticaire fait disparaître pour un temps leurs indispositions habituelles, l'amour pur à l'égard d'un jeune parent semble, chez l'inverti, avoir momentanément remplacé, par métastase, des habitudes qui reprendront un jour ou l'autre la place du mal vicariant et guéri.

Cependant le voisin marié du solitaire est revenu ; devant la beauté de la jeune épouse et la tendresse que son mari lui témoigne, le jour où l'ami est forcé de les inviter à dîner, il a honte du passé. Déjà dans une position intéressante, elle doit rentrer de bonne heure, laissant son mari ; celui-ci, quand l'heure est venue de rentrer, demande un bout de conduite à son ami, que d'abord aucune suspicion n'effleure, mais qui, au carrefour, se voit renversé sur l'herbe, sans une parole, par l'alpiniste bientôt père. Et les rencontres recommencent jusqu'au jour où vient s'installer non loin de là un cousin de la jeune femme, avec qui se promène maintenant toujours le mari. Et celui-ci, si le délaissé vient le voir et cherche à s'approcher de lui, furibond, le repousse avec l'indignation que l'autre n'ait pas eu le tact de pressentir le dégoût qu'il inspire désormais. Une fois pourtant se présente un inconnu envoyé par le voisin infidèle ; mais, trop affairé, le délaissé ne peut le recevoir et ne comprend que plus tard dans quel but l'étranger était venu.

Alors le solitaire languit seul. Il n'a d'autre plaisir que d'aller à la station de bain de mer voisine demander un renseignement à un certain employé de chemin de fer. Mais celui-ci a reçu de l'avancement, est nommé à l'autre bout de la France ; le solitaire ne pourra plus aller lui demander l'heure des trains, le prix des premières, et avant de rentrer rêver dans sa tour, comme Grisélidis, il s'attarde sur la plage, telle une étrange Andromède qu'aucun Argonaute ne viendra délivrer, comme une méduse stérile qui périra sur le sable, ou bien il reste paresseusement, avant le départ du train, sur le quai, à jeter sur la foule des voyageurs un regard qui semblera indifférent, dédaigneux ou distrait, à ceux d'une autre race, mais qui, comme l'éclat lumineux dont se parent certains insectes pour attirer ceux de la même espèce, ou comme le nectar qu'offrent certaines fleurs pour attirer les insectes qui les féconderont, ne tromperait pas l'amateur presque introuvable d'un plaisir trop singulier, trop difficile à placer, qui lui est offert, le confrère avec qui notre spécialiste pourrait parler la langue insolite ; tout au plus, à celle-ci quelque loqueteux du quai fera-t-il semblant de s'intéresser, mais pour un bénéfice matériel seulement, comme ceux qui au Collège de France, dans la salle où le professeur de sanscrit parle sans auditeur, vont suivre le cours, mais seulement pour se chauffer. Méduse ! Orchidée ! quand je ne suivais que mon instinct, la méduse me répugnait à Balbec ; mais si je savais la regarder, comme Michelet, du point de vue de l'histoire naturelle et de l'esthétique, je voyais une délicieuse girandole d'azur. Ne sont-elles pas, avec le velours transparent de leurs pétales, comme les mauves orchidées de la mer ? Comme tant de créatures du règne animal et du règne végétal, comme la plante qui produirait la vanille, mais qui, parce que, chez elle, l'organe mâle est séparé par une cloison de l'organe femelle, demeure stérile si les oiseaux-mouches ou certaines petites abeilles ne transportent le pollen des unes aux autres ou si l'homme ne les féconde artificiellement, M. de Charlus (et ici le mot fécondation doit être pris au sens moral, puisqu'au sens physique l'union du mâle avec le mâle est stérile, mais il n'est pas indifférent qu'un individu puisse rencontrer le seul plaisir qu'il est susceptible de goûter, et « qu'ici-bas tout être » puisse donner à quelqu'un « sa musique, sa flamme ou son parfum »), M. de Charlus était de ces hommes qui peuvent être appelés exceptionnels, parce que, si nombreux soient-ils, la satisfaction, si facile chez d'autres de leurs besoins sexuels, dépend de la coïncidence de trop de conditions, et trop difficiles à rencontrer. Pour des hommes comme M. de Charlus, et sous la réserve des accommodements qui paraîtront peu à peu et qu'on a pu déjà pressentir, exigés par le besoin de plaisir, qui se résignent à de demi-consentements, l'amour mutuel, en dehors des difficultés si grandes, parfois insurmontables, qu'il rencontre chez le commun des êtres, leur en ajoute de si spéciales, que ce qui est toujours très rare pour tout le monde devient à leur égard à peu près impossible, et que, si se produit pour eux une rencontre vraiment heureuse ou que la nature leur fait paraître telle, leur bonheur, bien plus encore que celui de l'amoureux normal, a quelque chose d'extraordinaire, de sélectionné, de profondément nécessaire. La haine des Capulet et des Montaigu n'était rien auprès des empêchements de tout genre qui ont été vaincus, des éliminations spéciales que la nature a dû faire subir aux hasards déjà peu communs qui amènent l'amour, avant qu'un ancien giletier, qui comptait partir sagement pour son bureau, titube, ébloui, devant un quinquagénaire bedonnant ; ce Roméo et cette Juliette peuvent croire à bon droit que leur amour n'est pas le caprice d'un instant, mais une véritable prédestination préparée par les harmonies de leur tempérament, non pas seulement par leur tempérament propre, mais par celui de leurs ascendants, par leur plus lointaine hérédité, si bien que l'être qui se conjoint à eux leur appartient avant la naissance, les a attirés par une force comparable à celle qui dirige les mondes où nous avons passé nos vies antérieures. M. de Charlus m'avait distrait de regarder si le bourdon apportait à l'orchidée le pollen qu'elle attendait depuis si longtemps, qu'elle n'avait chance de recevoir que grâce à un hasard si improbable qu'on le pouvait appeler une espèce de miracle. Mais c'était un miracle aussi auquel je venais d'assister, presque du même genre, et non moins merveilleux. Dès que j'eus considéré cette rencontre de ce point de vue, tout m'y sembla empreint de beauté. Les ruses les plus extraordinaires que la nature a inventées pour forcer les insectes à assurer la fécondation des fleurs, qui, sans eux, ne pourraient pas l'être parce que la fleur mâle y est trop éloignée de la fleur femelle, ou qui, si c'est le vent qui doit assurer le transport du pollen, le rend bien plus facile à détacher de la fleur mâle, bien plus aisé à attraper au passage de la fleur femelle, en supprimant la sécrétion du nectar, qui n'est plus utile puisqu'il n'y a pas d'insectes à attirer, et même l'éclat des corolles qui les attirent, et, pour que la fleur soit réservée au pollen qu'il faut, qui ne peut fructifier qu'en elle, lui fait sécréter une liqueur qui l'immunise contre les autres pollens – ne me semblaient pas plus merveilleuses que l'existence de la sous-variété d'invertis destinée à assurer les plaisirs de l'amour à l'inverti devenant vieux : les hommes qui sont attirés non par tous les hommes, mais – par un phénomène de correspondance et d'harmonie comparable à ceux qui règlent la fécondation des fleurs hétérostylées trimorphes, comme le *Lythrum salicaria* – seulement par les hommes beaucoup plus âgés qu'eux. De cette sous-variété, Jupien venait de m'offrir un exemple, moins saisissant pourtant que d'autres que tout herborisateur humain, tout botaniste moral, pourra observer, malgré leur rareté, et qui leur présentera un frêle jeune homme qui attendait les avances d'un robuste et bedonnant quinquagénaire, restant aussi indifférent aux avances des autres jeunes gens que restent stériles les fleurs hermaphrodites à court style de la *Primula veris* tant qu'elles ne sont fécondées que par d'autres *Primula veris* à court style aussi, tandis qu'elles accueillent avec joie le pollen des *Primula veris* à long style. Quant à ce qui était de M. de Charlus, du reste, je me rendis compte dans la suite qu'il y avait pour lui divers genres de conjonctions et desquelles certaines, par leur multiplicité, leur instantanéité à peine visible, et surtout le manque de contact entre les deux acteurs, rappelaient plus encore ces fleurs qui dans un jardin sont fécondées par le pollen d'une fleur voisine qu'elles ne toucheront jamais. Il y avait en effet certains êtres qu'il lui suffisait de faire venir chez lui, de tenir pendant quelques heures sous la domination de sa parole, pour que son désir, allumé dans quelque rencontre, fût apaisé. Par simples paroles la conjonction était faite aussi simplement qu'elle peut se produire chez les infusoires. Parfois, ainsi que cela lui était sans doute arrivé pour moi le soir où j'avais été mandé par lui après le dîner Guermantes, l'assouvissement avait lieu grâce à une violente semonce que le baron jetait à la figure du visiteur, comme certaines fleurs, grâce à un ressort, aspergent à distance l'insecte inconsciemment complice et décontenancé. M. de Charlus, de dominé devenu dominateur, se sentait purgé de son inquiétude et calmé, renvoyait le visiteur, qui avait aussitôt cessé de lui paraître désirable. Enfin, l'inversion elle-même, venant de ce que l'inverti se rapproche trop de la femme pour pouvoir avoir des rapports utiles avec elle, se rattache par là à une loi plus haute qui fait que tant de fleurs hermaphrodites restent infécondes, c'est-à-dire à la stérilité de l'auto-fécondation. Il est vrai que les invertis à la recherche d'un mâle se contentent souvent d'un inverti aussi efféminé qu'eux. Mais il suffit qu'ils n'appartiennent pas au sexe féminin, dont ils ont en eux un embryon dont ils ne peuvent se servir, ce qui arrive à tant de fleurs hermaphrodites et même à certains animaux hermaphrodites, comme l'escargot, qui ne peuvent être fécondés par eux-mêmes, mais peuvent l'être par d'autres hermaphrodites. Par là les invertis, qui se rattachent volontiers à l'antique Orient ou à l'âge d'or de la Grèce, remonteraient plus haut encore, à ces époques d'essai où n'existaient ni les fleurs dioïques, ni les animaux unisexués, à cet hermaphrodisme initial dont quelques rudiments d'organes mâles dans l'anatomie de la femme et d'organes femelles dans l'anatomie de l'homme semblent conserver la trace. Je trouvais la mimique, d'abord incompréhensible pour moi, de Jupien et de M. de Charlus aussi curieuse que ces gestes tentateurs adressés aux insectes, selon Darwin, non seulement par les fleurs dites composées, haussant les demi-fleurons de leurs capitules pour être vues de plus loin, comme certaine hétérostylée qui retourne ses étamines et les courbe pour frayer le chemin aux insectes, ou qui leur offre une ablution, et tout simplement même aux parfums de nectar, à l'éclat des corolles qui attiraient en ce moment des insectes dans la cour. À partir de ce jour, M. de Charlus devait changer l'heure de ses visites à Mme de Villeparisis, non qu'il ne pût voir Jupien ailleurs et plus commodément, mais parce qu'aussi bien qu'ils l'étaient pour moi, le soleil de l'après-midi et les fleurs de l'arbuste étaient sans doute liés à son souvenir. D'ailleurs, il ne se contenta pas de recommander les Jupien à Mme de Villeparisis, à la duchesse de Guermantes, à toute une brillante clientèle, qui fut d'autant plus assidue auprès de la jeune brodeuse que les quelques dames qui avaient résisté ou seulement tardé furent de la part du baron l'objet de terribles représailles, soit afin qu'elles servissent d'exemple, soit parce qu'elles avaient éveillé sa fureur et s'étaient dressées contre ses entreprises de domination ; il rendit la place de Jupien de plus en plus lucrative jusqu'à ce qu'il le prît définitivement comme secrétaire et l'établît dans les conditions que nous verrons plus tard. « Ah ! en voilà un homme heureux que ce Jupien », disait Françoise qui avait une tendance à diminuer ou à exagérer les bontés selon qu'on les avait pour elle ou pour les autres. D'ailleurs là, elle n'avait pas besoin d'exagération ni n'éprouvait d'ailleurs d'envie, aimant sincèrement Jupien. « Ah ! c'est un si bon homme que le baron, ajoutait-elle, si bien, si dévot, si comme il faut ! Si j'avais une fille à marier et que j'étais du monde riche, je la donnerais au baron les yeux fermés. – Mais, Françoise, disait doucement ma mère, elle aurait bien des maris cette fille. Rappelez-vous que vous l'avez déjà promise à Jupien. – Ah ! dame, répondait Françoise, c'est que c'est encore quelqu'un qui rendrait une femme bien heureuse. Il y a beau avoir des riches et des pauvres misérables, ça ne fait rien pour la nature. Le baron et Jupien, c'est bien le même genre de personnes. »

  Au reste j'exagérais beaucoup alors, devant cette révélation première, le caractère électif d'une conjonction si sélectionnée. Certes, chacun des hommes pareils à M. de Charlus est une créature extraordinaire, puisque, s'il ne fait pas de concessions aux possibilités de la vie, il recherche essentiellement l'amour d'un homme de l'autre race, c'est-à-dire d'un homme aimant les femmes (et qui par conséquent ne pourra pas l'aimer) ; contrairement à ce que je croyais dans la cour, où je venais de voir Jupien tourner autour de M. de Charlus comme l'orchidée faire des avances au bourdon, ces êtres d'exception que l'on plaint sont une foule, ainsi qu'on le verra au cours de cet ouvrage, pour une raison qui ne sera dévoilée qu'à la fin, et se plaignent eux-mêmes d'être plutôt trop nombreux que trop peu. Car les deux anges qui avaient été placés aux portes de Sodome pour savoir si ses habitants, dit la Genèse, avaient entièrement fait toutes ces choses dont le cri était monté jusqu'à l'Éternel, avaient été, on ne peut que s'en réjouir, très mal choisis par le Seigneur, lequel n'eût dû confier la tâche qu'à un Sodomiste. Celui-là, les excuses : « Père de six enfants, j'ai deux maîtresses, etc. » ne lui eussent pas fait abaisser bénévolement l'épée flamboyante et adoucir les sanctions ; il aurait répondu : « Oui, et ta femme souffre les tortures de la jalousie. Mais même quand ces femmes n'ont pas été choisies par toi à Gomorrhe, tu passes tes nuits avec un gardeur de troupeaux de l'Hébron. » Et il l'aurait immédiatement fait rebrousser chemin vers la ville qu'allait détruire la pluie de feu et de soufre. Au contraire, on laissa s'enfuir tous les Sodomistes honteux, même si, apercevant un jeune garçon, ils détournaient la tête, comme la femme de Loth, sans être pour cela changés comme elle en statues de sel. De sorte qu'ils eurent une nombreuse postérité chez qui ce geste est resté habituel, pareil à celui des femmes débauchées qui, en ayant l'air de regarder un étalage de chaussures placées derrière une vitrine, retournent la tête vers un étudiant. Ces descendants des Sodomistes, si nombreux qu'on peut leur appliquer l'autre verset de la Genèse : « Si quelqu'un peut compter la poussière de la terre, il pourra aussi compter cette postérité », se sont fixés sur toute la terre, ils ont eu accès à toutes les professions, et entrent si bien dans les clubs les plus fermés que, quand un sodomiste n'y est pas admis, les boules noires y sont en majorité celles de sodomistes, mais qui ont soin d'incriminer la sodomie, ayant hérité le mensonge qui permit à leurs ancêtres de quitter la ville maudite. Il est possible qu'ils y retournent un jour. Certes ils forment dans tous les pays une colonie orientale, cultivée, musicienne, médisante, qui a des qualités charmantes et d'insupportables défauts. On les verra d'une façon plus approfondie au cours des pages qui suivront ; mais on a voulu provisoirement prévenir l'erreur funeste qui consisterait, de même qu'on a encouragé un mouvement sioniste, à créer un mouvement sodomiste et à rebâtir Sodome. Or, à peine arrivés, les sodomistes quitteraient la ville pour ne pas avoir l'air d'en être, prendraient femme, entretiendraient des maîtresses dans d'autres cités, où ils trouveraient d'ailleurs toutes les distractions convenables. Ils n'iraient à Sodome que les jours de suprême nécessité, quand leur ville serait vide, par ces temps où la faim fait sortir le loup du bois, c'est-à-dire que tout se passerait en somme comme à Londres, à Berlin, à Rome, à Pétrograd ou à Paris.

En tout cas, ce jour-là, avant ma visite à la duchesse, je ne songeais pas si loin et j'étais désolé d'avoir, par attention à la conjonction Jupien-Charlus, manqué peut-être de voir la fécondation de la fleur par le bourdon.

Deuxième partie

Chapitre premier

*M. de Charlus dans le monde. – Un médecin. – Face caractéristique de M*me* de Vaugoubert. – M*me* d'Arpajon, le jet d'eau d'Hubert Robert et la gaieté du grand-duc Wladimir. – M*me* d'Amoncourt de Citri, M*me* de Saint-Euverte, etc. – Curieuse conversation entre Swann et le prince de Guermantes. – Albertine au téléphone. – Visites en attendant mon dernier et deuxième séjour à Balbec. – Arrivée à Balbec. – Les intermittences du cœur.*

Comme je n'étais pas pressé d'arriver à cette soirée des Guermantes où je n'étais pas certain d'être invité, je restais oisif dehors ; mais le jour d'été ne semblait pas avoir plus de hâte que moi à bouger. Bien qu'il fût plus de neuf heures, c'était lui encore qui sur la place de la Concorde donnait à l'obélisque de Louqsor un air de nougat rose. Puis il en modifia la teinte et le changea en une matière métallique, de sorte que l'obélisque ne devint pas seulement plus précieux, mais sembla aminci et presque flexible. On s'imaginait qu'on aurait pu tordre, qu'on avait peut-être déjà légèrement faussé ce bijou. La lune était maintenant dans le ciel comme un quartier d'orange pelé délicatement quoique un peu entamé. Mais elle devait plus tard être faite de l'or le plus résistant. Blottie toute seule derrière elle, une pauvre petite étoile allait servir d'unique compagne à la lune solitaire, tandis que celle-ci, tout en protégeant son amie, mais plus hardie et allant de l'avant, brandirait comme une arme irrésistible, comme un symbole oriental, son ample et merveilleux croissant d'or.

Devant l'hôtel de la princesse de Guermantes, je rencontrai le duc de Châtellerault ; je ne me rappelais plus qu'une demi-heure auparavant me persécutait encore la crainte – laquelle allait du reste bientôt me ressaisir – de venir sans avoir été invité. On s'inquiète, et c'est parfois longtemps après l'heure du danger, oubliée grâce à la distraction, que l'on se souvient de son inquiétude. Je dis bonjour au jeune duc et pénétrai dans l'hôtel. Mais ici il faut d'abord que je note une circonstance minime, laquelle permettra de comprendre un fait qui suivra bientôt.

Il y avait quelqu'un qui, ce soir-là comme les précédents, pensait beaucoup au duc de Châtellerault, sans soupçonner du reste qui il était : c'était l'huissier (qu'on appelait dans ce temps-là « l'aboyeur ») de M*me* de Guermantes. M. de Châtellerault, bien loin d'être un des intimes – comme il était l'un des cousins – de la princesse, était reçu dans son salon pour la première fois. Ses parents, brouillés avec elle depuis dix ans, s'étaient réconciliés depuis quinze jours et, forcés d'être ce soir absents de Paris, avaient chargé leur fils de les représenter.

Or, quelques jours auparavant, l'huissier de la princesse avait rencontré dans les Champs-Élysées un jeune homme qu'il avait trouvé charmant mais dont il n'avait pu arriver à établir l'identité. Non que le jeune homme ne se fût montré aussi aimable que généreux. Toutes les faveurs que l'huissier s'était figuré avoir à accorder à un monsieur si jeune, il les avait au contraire reçues. Mais M. de Châtellerault était aussi froussard qu'imprudent ; il était d'autant plus décidé à ne pas dévoiler son incognito qu'il ignorait à qui il avait affaire ; il aurait eu une peur bien plus grande – quoique mal fondée – s'il l'avait su. Il s'était borné à se faire passer pour un Anglais, et à toutes les questions passionnées de l'huissier, désireux de retrouver quelqu'un à qui il devait tant de plaisir et de largesses, le duc s'était borné à répondre, tout le long de l'avenue Gabriel : « I do not speak french. »

Bien que, malgré tout – à cause de l'origine maternelle de son cousin – le duc de Guermantes affectât de trouver un rien de Courvoisier dans le salon de la princesse de Guermantes-Bavière, on jugeait généralement l'esprit d'initiative et la supériorité intellectuelle de cette dame d'après une innovation qu'on ne rencontrait nulle part ailleurs dans ce milieu. Après le dîner, et quelle que fût l'importance du raout qui devait suivre, les sièges, chez la princesse de Guermantes, se trouvaient disposés de telle façon qu'on formait de petits groupes, qui, au besoin, se tournaient le dos. La princesse marquait alors son sens social en allant s'asseoir, comme par préférence, dans l'un d'eux. Elle ne craignait pas du reste d'élire et d'attirer le membre d'un autre groupe. Si, par exemple, elle avait fait remarquer à M. Detaille, lequel avait naturellement acquiescé, combien Mme de Villemur, que sa place dans un autre groupe faisait voir de dos, possédait un joli cou, la princesse n'hésitait pas à élever la voix : « Madame de Villemur, M. Detaille, en grand peintre qu'il est, est en train d'admirer votre cou. » Mme de Villemur sentait là une invite directe à la conversation ; avec l'adresse que donne l'habitude du cheval, elle faisait lentement pivoter sa chaise selon un arc de trois quarts de cercle et, sans déranger en rien ses voisins, faisait presque face à la princesse. « Vous ne connaissez pas M. Detaille ? demandait la maîtresse de maison, à qui l'habile et pudique conversion de son invitée ne suffisait pas. – Je ne le connais pas, mais je connais ses œuvres », répondait Mme de Villemur, d'un air respectueux, engageant, et avec un à-propos que beaucoup enviaient, tout en adressant au célèbre peintre, que l'interpellation n'avait pas suffi à lui présenter d'une manière formelle, un imperceptible salut. « Venez, monsieur Detaille, disait la princesse, je vais vous présenter à Mme de Villemur. » Celle-ci mettait alors autant d'ingéniosité à faire une place à l'auteur du Rêve que tout à l'heure à se tourner vers lui. Et la princesse s'avançait une chaise pour elle-même ; elle n'avait en effet interpellé Mme de Villemur que pour avoir un prétexte de quitter le premier groupe où elle avait passé les dix minutes de règle, et d'accorder une durée égale de présence au second. En trois quarts d'heure, tous les groupes avaient reçu sa visite, laquelle semblait n'avoir été guidée chaque fois que par l'improviste et les prédilections, mais avait surtout pour but de mettre en relief avec quel naturel « une grande dame sait recevoir ». Mais maintenant les invités de la soirée commençaient d'arriver et la maîtresse de maison s'était assise non loin de l'entrée – droite et fière, dans sa majesté quasi royale, les yeux flambant par leur incandescence propre – entre deux Altesses sans beauté et l'ambassadrice d'Espagne.

Je faisais la queue derrière quelques invités arrivés plus tôt que moi. J'avais en face de moi la princesse, de laquelle la beauté ne me fait pas seule sans doute, entre tant d'autres, souvenir de cette fête-là. Mais ce visage de la maîtresse de maison était si parfait, était frappé comme une si belle médaille, qu'il a gardé pour moi une vertu commémorative. La princesse avait l'habitude de dire à ses invités, quand elle les rencontrait quelques jours avant une de ses soirées : « Vous viendrez, n'est-ce pas ? » comme si elle avait un grand désir de causer avec eux. Mais comme, au contraire, elle n'avait à leur parler de rien, dès qu'ils arrivaient devant elle, elle se contentait, sans se lever, d'interrompre un instant sa vaine conversation avec les deux Altesses et l'ambassadrice et de remercier en disant : « C'est gentil d'être venu », non qu'elle trouvât que l'invité eût fait preuve de gentillesse en venant, mais pour accroître encore la sienne ; puis aussitôt le rejetant à la rivière, elle ajoutait : « Vous trouverez M. de Guermantes à l'entrée des jardins », de sorte qu'on partait visiter et qu'on la laissait tranquille. À certains même elle ne disait rien, se contentant de leur montrer ses admirables yeux d'onyx, comme si on était venu seulement à une exposition de pierres précieuses.

La première personne à passer avant moi était le duc de Châtellerault.

Ayant à répondre à tous les sourires, à tous les bonjours de la main qui lui venaient du salon, il n'avait pas aperçu l'huissier. Mais dès le premier instant l'huissier l'avait reconnu. Cette identité qu'il avait tant désiré d'apprendre, dans un instant il allait la connaître. En demandant à son « Anglais » de l'avant-veille quel nom il devait annoncer, l'huissier n'était pas seulement ému, il se jugeait indiscret, indélicat. Il lui semblait qu'il allait révéler à tout le monde (qui pourtant ne se douterait de rien) un secret qu'il était coupable de surprendre de la sorte et d'étaler publiquement. En entendant la réponse de l'invité : « Le duc de Châtellerault », il se sentit troublé d'un tel orgueil qu'il resta un instant muet. Le duc le regarda, le reconnut, se vit perdu, cependant que le domestique, qui s'était ressaisi et connaissait assez son armorial pour compléter de lui-même une appellation trop modeste, hurlait avec l'énergie professionnelle qui se veloutait d'une tendresse intime : « Son Altesse Monseigneur le duc de Châtellerault ! » Mais c'était maintenant mon tour d'être annoncé. Absorbé dans la contemplation de la maîtresse de maison, qui ne m'avait pas encore vu, je n'avais pas songé aux fonctions, terribles pour moi – quoique d'une autre façon que pour M. de Châtellerault – de cet huissier habillé de noir comme un bourreau, entouré d'une troupe de valets aux livrées les plus riantes, solides gaillards prêts à s'emparer d'un intrus et à le mettre à la porte. L'huissier me demanda mon nom, je le lui dis aussi machinalement que le condamné à mort se laisse attacher au billot. Il leva aussitôt majestueusement la tête et, avant que j'eusse pu le prier de m'annoncer à mi-voix pour ménager mon amour-propre si je n'étais pas invité, et celui de la princesse de Guermantes si je l'étais, il hurla les syllabes inquiétantes avec une force capable d'ébranler la voûte de l'hôtel.

L'illustre Huxley (celui dont le neveu occupe actuellement une place prépondérante dans le monde de la littérature anglaise) raconte qu'une de ses malades n'osait plus aller dans le monde parce que souvent, dans le fauteuil même qu'on lui indiquait d'un geste courtois, elle voyait assis un vieux monsieur. Elle était bien certaine que, soit le geste inviteur, soit la présence du vieux monsieur, était une hallucination, car on ne lui aurait pas ainsi désigné un fauteuil déjà occupé. Et quand Huxley, pour la guérir, la força à retourner en soirée, elle eut un instant de pénible hésitation en se demandant si le signe aimable qu'on lui faisait était la chose réelle, ou si, pour obéir à une vision inexistante, elle allait en public s'asseoir sur les genoux d'un monsieur en chair et en os. Sa brève incertitude fut cruelle. Moins peut-être que la mienne. À partir du moment où j'avais perçu le grondement de mon nom, comme le bruit préalable d'un cataclysme possible, je dus, pour plaider en tout cas ma bonne foi et comme si je n'étais tourmenté d'aucun doute, m'avancer vers la princesse d'un air résolu.

Elle m'aperçut comme j'étais à quelques pas d'elle et, ce qui ne me laissa plus douter que j'avais été victime d'une machination, au lieu de rester assise comme pour les autres invités, elle se leva, vint à moi. Une seconde après, je pus pousser le soupir de soulagement de la malade d'Huxley quand, ayant pris le parti de s'asseoir dans le fauteuil, elle le trouva libre et comprit que c'était le vieux monsieur qui était une hallucination. La princesse venait de me tendre la main en souriant. Elle resta quelques instants debout, avec le genre de grâce particulier à la stance de Malherbe qui finit ainsi :

Et pour leur faire honneur les Anges se lever.

Elle s'excusa de ce que la duchesse ne fût pas encore arrivée, comme si je devais m'ennuyer sans elle. Pour me dire ce bonjour, elle exécuta autour de moi, en me tenant la main, un tournoiement plein de grâce, dans le tourbillon duquel je me sentais emporté. Je m'attendais presque à ce qu'elle me remît alors, telle une conductrice de cotillon, une canne à bec d'ivoire, ou une montre-bracelet. Elle ne me donna à vrai dire rien de tout cela, et comme si au lieu de danser le boston elle avait plutôt écouté un sacro-saint quatuor de Beethoven dont elle eût craint de troubler les sublimes accents, elle arrêta là la conversation, ou plutôt ne la commença pas et, radieuse encore de m'avoir vu entrer, me fit part seulement de l'endroit où se trouvait le prince.

Je m'éloignai d'elle et n'osai plus m'en rapprocher, sentant qu'elle n'avait absolument rien à me dire et que, dans son immense bonne volonté, cette femme merveilleusement haute et belle, noble comme l'étaient tant de grandes dames qui montèrent si fièrement à l'échafaud, n'aurait pu, faute d'oser m'offrir de l'eau de mélisse, que me répéter ce qu'elle m'avait déjà dit deux fois : « Vous trouverez le prince dans le jardin. » Or, aller auprès du prince, c'était sentir renaître sous une autre forme mes doutes.

En tout cas fallait-il trouver quelqu'un qui me présentât. On entendait, dominant toutes les conversations, l'intarissable jacassement de M. de Charlus, lequel causait avec Son Excellence le duc de Sidonia, dont il venait de faire la connaissance. De profession à profession, on se devine, et de vice à vice aussi. M. de Charlus et M. de Sidonia avaient chacun immédiatement flairé celui de l'autre, et qui, pour tous les deux, était, dans le monde, d'être monologuistes, au point de ne pouvoir souffrir aucune interruption. Ayant jugé tout de suite que le mal était sans remède, comme dit un célèbre sonnet, ils avaient pris la détermination, non de se taire, mais de parler chacun sans s'occuper de ce que dirait l'autre. Cela avait réalisé ce bruit confus, produit dans les comédies de Molière par plusieurs personnes qui disent ensemble des choses différentes. Le baron, avec sa voix éclatante, était du reste certain d'avoir le dessus, de couvrir la voix faible de M. de Sidonia ; sans décourager ce dernier pourtant car, lorsque M. de Charlus reprenait un instant haleine, l'intervalle était rempli par le susurrement du grand d'Espagne qui avait continué imperturbablement son discours. J'aurais bien demandé à M. de Charlus de me présenter au prince de Guermantes, mais je craignais (avec trop de raison) qu'il ne fût fâché contre moi. J'avais agi envers lui de la façon la plus ingrate en laissant pour la seconde fois tomber ses offres et en ne lui donnant pas signe de vie depuis le soir où il m'avait si affectueusement reconduit à la maison. Et pourtant je n'avais nullement comme excuse anticipée la scène que je venais de voir, cet après-midi même, se passer entre Jupien et lui. Je ne soupçonnais rien de pareil. Il est vrai que peu de temps auparavant, comme mes parents me reprochaient ma paresse et de n'avoir pas encore pris la peine d'écrire un mot à M. de Charlus, je leur avais violemment reproché de vouloir me faire accepter des propositions déshonnêtes. Mais seuls la colère, le désir de trouver la phrase qui pouvait leur être le plus désagréable m'avaient dicté cette réponse mensongère. En réalité, je n'avais rien imaginé de sensuel, ni même de sentimental, sous les offres du baron. J'avais dit cela à mes parents comme une folie pure. Mais quelquefois l'avenir habite en nous sans que nous le sachions, et nos paroles qui croient mentir dessinent une réalité prochaine.

M. de Charlus m'eût sans doute pardonné mon manque de reconnaissance. Mais ce qui le rendait furieux, c'est que ma présence ce soir chez la princesse de Guermantes, comme depuis quelque temps chez sa cousine, paraissait narguer la déclaration solennelle : « On n'entre dans ces salons-là que par moi. » Faute grave, crime peut-être inexpiable, je n'avais pas suivi la voie hiérarchique. M. de Charlus savait bien que les tonnerres qu'il brandissait contre ceux qui ne se pliaient pas à ses ordres, ou qu'il avait pris en haine, commençaient à passer, selon beaucoup de gens, quelque rage qu'il y mît, pour des tonnerres en carton, et n'avaient plus la force de chasser n'importe qui de n'importe où. Mais peut-être croyait-il que son pouvoir amoindri, grand encore, restait intact aux yeux des novices tels que moi. Aussi ne le jugeai-je pas très bien choisi pour lui demander un service dans une fête où ma présence seule semblait un ironique démenti à ses prétentions.

Je fus à ce moment arrêté par un homme assez vulgaire, le professeur E... Il avait été surpris de m'apercevoir chez les Guermantes. Je ne l'étais pas moins de l'y trouver, car jamais on n'avait vu, et on ne vit dans la suite, chez la princesse, un personnage de sa sorte. Il venait de guérir le prince, déjà administré, d'une pneumonie infectieuse, et la reconnaissance toute particulière qu'en avait pour lui Mme de Guermantes était cause qu'on avait rompu avec les usages et qu'on l'avait invité. Comme il ne connaissait absolument personne dans ces salons et ne pouvait y rôder indéfiniment seul, comme un ministre de la mort, m'ayant reconnu, il s'était senti, pour la première fois de sa vie, une infinité de choses à me dire, ce qui lui permettait de prendre une contenance, et c'était une des raisons pour lesquelles il s'était avancé vers moi. Il y en avait une autre. Il attachait beaucoup d'importance à ne jamais faire d'erreur de diagnostic. Or son courrier était si nombreux qu'il ne se rappelait pas toujours très bien, quand il n'avait vu qu'une fois un malade, si la maladie avait bien suivi le cours qu'il lui avait assigné. On n'a peut-être pas oublié qu'au moment de l'attaque de ma grand'mère, je l'avais conduite chez lui le soir où il se faisait coudre tant de décorations. Depuis le temps écoulé, il ne se rappelait plus le faire-part qu'on lui avait envoyé à l'époque. « Madame votre grand'mère est bien morte, n'est-ce pas ? me dit-il d'une voix où une quasi-certitude calmait une légère appréhension. Ah ! En effet ! Du reste dès la première minute où je l'ai vue, mon pronostic avait été tout à fait sombre, je me souviens très bien. »

C'est ainsi que le professeur E... apprit ou rapprit la mort de ma grand'mère, et, je dois le dire à sa louange, qui est celle du corps médical tout entier, sans manifester, sans éprouver peut-être de satisfaction. Les erreurs des médecins sont innombrables. Ils pèchent d'habitude par optimisme quant au régime, par pessimisme quant au dénouement. « Du vin ? en quantité modérée cela ne peut vous faire du mal, c'est en somme un tonifiant... Le plaisir physique ? après tout c'est une fonction. Je vous le permets sans abus, vous m'entendez bien. L'excès en tout est un défaut. » Du coup, quelle tentation pour le malade de renoncer à ces deux résurrecteurs, l'eau et la chasteté. En revanche, si l'on a quelque chose au cœur, de l'albumine, etc., on n'en a pas pour longtemps. Volontiers, des troubles graves, mais fonctionnels, sont attribués à un cancer imaginé. Il est inutile de continuer des visites qui ne sauraient enrayer un mal inéluctable. Que le malade, livré à lui-même, s'impose alors un régime implacable, et ensuite guérisse ou tout au moins survive, le médecin, salué par lui avenue de l'Opéra quand il le croyait depuis longtemps au Père-Lachaise, verra dans ce coup de chapeau un geste de narquoise insolence. Une innocente promenade effectuée à son nez et à sa barbe ne causerait pas plus de colère au président d'assises qui, deux ans auparavant, a prononcé contre le badaud, qui semble sans crainte, une condamnation à mort. Les médecins (il ne s'agit pas de tous, bien entendu, et nous n'omettons pas, mentalement, d'admirables exceptions) sont en général plus mécontents, plus irrités de l'infirmation de leur verdict que joyeux de son exécution. C'est ce qui explique que le professeur E..., quelque satisfaction intellectuelle qu'il ressentît sans doute à voir qu'il ne s'était pas trompé, sut ne me parler que tristement du malheur qui nous avait frappés. Il ne tenait pas à abréger la conversation, qui lui fournissait une contenance et une raison de rester. Il me parla de la grande chaleur qu'il faisait ces jours-ci, mais, bien qu'il fût lettré et eût pu s'exprimer en bon français, il me dit : « Vous ne souffrez pas de cette hyperthermie ? » C'est que la médecine a fait quelques petits progrès dans ses connaissances depuis Molière, mais aucun dans son vocabulaire. Mon interlocuteur ajouta : « Ce qu'il faut, c'est éviter les sudations que cause, surtout dans les salons surchauffés, un temps pareil. Vous pouvez y remédier, quand vous rentrez et avez envie de boire, par la chaleur » (ce qui signifie évidemment des boissons chaudes).

À cause de la façon dont était morte ma grand'mère, le sujet m'intéressait et j'avais lu récemment dans un livre d'un grand savant que la transpiration était nuisible aux reins en faisant passer par la peau ce dont l'issue est ailleurs. Je déplorais ces temps de canicule par lesquels ma grand'mère était morte et n'étais pas loin de les incriminer. Je n'en parlai pas au docteur E..., mais de lui-même il me dit : « L'avantage de ces temps très chauds, où la transpiration est très abondante, c'est que le rein en est soulagé d'autant. » La médecine n'est pas une science exacte.

Accroché à moi, le professeur E... ne demandait qu'à ne pas me quitter. Mais je venais d'apercevoir, faisant à la princesse de Guermantes de grandes révérences de droite et de gauche, après avoir reculé d'un pas, le marquis de Vaugoubert. M. de Norpois m'avait dernièrement fait faire sa connaissance et j'espérais que je trouverais en lui quelqu'un qui fût capable de me présenter au maître de maison.

Les proportions de cet ouvrage ne me permettent pas d'expliquer ici à la suite de quels incidents de jeunesse M. de Vaugoubert était un des seuls hommes du monde (peut-être le seul) qui se trouvât ce qu'on appelle à Sodome être « en confidences » avec M. de Charlus. Mais si notre ministre auprès du roi Théodose avait quelques-uns des mêmes défauts que le baron, ce n'était qu'à l'état de bien pâle reflet. C'était seulement sous une forme infiniment adoucie, sentimentale et niaise qu'il présentait ces alternances de sympathie et de haine par où le désir de charmer, et ensuite la crainte – également imaginaire – d'être, sinon méprisé, du moins découvert, faisait passer le baron. Rendues ridicules par une chasteté, un « platonisme » (auxquels en grand ambitieux il avait, dès l'âge du concours, sacrifié tout plaisir), par sa nullité intellectuelle surtout, ces alternances, M. de Vaugoubert les présentait pourtant. Mais tandis que chez M. de Charlus les louanges immodérées étaient clamées avec un véritable éclat d'éloquence, et assaisonnées des plus fines, des plus mordantes railleries et qui marquaient un homme à jamais, chez M. de Vaugoubert, au contraire, la sympathie était exprimée avec la banalité d'un homme de dernier ordre, d'un homme du grand monde, et d'un fonctionnaire, les griefs (forgés généralement de toutes pièces comme chez le baron) par une malveillance sans trêve mais sans esprit et qui choquait d'autant plus qu'elle était d'habitude en contradiction avec les propos que le ministre avait tenus six mois avant et tiendrait peut-être à nouveau dans quelque temps : régularité dans le changement qui donnait une poésie presque astronomique aux diverses phases de la vie de M. de Vaugoubert, bien que sans cela personne moins que lui ne fît penser à un astre.

Le bonsoir qu'il me rendit n'avait rien de celui qu'aurait eu M. de Charlus. À ce bonsoir M. de Vaugoubert, outre les mille façons qu'il croyait celles du monde et de la diplomatie, donnait un air cavalier, fringant, souriant, pour sembler, d'une part, ravi de l'existence – alors qu'il remâchait intérieurement les déboires d'une carrière sans avancement et menacée d'une mise à la retraite – d'autre part, jeune, viril et charmant, alors qu'il voyait et n'osait même plus aller regarder dans sa glace les rides se figer aux entours d'un visage qu'il eût voulu garder plein de séductions. Ce n'est pas qu'il eût souhaité des conquêtes effectives, dont la seule pensée lui faisait peur à cause du qu'en-dira-t-on, des éclats, des chantages. Ayant passé d'une débauche presque infantile à la continence absolue datant du jour où il avait pensé au quai d'Orsay et voulu faire une grande carrière, il avait l'air d'une bête en cage, jetant dans tous les sens des regards qui exprimaient la peur, l'appétence et la stupidité. La sienne était telle qu'il ne réfléchissait pas que les voyous de son adolescence n'étaient plus des gamins et que, quand un marchand de journaux lui criait en plein nez : La Presse ! plus encore que de désir il frémissait d'épouvante, se croyant reconnu et dépisté.

Mais à défaut des plaisirs sacrifiés à l'ingratitude du quai d'Orsay, M. de Vaugoubert – et c'est pour cela qu'il aurait voulu plaire encore – avait de brusques élans de cœur. Dieu sait de combien de lettres il assommait le ministère (quelles ruses personnelles il déployait, combien de prélèvements il opérait sur le crédit de Mme de Vaugoubert qu'à cause de sa corpulence, de sa haute naissance, de son air masculin, et surtout à cause de la médiocrité du mari, on croyait douée de capacités éminentes et remplissant les vraies fonctions de ministre) pour faire entrer sans aucune raison valable un jeune homme dénué de tout mérite dans le personnel de la légation. Il est vrai que quelques mois, quelques années après, pour peu que l'insignifiant attaché parût, sans l'ombre d'une mauvaise intention, avoir donné des marques de froideur à son chef, celui-ci se croyant méprisé ou trahi mettait la même ardeur hystérique à le punir que jadis à le combler. Il remuait ciel et terre pour qu'on le rappelât, et le directeur des Affaires politiques recevait journellement une lettre : « Qu'attendez-vous pour me débarrasser de ce lascar-là. Dressez-le un peu, dans son intérêt. Ce dont il a besoin c'est de manger un peu de vache enragée. » Le poste d'attaché auprès du roi Théodose était à cause de cela peu agréable. Mais pour tout le reste, grâce à son parfait bon sens d'homme du monde, M. de Vaugoubert était un des meilleurs agents du Gouvernement français à l'étranger. Quand un homme prétendu supérieur, jacobin, qui était savant en toutes choses, le remplaça plus tard, la guerre ne tarda pas à éclater entre la France et le pays dans lequel régnait le roi.

M. de Vaugoubert comme M. de Charlus n'aimait pas dire bonjour le premier. L'un et l'autre préféraient « répondre », craignant toujours les potins que celui auquel ils eussent sans cela tendu la main avait pu entendre sur leur compte depuis qu'ils ne l'avaient vu. Pour moi, M. de Vaugoubert n'eut pas à se poser la question, j'étais en effet allé le saluer le premier, ne fût-ce qu'à cause de la différence d'âge. Il me répondit d'un air émerveillé et ravi, ses deux yeux continuant à s'agiter comme s'il y avait eu de la luzerne défendue à brouter de chaque côté. Je pensai qu'il était convenable de solliciter de lui ma présentation à Mme de Vaugoubert avant celle au prince, dont je comptais ne lui parler qu'ensuite. L'idée de me mettre en rapports avec sa femme parut le remplir de joie pour lui comme pour elle et il me mena d'un pas délibéré vers la marquise. Arrivé devant elle et me désignant de la main et des yeux, avec toutes les marques de considération possibles, il resta néanmoins muet et se retira au bout de quelques secondes, d'un air frétillant, pour me laisser seul avec sa femme. Celle-ci m'avait aussitôt tendu la main, mais sans savoir à qui cette marque d'amabilité s'adressait, car je compris que M. de Vaugoubert avait oublié comment je m'appelais, peut-être même ne m'avait pas reconnu et, n'ayant pas voulu, par politesse, me l'avouer, avait fait consister la présentation en une simple pantomime. Aussi je n'étais pas plus avancé ; comment me faire présenter au maître de la maison par une femme qui ne savait pas mon nom ? De plus, je me voyais forcé de causer quelques instants avec Mme de Vaugoubert. Et cela m'ennuyait à deux points de vue. Je ne tenais pas à m'éterniser dans cette fête car j'avais convenu avec Albertine (je lui avais donné une loge pour Phèdre) qu'elle viendrait me voir un peu avant minuit. Certes je n'étais nullement épris d'elle ; j'obéissais en la faisant venir ce soir à un désir tout sensuel, bien qu'on fût à cette époque torride de l'année où la sensualité libérée visite plus volontiers les organes du goût, recherche surtout la fraîcheur. Plus que du baiser d'une jeune fille elle a soif d'une orangeade, d'un bain, voire de contempler cette lune épluchée et juteuse qui désaltérait le ciel. Mais pourtant je comptais me débarrasser, aux côtés d'Albertine – laquelle du reste me rappelait la fraîcheur du flot – des regrets que ne manqueraient pas de me laisser bien des visages charmants (car c'était aussi bien une soirée de jeunes filles que de dames que donnait la princesse). D'autre part, celui de l'imposante Mme de Vaugoubert, bourbonien et morose, n'avait rien d'attrayant.

On disait au ministère, sans y mettre ombre de malice, que, dans le ménage, c'était le mari qui portait les jupes et la femme les culottes. Or il y avait plus de vérité là dedans qu'on ne le croyait. Mme de Vaugoubert, c'était un homme. Avait-elle toujours été ainsi, ou était-elle devenue ce que je la voyais, peu importe, car dans l'un et l'autre cas on a affaire à l'un des plus touchants miracles de la nature et qui, le second surtout, font ressembler le règne humain au règne des fleurs. Dans la première hypothèse : – si la future Mme de Vaugoubert avait toujours été aussi lourdement hommasse – la nature, par une ruse diabolique et bienfaisante, donne à la jeune fille l'aspect trompeur d'un homme. Et l'adolescent qui n'aime pas les femmes et veut guérir trouve avec joie ce subterfuge de découvrir une fiancée qui lui représente un fort aux halles. Dans le cas contraire, si la femme n'a d'abord pas les caractères masculins, elle les prend peu à peu, pour plaire à son mari, même inconsciemment, par cette sorte de mimétisme qui fait que certaines fleurs se donnent l'apparence des insectes qu'elles veulent attirer. Le regret de ne pas être aimée, de ne pas être homme la virilise. Même en dehors du cas qui nous occupe, qui n'a remarqué combien les couples les plus normaux finissent par se ressembler, quelquefois même par interchanger leurs qualités ? Un ancien chancelier allemand, le prince de Bulow, avait épousé une Italienne. À la longue, sur le Pincio, on remarqua combien l'époux germanique avait pris de finesse italienne, et la princesse italienne de rudesse allemande. Pour sortir jusqu'à un point excentrique des lois que nous traçons, chacun connaît un éminent diplomate français dont l'origine n'était rappelée que par son nom, un des plus illustres de l'Orient. En mûrissant, en vieillissant, s'est révélé en lui l'Oriental qu'on n'avait jamais soupçonné, et en le voyant on regrette l'absence du fez qui le compléterait.

Pour en revenir à des mœurs fort ignorées de l'ambassadeur dont nous venons d'évoquer la silhouette ancestralement épaissie, Mme de Vaugoubert réalisait le type, acquis ou prédestiné, dont l'image immortelle est la princesse Palatine, toujours en habit de cheval et ayant pris de son mari plus que la virilité, épousant les défauts des hommes qui n'aiment pas les femmes, dénonçant dans ses lettres de commère les relations qu'ont entre eux tous les grands seigneurs de la cour de Louis XIV. Une des causes qui ajoutent encore à l'air masculin des femmes telles que Mme de Vaugoubert est que l'abandon où elles sont laissées par leur mari, la honte qu'elles en éprouvent, flétrissent peu à peu chez elles tout ce qui est de la femme. Elles finissent par prendre les qualités et les défauts que le mari n'a pas. Au fur et à mesure qu'il est plus frivole, plus efféminé, plus indiscret, elles deviennent comme l'effigie sans charme des vertus que l'époux devrait pratiquer.

Des traces d'opprobre, d'ennui, d'indignation, ternissaient le visage régulier de Mme de Vaugoubert. Hélas, je sentais qu'elle me considérait avec intérêt et curiosité comme un de ces jeunes hommes qui plaisaient à M. de Vaugoubert, et qu'elle aurait tant voulu être maintenant que son mari vieillissant préférait la jeunesse. Elle me regardait avec l'attention de ces personnes de province qui, dans un catalogue de magasin de nouveautés, copient la robe tailleur si seyante à la jolie personne dessinée (en réalité la même à toutes les pages, mais multipliée illusoirement en créatures différentes grâce à la différence des poses et à la variété des toilettes.) L'attrait végétal qui poussait vers moi Mme de Vaugoubert était si fort qu'elle alla jusqu'à m'empoigner le bras pour que je la conduisisse boire un verre d'orangeade. Mais je me dégageai en alléguant que moi, qui allais bientôt partir, je ne m'étais pas fait présenter encore au maître de la maison.

La distance qui me séparait de l'entrée des jardins où il causait avec quelques personnes n'était pas bien grande. Mais elle me faisait plus peur que si pour la franchir il eût fallu s'exposer à un feu continu. Beaucoup de femmes par qui il me semblait que j'eusse pu me faire présenter étaient dans le jardin où, tout en feignant une admiration exaltée, elles ne savaient pas trop que faire. Les fêtes de ce genre sont en général anticipées. Elles n'ont guère de réalité que le lendemain, où elles occupent l'attention des personnes qui n'ont pas été invitées. Un véritable écrivain, dépourvu du sot amour-propre de tant de gens de lettres, si, lisant l'article d'un critique qui lui a toujours témoigné la plus grande admiration, il voit cités les noms d'auteurs médiocres mais pas le sien, n'a pas le loisir de s'arrêter à ce qui pourrait être pour lui un sujet d'étonnement, ses livres le réclament. Mais une femme du monde n'a rien à faire, et en voyant dans le *Figaro* : « Hier le prince et la princesse de Guermantes ont donné une grande soirée, etc. », elle s'exclame : « Comment ! j'ai, il y a trois jours, causé une heure avec Marie Gilbert sans qu'elle m'en dise rien ! » et elle se casse la tête pour savoir ce qu'elle a pu faire aux Guermantes. Il faut dire qu'en ce qui concernait les fêtes de la princesse, l'étonnement était quelquefois aussi grand chez les invités que chez ceux qui ne l'étaient pas. Car elles explosaient au moment où on les attendait le moins, et faisaient appel à des gens que Mme de Guermantes avait oubliés pendant des années. Et presque tous les gens du monde sont si insignifiants que chacun de leurs pareils ne prend, pour les juger, que la mesure de leur amabilité, invité les chérit, exclu les déteste. Pour ces derniers, si, en effet, souvent la princesse, même s'ils étaient de ses amis, ne les conviait pas, cela tenait souvent à sa crainte de mécontenter « Palamède » qui les avait excommuniés. Aussi pouvais-je être certain qu'elle n'avait pas parlé de moi à M. de Charlus, sans quoi je ne me fusse pas trouvé là. Il s'était maintenant accoudé devant le jardin, à côté de l'ambassadeur d'Allemagne, à la rampe du grand escalier qui ramenait dans l'hôtel, de sorte que les invités, malgré les trois ou quatre admiratrices qui s'étaient groupées autour du baron et le masquaient presque, étaient forcés de venir lui dire bonsoir. Il y répondait en nommant les gens par leur nom. Et on entendait successivement : « Bonsoir, monsieur du Hazay, bonsoir madame de La Tour du Pin-Verclause, bonsoir madame de La Tour du Pin-Gouvernet, bonsoir Philibert, bonsoir ma chère Ambassadrice, etc. » Cela faisait un glapissement continu qu'interrompaient des recommandations bénévoles ou des questions (desquelles il n'écoutait pas la réponse), et que M. de Charlus adressait d'un ton radouci, factice afin de témoigner l'indifférence, et bénin : « Prenez garde que la petite n'ait pas froid, les jardins c'est toujours un peu humide. Bonsoir madame de Brantes. Bonsoir madame de Mecklembourg. Est-ce que la jeune fille est venue ? A-t-elle mis la ravissante robe rose ? Bonsoir Saint-Géran. » Certes il y avait de l'orgueil dans cette attitude. M. de Charlus savait qu'il était un Guermantes occupant une place prépondérante dans cette fête. Mais il n'y avait pas que de l'orgueil, et ce mot même de fête évoquait, pour l'homme aux dons esthétiques, le sens luxueux, curieux, qu'il peut avoir si cette fête est donnée non chez des gens du monde, mais dans un tableau de Carpaccio ou de Véronèse. Il est même plus probable que le prince allemand qu'était M. de Charlus devait plutôt se représenter la fête qui se déroule dans *Tannhäuser*, et lui-même comme le Margrave, ayant, à l'entrée de la Warburg, une bonne parole condescendante pour chacun des invités, tandis que leur écoulement dans le château ou le parc est salué par la longue phrase, cent fois reprise, de la fameuse « Marche ».

Il fallait pourtant me décider. Je reconnaissais bien sous les arbres des femmes avec qui j'étais plus ou moins lié, mais elles semblaient transformées parce qu'elles étaient chez la princesse et non chez sa cousine, et que je les voyais assises non devant une assiette de Saxe mais sous les branches d'un marronnier. L'élégance du milieu n'y faisait rien. Eût-elle été infiniment moindre que chez « Oriane », le même trouble eût existé en moi. Que l'électricité vienne à s'éteindre dans notre salon et qu'on doive la remplacer par des lampes à huile, tout nous paraît changé. Je fus tiré de mon incertitude par Mme de Souvré. « Bonsoir, me dit-elle en venant à moi. Y a-t-il longtemps que vous n'avez vu la duchesse de Guermantes ? » Elle excellait à donner à ce genre de phrases une intonation qui prouvait qu'elle ne les débitait pas par bêtise pure comme les gens qui, ne sachant pas de quoi parler, vous abordent mille fois en citant une relation commune, souvent très vague. Elle eut au contraire un fin fil conducteur du regard qui signifiait : « Ne croyez pas que je ne vous aie pas reconnu. Vous êtes le jeune homme que j'ai vu chez la duchesse de Guermantes. Je me rappelle très bien. » Malheureusement cette protection qu'étendait sur moi cette phrase d'apparence stupide et d'intention délicate était extrêmement fragile et s'évanouit aussitôt que je voulus en user. Madame de Souvré avait l'art, s'il s'agissait d'appuyer une sollicitation auprès de quelqu'un de puissant, de paraître à la fois aux yeux du solliciteur le recommander, et aux yeux du haut personnage ne pas recommander ce solliciteur, de manière que ce geste à double sens lui ouvrait un crédit de reconnaissance envers ce dernier sans lui créer aucun débit vis-à-vis de l'autre. Encouragé par la bonne grâce de cette dame à lui demander de me présenter à M. de Guermantes, elle profita d'un moment où les regards du maître de maison n'étaient pas tournés vers nous, me prit maternellement par les épaules et, souriant à la figure détournée du prince qui ne pouvait pas la voir, elle me poussa vers lui d'un mouvement prétendu protecteur et volontairement inefficace qui me laissa en panne presque à mon point de départ. Telle est la lâcheté des gens du monde.

Celle d'une dame qui vint me dire bonjour en m'appelant par mon nom fut plus grande encore. Je cherchais à retrouver le sien tout en lui parlant ; je me rappelais très bien avoir dîné avec elle, je me rappelais des mots qu'elle avait dits. Mais mon attention, tendue vers la région intérieure où il y avait ces souvenirs d'elle, ne pouvait y découvrir ce nom. Il était là pourtant. Ma pensée avait engagé comme une espèce de jeu avec lui pour saisir ses contours, la lettre par laquelle il commençait, et l'éclairer enfin tout entier. C'était peine perdue, je sentais à peu près sa masse, son poids, mais pour ses formes, les confrontant au ténébreux captif blotti dans la nuit intérieure, je me disais : « Ce n'est pas cela. » Certes mon esprit aurait pu créer les noms les plus difficiles. Par malheur il n'avait pas à créer mais à reproduire. Toute action de l'esprit est aisée si elle n'est pas soumise au réel. Là, j'étais forcé de m'y soumettre. Enfin d'un coup le nom vint tout entier : « Madame d'Arpajon. » J'ai tort de dire qu'il vint, car il ne m'apparut pas, je crois, dans une propulsion de lui-même. Je ne pense pas non plus que les légers et nombreux souvenirs qui se rapportaient à cette dame, et auxquels je ne cessais de demander de m'aider (par des exhortations comme celle-ci : « Voyons, c'est cette dame qui est amie de Mme de Souvré, qui éprouve à l'endroit de Victor Hugo une admiration si naïve, mêlée de tant d'effroi et d'horreur »), je ne crois pas que tous ces souvenirs, voletant entre moi et son nom, aient servi en quoi que ce soit à le renflouer. Dans ce grand « cache-cache » qui se joue dans la mémoire quand on veut retrouver un nom, il n'y a pas une série d'approximations graduées. On ne voit rien, puis tout d'un coup apparaît le nom exact et fort différent de ce qu'on croyait deviner. Ce n'est pas lui qui est venu à nous. Non, je crois plutôt qu'au fur et à mesure que nous vivons, nous passons notre temps à nous éloigner de la zone où un nom est distinct, et c'est par un exercice de ma volonté et de mon attention, qui augmentait l'acuité de mon regard intérieur, que tout d'un coup j'avais percé la demi-obscurité et vu clair. En tout cas, s'il y a des transitions entre l'oubli et le souvenir, alors ces transitions sont inconscientes. Car les noms d'étape par lesquels nous passons, avant de trouver le nom vrai, sont, eux, faux, et ne nous rapprochent en rien de lui. Ce ne sont même pas à proprement parler des noms, mais souvent de simples consonnes et qui ne se retrouvent pas dans le nom retrouvé. D'ailleurs ce travail de l'esprit passant du néant à la réalité est si mystérieux, qu'il est possible, après tout, que ces consonnes fausses soient des perches préalables, maladroitement tendues pour nous aider à nous accrocher au nom exact. « Tout ceci, dira le lecteur, ne nous apprend rien sur le manque de complaisance de cette dame ; mais puisque vous vous êtes si longtemps arrêté, laissez-moi, monsieur l'auteur, vous faire perdre une minute de plus pour vous dire qu'il est fâcheux que, jeune comme vous l'étiez (ou comme était votre héros s'il n'est pas vous), vous eussiez déjà si peu de mémoire, que de ne pouvoir vous rappeler le nom d'une dame que vous connaissiez fort bien. » C'est très fâcheux en effet, monsieur le lecteur. Et plus triste que vous croyez quand on y sent l'annonce du temps où les noms et les mots disparaîtront de la zone claire de la pensée, et où il faudra, pour jamais, renoncer à se nommer à soi-même ceux qu'on a le mieux connus. C'est fâcheux en effet qu'il faille ce labeur dès la jeunesse pour retrouver des noms qu'on connaît bien. Mais si cette infirmité ne se produisait que pour des noms à peine connus, très naturellement oubliés, et dont on ne voulût pas prendre la fatigue de se souvenir, cette infirmité-là ne serait pas sans avantages. « Et lesquels, je vous prie ? » Hé, monsieur, c'est que le mal seul fait remarquer et apprendre et permet de décomposer les mécanismes que sans cela on ne connaîtrait pas. Un homme qui chaque soir tombe comme une masse dans son lit et ne vit plus jusqu'au moment de s'éveiller et de se lever, cet homme-là songera-t-il jamais à faire, sinon de grandes découvertes, au moins de petites remarques sur le sommeil ? À peine sait-il s'il dort. Un peu d'insomnie n'est pas inutile pour apprécier le sommeil, projeter quelque lumière dans cette nuit. Une mémoire sans défaillance n'est pas un très puissant excitateur à étudier les phénomènes de mémoire. « Enfin, Mme d'Arpajon vous présenta-t-elle au prince ? » Non, mais taisez-vous et laissez-moi reprendre mon récit.

Mme d'Arpajon fut plus lâche encore que Mme de Souvré, mais sa lâcheté avait plus d'excuses. Elle savait qu'elle avait toujours eu peu de pouvoir dans la société.

Ce pouvoir avait été encore affaibli par la liaison qu'elle avait eue avec le duc de Guermantes ; l'abandon de celui-ci y porta le dernier coup. La mauvaise humeur que lui causa ma demande de me présenter au Prince détermina chez elle un silence qu'elle eut la naïveté de croire un semblant de n'avoir pas entendu ce que j'avais dit. Elle ne s'aperçut même pas que la colère lui faisait froncer les sourcils. Peut-être au contraire s'en aperçut-elle, ne se soucia pas de la contradiction, et s'en servit pour la leçon de discrétion qu'elle pouvait me donner sans trop de grossièreté, je veux dire une leçon muette et qui n'était pas pour cela moins éloquente.

D'ailleurs, Mme d'Arpajon était fort contrariée ; beaucoup de regards s'étant levés vers un balcon Renaissance à l'angle duquel, au lieu des statues monumentales qu'on y avait appliquées si souvent à cette époque, se penchait, non moins sculpturale qu'elles, la magnifique duchesse de Surgis-le-Duc, celle qui venait de succéder à Mme d'Arpajon dans le cœur de Basin de Guermantes. Sous le léger tulle blanc qui la protégeait de la fraîcheur nocturne on voyait, souple, son corps envolé de Victoire.

Je n'avais plus recours qu'auprès de M. de Charlus, rentré dans une pièce du bas, laquelle accédait au jardin. J'eus tout le loisir (comme il feignait d'être absorbé dans une partie de whist simulée qui lui permettait de ne pas avoir l'air de voir les gens) d'admirer la volontaire et artiste simplicité de son frac qui, par des riens qu'un couturier seul eût discernés, avait l'air d'une « Harmonie » noir et blanc de Whistler ; noir, blanc et rouge plutôt, car M. de Charlus portait, suspendue à un large cordon au jabot de l'habit, la croix en émail blanc, noir et rouge de Chevalier de l'Ordre religieux de Malte. À ce moment la partie du baron fut interrompue par Mme de Gallardon, conduisant son neveu, le vicomte de Courvoisier, jeune homme d'une jolie figure et d'un air impertinent : « Mon cousin, dit Mme de Gallardon, permettez-moi de vous présenter mon neveu Adalbert. Adalbert, tu sais, le fameux oncle Palamède dont tu entends toujours parler. – Bonsoir, madame de Gallardon », répondit M. de Charlus. Et il ajouta sans même regarder le jeune homme : « Bonsoir, Monsieur », d'un air bourru et d'une voix si violemment impolie, que tout le monde en fut stupéfait. Peut-être M. de Charlus, sachant que Mme de Gallardon avait des doutes sur ses mœurs et n'avait pu résister une fois au plaisir d'y faire une allusion, tenait-il à couper court à tout ce qu'elle aurait pu broder sur un accueil aimable fait à son neveu, en même temps qu'à faire une retentissante profession d'indifférence à l'égard des jeunes gens ; peut-être n'avait-il pas trouvé que ledit Adalbert eût répondu aux paroles de sa tante par un air suffisamment respectueux ; peut-être, désireux de pousser plus tard sa pointe avec un aussi agréable cousin, voulait-il se donner les avantages d'une agression préalable, comme les souverains qui, avant d'engager une action diplomatique, l'appuient d'une action militaire.

Il n'était pas aussi difficile que je le croyais que M. de Charlus accédât à ma demande de me présenter. D'une part, au cours de ces vingt dernières années, ce Don Quichotte s'était battu contre tant de moulins à vent (souvent des parents qu'il prétendait s'être mal conduits à son égard), il avait avec tant de fréquence interdit « comme une personne impossible à recevoir » d'être invité chez tels ou telles Guermantes, que ceux-ci commençaient à avoir peur de se brouiller avec tous les gens qu'ils aimaient, de se priver, jusqu'à leur mort, de la fréquentation de certains nouveaux venus dont ils étaient curieux, pour épouser les rancunes tonnantes mais inexpliquées d'un beau-frère ou cousin qui aurait voulu qu'on abandonnât pour lui femme, frère, enfants. Plus intelligent que les autres Guermantes, M. de Charlus s'apercevait qu'on ne tenait plus compte de ses exclusives qu'une fois sur deux, et, anticipant l'avenir, craignant qu'un jour ce fût de lui qu'on se privât, il avait commencé à faire la part du feu, à baisser, comme on dit, ses prix. De plus, s'il avait la faculté de donner pour des mois, des années, une vie identique à un être détesté – à celui-là il n'eût pas toléré qu'on adressât une invitation, et se serait plutôt battu comme un portefaix avec une reine, la qualité de ce qui lui faisait obstacle ne comptant plus pour lui – en revanche il avait de trop fréquentes explosions de colère pour qu'elles ne fussent pas assez fragmentaires. « L'imbécile, le méchant drôle ! on va vous remettre cela à sa place, le balayer dans l'égout où malheureusement il ne sera pas inoffensif pour la salubrité de la ville », hurlait-il, même seul chez lui, à la lecture d'une lettre qu'il jugeait irrévérente, ou en se rappelant un propos qu'on lui avait redit. Mais une nouvelle colère contre un second imbécile dissipait l'autre, et pour peu que le premier se montrât déférent, la crise occasionnée par lui était oubliée, n'ayant pas assez duré pour faire un fond de haine où construire. Aussi, peut-être eusse-je – malgré sa mauvaise humeur contre moi – réussi auprès de lui quand je lui demandai de me présenter au Prince, si je n'avais pas eu la malheureuse idée d'ajouter par scrupule, et pour qu'il ne pût pas me supposer l'indélicatesse d'être entré à tout hasard en comptant sur lui pour me faire rester : « Vous savez que je les connais très bien, la Princesse a été très gentille pour moi. – Hé bien, si vous les connaissez, en quoi avez-vous besoin de moi pour vous présenter », me répondit-il d'un ton claquant, et, me tournant le dos, il reprit sa partie feinte avec le Nonce, l'ambassadeur d'Allemagne et un personnage que je ne connaissais pas.

Alors, du fond de ces jardins où jadis le duc d'Aiguillon faisait élever les animaux rares, vint jusqu'à moi, par les portes grandes ouvertes, le bruit d'un reniflement qui humait tant d'élégances et n'en voulait rien laisser perdre. Le bruit se rapprocha, je me dirigeai à tout hasard dans sa direction, si bien que le mot « bonsoir » fut susurré à mon oreille par M. de Bréauté, non comme le son ferrailleux et ébréché d'un couteau qu'on repasse pour l'aiguiser, encore moins comme le cri du marcassin dévastateur des terres cultivées, mais comme la voix d'un sauveur possible. Moins puissant que Mme de Sourré, mais moins foncièrement atteint qu'elle d'inserviabilité, beaucoup plus à l'aise avec le Prince que ne l'était Mme d'Arpajon, se faisant peut-être des illusions sur ma situation dans le milieu des Guermantes, ou peut-être la connaissant mieux que moi, j'eus pourtant, les premières secondes, quelque peine à capter son attention, car, les papilles du nez frétillantes, les narines dilatées, il faisait face de tous côtés, écarquillant curieusement son monocle comme s'il s'était trouvé devant cinq cents chefs-d'œuvre. Mais ayant entendu ma demande, il l'accueillit avec satisfaction, me conduisit vers le Prince et me présenta à lui d'un air friand, cérémonieux et vulgaire, comme s'il lui avait passé, en les recommandant, une assiette de petits fours. Autant l'accueil du duc de Guermantes était, quand il le voulait, aimable, empreint de camaraderie, cordial et familier, autant je trouvai celui du Prince compassé, solennel, hautain. Il me sourit à peine, m'appela gravement : « Monsieur ». J'avais souvent entendu le duc se moquer de la morgue de son cousin. Mais aux premiers mots qu'il me dit et qui, par leur froideur et leur sérieux faisaient le plus entier contraste avec le langage de Basin, je compris tout de suite que l'homme foncièrement dédaigneux était le duc qui vous parlait dès la première visite de « pair à compagnon », et que des deux cousins celui qui était vraiment simple c'était le Prince. Je trouvai dans sa réserve un sentiment plus grand, je ne dirai pas d'égalité, car ce n'eût pas été concevable pour lui, au moins de la considération qu'on peut accorder à un inférieur, comme il arrive dans tous les milieux fortement hiérarchisés, au Palais par exemple, dans une Faculté, où un procureur général ou un « doyen » conscients de leur haute charge cachent peut-être plus de simplicité réelle et, quand on les connaît davantage, plus de bonté, de simplicité vraie, de cordialité, dans leur hauteur traditionnelle que de plus modernes dans l'affectation de la camaraderie badine. « Est-ce que vous comptez suivre la carrière de monsieur votre père », me dit-il d'un air distant, mais d'intérêt. Je répondis sommairement à sa question, comprenant qu'il ne l'avait posée que par bonne grâce, et je m'éloignai pour le laisser accueillir les nouveaux arrivants.

J'aperçus Swann, voulus lui parler, mais à ce moment je vis que le prince de Guermantes, au lieu de recevoir sur place le bonsoir du mari d'Odette, l'avait aussitôt, avec la puissance d'une pompe aspirante, entraîné avec lui au fond du jardin, même, dirent certaines personnes, « afin de le mettre à la porte ».

Tellement distrait dans le monde que je n'appris que le surlendemain, par les journaux, qu'un orchestre tchèque avait joué toute la soirée et que, de minute en minute, s'étaient succédé les feux de Bengale, je retrouvai quelque faculté d'attention à la pensée d'aller voir le célèbre jet d'eau d'Hubert Robert.

Dans une clairière réservée par de beaux arbres dont plusieurs étaient aussi anciens que lui, planté à l'écart, on le voyait de loin, svelte, immobile, durci, ne laissant agiter par la brise que la retombée plus légère de son panache pâle et frémissant. Le XVIII° siècle avait épuré l'élégance de ses lignes, mais, fixant le style du jet, semblait en avoir arrêté la vie ; à cette distance on avait l'impression de l'art plutôt que la sensation de l'eau. Le nuage humide lui-même qui s'amoncelait perpétuellement à son faîte gardait le caractère de l'époque comme ceux qui dans le ciel s'assemblent autour des palais de Versailles. Mais de près on se rendait compte que, tout en respectant, comme les pierres d'un palais antique, le dessin préalablement tracé, c'était des eaux toujours nouvelles qui, s'élançant et voulant obéir aux ordres anciens de l'architecte, ne les accomplissaient exactement qu'en paraissant les violer, leurs mille bonds épars pouvant seuls donner à distance l'impression d'un unique élan. Celui-ci était en réalité aussi souvent interrompu que l'éparpillement de la chute, alors que, de loin, il m'avait paru infléchissable, dense, d'une continuité sans lacune. D'un peu près, on voyait que cette continuité, en apparence toute linéaire, était assurée à tous les points de l'ascension du jet, partout où il aurait dû se briser, par l'entrée en ligne, par la reprise latérale d'un jet parallèle qui montait plus haut que le premier et était lui-même, à une plus grande hauteur, mais déjà fatigante pour lui, relevé par un troisième. De près, des gouttes sans force retombaient de la colonne d'eau en croisant au passage leurs sœurs montantes, et, parfois déchirées, saisies dans un remous de l'air troublé par ce jaillissement sans trêve, flottaient avant d'être chavirées dans le bassin. Elles contrariaient de leurs hésitations, de leur trajet en sens inverse, et estompaient de leur molle vapeur la rectitude et la tension de cette tige, portant au-dessus de soi un nuage oblong fait de mille gouttelettes, mais en apparence peint en brun doré et immuable, qui montait, infrangible, immobile, élancé et rapide, s'ajouter aux nuages du ciel. Malheureusement un coup de vent suffisait à l'envoyer obliquement sur la terre ; parfois même un simple jet désobéissant divergeait et, si elle ne s'était pas tenue à une distance respectueuse, aurait mouillé jusqu'aux moelles la foule imprudente et contemplative.

    Un de ces petits accidents, qui ne se produisaient guère qu'au moment où la brise s'élevait, fut assez désagréable. On avait fait croire à Mme d'Arpajon que le duc de Guermantes – en réalité non encore arrivé – était avec Mme de Surgis dans les galeries de marbre rose où on accédait par la double colonnade, creusée à l'intérieur, qui s'élevait de la margelle du bassin. Or, au moment où Mme d'Arpajon allait s'engager dans l'une des colonnades, un fort coup de chaude brise tordit le jet d'eau et inonda si complètement la belle dame que, l'eau dégoulinante de son décolletage dans l'intérieur de sa robe, elle fut aussi trempée que si on l'avait plongée dans un bain. Alors, non loin d'elle, un grognement scandé retentit assez fort pour pouvoir se faire entendre à toute une armée et pourtant prolongé par période comme s'il s'adressait non pas à l'ensemble, mais successivement à chaque partie des troupes ; c'était le grand-duc Wladimir qui riait de tout son cœur en voyant l'immersion de Mme d'Arpajon, une des choses les plus gaies, aimait-il à dire ensuite, à laquelle il eût assisté de toute sa vie. Comme quelques personnes charitables faisaient remarquer au Moscovite qu'un mot de condoléances de lui serait peut-être mérité et ferait plaisir à cette femme qui, malgré sa quarantaine bien sonnée, et tout en s'épongeant avec son écharpe, sans demander le secours de personne, se dégageait malgré l'eau qui souillait malicieusement la margelle de la vasque, le Grand-Duc, qui avait bon cœur, crut devoir s'exécuter et, les derniers roulements militaires du rire à peine apaisés, on entendit un nouveau grondement plus violent encore que l'autre. « Bravo, la vieille ! » s'écriait-il en battant des mains comme au théâtre. Mme d'Arpajon ne fut pas sensible à ce qu'on vantât sa dextérité aux dépens de sa jeunesse. Et comme quelqu'un lui disait, assourdi par le bruit de l'eau, que dominait pourtant le tonnerre de Monseigneur : « Je crois que Son Altesse Impériale vous a dit quelque chose », « Non ! c'était à Mme de Souvré », répondit-elle.

Je traversai les jardins et remontai l'escalier où l'absence du Prince, disparu à l'écart avec Swann, grossissait autour de M. de Charlus la foule des invités, de même que, quand Louis XIV n'était pas à Versailles, il y avait plus de monde chez Monsieur, son frère. Je fus arrêté au passage par le baron, tandis que derrière moi deux dames et un jeune homme s'approchaient pour lui dire bonjour.

« C'est gentil de vous voir ici », me dit-il, en me tendant la main. « Bonsoir madame de la Trémoïlle, bonsoir ma chère Herminie. » Mais sans doute le souvenir de ce qu'il m'avait dit sur son rôle de chef dans l'hôtel Guermantes lui donnait le désir de paraître éprouver à l'endroit de ce qui le mécontentait, mais qu'il n'avait pu empêcher, une satisfaction à laquelle son impertinence de grand seigneur et son égaillement d'hystérique donnèrent immédiatement une forme d'ironie excessive : « C'est gentil, reprit-il, mais c'est surtout bien drôle. » Et il se mit à pousser des éclats de rire qui semblèrent à la fois témoigner de sa joie et de l'impuissance où la parole humaine était de l'exprimer. Cependant que certaines personnes, sachant combien il était à la fois difficile d'accès et propre aux « sorties » insolentes, s'approchaient avec curiosité et, avec un empressement presque indécent, prenaient leurs jambes à leur cou. « Allons, ne vous fâchez pas, me dit-il, en me touchant doucement l'épaule, vous savez que je vous aime bien. Bonsoir Antioche, bonsoir Louis-René. Avez-vous été voir le jet d'eau ? me demanda-t-il sur un ton plus affirmatif que questionneur. C'est bien joli, n'est-ce pas ? C'est merveilleux. Cela pourrait être encore mieux, naturellement, en supprimant certaines choses, et alors il n'y aurait rien de pareil, en France. Mais tel que c'est, c'est déjà parmi les choses les mieux. Bréauté vous dira qu'on a eu tort de mettre des lampions, pour tâcher de faire oublier que c'est lui qui a eu cette idée absurde. Mais, en somme, il n'a réussi que très peu à enlaidir. C'est beaucoup plus difficile de défigurer un chef-d'œuvre que de le créer. Nous nous doutions du reste déjà vaguement que Bréauté était moins puissant qu'Hubert Robert. »

Je repris la file des visiteurs qui entraient dans l'hôtel. « Est-ce qu'il y a longtemps que vous avez vu ma délicieuse cousine Oriane ? » me demanda la Princesse qui avait depuis peu déserté son fauteuil à l'entrée, et avec qui je retournais dans les salons. « Elle doit venir ce soir, je l'ai vue cet après-midi, ajouta la maîtresse de maison. Elle me l'a promis. Je crois du reste que vous dînez avec nous deux chez la reine d'Italie, à l'ambassade, jeudi. Il y aura toutes les Altesses possibles, ce sera très intimidant. » Elles ne pouvaient nullement intimider la princesse de Guermantes, de laquelle les salons en foisonnaient et qui disait : « Mes petits Cobourg » comme elle eût dit : « Mes petits chiens ». Aussi, Mme de Guermantes dit-elle : « Ce sera très intimidant », par simple bêtise, qui, chez les gens du monde, l'emporte encore sur la vanité. À l'égard de sa propre généalogie, elle en savait moins qu'un agrégé d'histoire. Pour ce qui concernait ses relations, elle tenait à montrer qu'elle connaissait les surnoms qu'on leur avait donnés. M'ayant demandé si je dînais la semaine suivante chez la marquise de la Pommelière, qu'on appelait souvent « la Pomme », la Princesse, ayant obtenu de moi une réponse négative, se tut pendant quelques instants. Puis, sans aucune autre raison qu'un étalage voulu d'érudition involontaire, de banalité et de conformité à l'esprit général, elle ajouta : « C'est une assez agréable femme, la Pomme ! »

Tandis que la Princesse causait avec moi, faisaient précisément leur entrée le duc et la duchesse de Guermantes ! Mais je ne pus d'abord aller au-devant d'eux, car je fus happé au passage par l'ambassadrice de Turquie, laquelle, me désignant la maîtresse de maison que je venais de quitter, s'écria en m'empoignant par le bras : « Ah ! quelle femme délicieuse que la Princesse ! Quel être supérieur à tous ! Il me semble que si j'étais un homme, ajouta-t-elle, avec un peu de bassesse et de sensualité orientales, je vouerais ma vie à cette céleste créature. » Je répondis qu'elle me semblait charmante en effet, mais que je connaissais plus sa cousine la duchesse. « Mais il n'y a aucun rapport, me dit l'ambassadrice. Oriane est une charmante femme du monde qui tire son esprit de Mémé et de Babal, tandis que Marie-Gilbert, c'est quelqu'un. »

Je n'aime jamais beaucoup qu'on me dise ainsi sans réplique ce que je dois penser des gens que je connais. Et il n'y avait aucune raison pour que l'ambassadrice de Turquie eût sur la valeur de la duchesse de Guermantes un jugement plus sûr que le mien. D'autre part, ce qui expliquait aussi mon agacement contre l'ambassadrice, c'est que les défauts d'une simple connaissance, et même d'un ami, sont pour nous de vrais poisons, contre lesquels nous sommes heureusement « mithridatés ».

Mais, sans apporter le moindre appareil de comparaison scientifique et parler d'anaphylaxie, disons qu'au sein de nos relations amicales ou purement mondaines, il y a une hostilité momentanément guérie, mais récurrente, par accès. Habituellement on souffre peu de ces poisons tant que les gens sont

« naturels ». En disant « Babal », « Mémé », pour désigner des gens qu'elle ne connaissait pas, l'ambassadrice de Turquie suspendait les effets du « mithridatisme » qui, d'ordinaire, me la rendait tolérable. Elle m'agaçait, ce qui était d'autant plus injuste qu'elle ne parlait pas ainsi pour faire mieux croire qu'elle était intime de « Mémé », mais à cause d'une instruction trop rapide qui lui faisait nommer ces nobles seigneurs selon ce qu'elle croyait la coutume du pays. Elle avait fait ses classes en quelques mois et n'avait pas suivi la filière. Mais en y réfléchissant je trouvais à mon déplaisir de rester auprès de l'ambassadrice une autre raison. Il n'y avait pas si longtemps que chez « Oriane » cette même personnalité diplomatique m'avait dit, d'un air motivé et sérieux, que la princesse de Guermantes lui était franchement antipathique. Je crus bon de ne pas m'arrêter à ce revirement : l'invitation à la fête de ce soir l'avait amené. L'ambassadrice était parfaitement sincère en me disant que la princesse de Guermantes était une créature sublime. Elle l'avait toujours pensé. Mais n'ayant jamais été jusqu'ici invitée chez la princesse, elle avait cru devoir donner à ce genre de non-invitation la forme d'une abstention volontaire par principes. Maintenant qu'elle avait été conviée et vraisemblablement le serait désormais, sa sympathie pouvait librement s'exprimer. Il n'y a pas besoin, pour expliquer les trois quarts des opinions qu'on porte sur les gens, d'aller jusqu'au dépit amoureux, jusqu'à l'exclusion du pouvoir politique. Le jugement reste incertain : une invitation refusée ou reçue le détermine. Au reste, l'ambassadrice de Turquie, comme disait la princesse de Guermantes qui passa avec moi l'inspection des salons, « faisait bien ». Elle était surtout fort utile. Les étoiles véritables du monde sont fatiguées d'y paraître. Celui qui est curieux de les apercevoir doit souvent émigrer dans un autre hémisphère, où elles sont à peu près seules. Mais les femmes pareilles à l'ambassadrice ottomane, toutes récentes dans le monde, ne laissent pas d'y briller pour ainsi dire partout à la fois. Elles sont utiles à ces sortes de représentations qui s'appellent une soirée, un raout, et où elles se feraient traîner, moribondes, plutôt que d'y manquer. Elles sont les figurantes sur qui on peut toujours compter, ardentes à ne jamais manquer une fête. Aussi, les sots jeunes gens, ignorant que ce sont de fausses étoiles, voient-ils en elles les reines du chic, tandis qu'il faudrait une leçon pour leur expliquer en vertu de quelles raisons Mme Standish, ignorée d'eux et peignant des coussins, loin du monde, est au moins une aussi grande dame que la duchesse de Doudeauville.

 Dans l'ordinaire de la vie, les yeux de la duchesse de Guermantes étaient distraits et un peu mélancoliques, elle les faisait briller seulement d'une flamme spirituelle chaque fois qu'elle avait à dire bonjour à quelque ami ; absolument comme si celui-ci avait été quelque mot d'esprit, quelque trait charmant, quelque régal pour délicats dont la dégustation a mis une expression de finesse et de joie sur le visage du connaisseur. Mais pour les grandes soirées, comme elle avait trop de bonjours à dire, elle trouvait qu'il eût été fatigant, après chacun d'eux, d'éteindre à chaque fois la lumière. Tel un gourmet de littérature, allant au théâtre voir une nouveauté d'un des maîtres de la scène, témoigne sa certitude de ne pas passer une mauvaise soirée en ayant déjà, tandis qu'il remet ses affaires à l'ouvreuse, sa lèvre ajustée pour un sourire sagace, son regard avivé pour une approbation malicieuse ; ainsi c'était dès son arrivée que la duchesse allumait pour toute la soirée. Et tandis qu'elle donnait son manteau du soir, d'un magnifique rouge Tiepolo, lequel laissa voir un véritable carcan de rubis qui enfermait son cou, après avoir jeté sur sa robe ce dernier regard rapide, minutieux et complet de couturière qui est celui d'une femme du monde, Oriane s'assura du scintillement de ses yeux non moins que de ses autres bijoux. Quelques « bonnes langues » comme M. de Janville eurent beau se précipiter sur le duc pour l'empêcher d'entrer : « Mais vous ignorez donc que le pauvre Mama est à l'article de la mort ? On vient de l'administrer. – Je le sais, je le sais, répondit M. de Guermantes en refoulant le fâcheux pour entrer. Le viatique a produit le meilleur effet », ajouta-t-il en souriant de plaisir à la pensée de la redoute à laquelle il était décidé de ne pas manquer après la soirée du prince. « Nous ne voulions pas qu'on sût que nous étions rentrés », me dit la duchesse. Elle ne se doutait pas que la princesse avait d'avance infirmé cette parole en me racontant qu'elle avait vu un instant sa cousine qui lui avait promis de venir. Le duc, après un long regard dont pendant cinq minutes il accabla sa femme : « J'ai raconté à Oriane les doutes que vous aviez. » Maintenant qu'elle voyait qu'ils n'étaient pas fondés et qu'elle n'avait aucune démarche à faire pour essayer de les dissiper, elle les déclara absurdes, me plaisanta longuement. « Cette idée de croire que vous n'étiez pas invité ! Et puis, il y avait moi. Croyez-vous que je n'aurais pas pu vous faire inviter chez ma cousine ? » Je dois dire qu'elle fit souvent, dans la suite, des choses bien plus difficiles pour moi ; néanmoins je me gardai de prendre ses paroles dans ce sens que j'avais été trop réservé. Je commençais à connaître l'exacte valeur du langage parlé ou muet de l'amabilité aristocratique, amabilité heureuse de verser un baume sur le sentiment d'infériorité de ceux à l'égard desquels elle s'exerce, mais pas pourtant jusqu'au point de la dissiper, car dans ce cas elle n'aurait plus de raison d'être. « Mais vous êtes notre égal, sinon mieux », semblaient, par toutes leurs actions, dire les Guermantes ; et ils le disaient de la façon la plus gentille que l'on puisse imaginer, pour être aimés, admirés, mais non pour être crus ; qu'on démêlât le caractère fictif de cette amabilité, c'est ce qu'ils appelaient être bien élevés ; croire l'amabilité réelle, c'était la mauvaise éducation. Je reçus du reste à peu de temps de là une leçon qui acheva de m'enseigner, avec la plus parfaite exactitude, l'extension et les limites de certaines formes de l'amabilité aristocratique. C'était à une matinée donnée par la duchesse de Montmorency pour la reine d'Angleterre ; il y eut une espèce de petit cortège pour aller au buffet, et en tête marchait la souveraine ayant à son bras le duc de Guermantes. J'arrivai à ce moment-là. De sa main libre, le duc me fit au moins à quarante mètres de distance mille signes d'appel et d'amitié, et qui avaient l'air de vouloir dire que je pouvais m'approcher sans crainte, que je ne serais pas mangé tout cru à la place des sandwichs. Mais moi, qui commençais à me perfectionner dans le langage des cours, au lieu de me rapprocher même d'un seul pas, à mes quarante mètres de distance je m'inclinai profondément, mais sans sourire, comme j'aurais fait devant quelqu'un que j'aurais à peine connu, puis continuai mon chemin en sens opposé. J'aurais pu écrire un chef-d'œuvre, les Guermantes m'en eussent moins fait d'honneur que de ce salut. Non seulement il ne passa pas inaperçu aux yeux du duc, qui ce jour-là pourtant eut à répondre à plus de cinq cents personnes, mais à ceux de la duchesse, laquelle, ayant rencontré ma mère, le lui raconta en se gardant bien de lui dire que j'avais eu tort, que j'aurais dû m'approcher. Elle lui dit que son mari avait été émerveillé de mon salut, qu'il était impossible d'y faire tenir plus de choses. On ne cessa de trouver à ce salut toutes les qualités, sans mentionner toutefois celle qui avait paru la plus précieuse, à savoir qu'il avait été discret, et on ne cessa pas non plus de me faire des compliments dont je compris qu'ils étaient encore moins une récompense pour le passé qu'une indication pour l'avenir, à la façon de celle délicatement fournie à ses élèves par le directeur d'un établissement d'éducation : « N'oubliez pas, mes chers enfants, que ces prix sont moins pour vous que pour vos parents, afin qu'ils vous renvoient l'année prochaine. » C'est ainsi que Mme de Marsantes, quand quelqu'un d'un monde différent entrait dans son milieu, vantait devant lui les gens discrets « qu'on trouve quand on va les chercher et qui se font oublier le reste du temps », comme on prévient, sous une forme indirecte, un domestique qui sent mauvais que l'usage des bains est parfait pour la santé.

 Pendant que, avant même qu'elle eût quitté le vestibule, je causais avec Mme de Guermantes, j'entendis une voix d'une sorte qu'à l'avenir je devais, sans erreur possible, discerner. C'était, dans le cas particulier, celle de M. de Vaugoubert causant avec M. de Charlus. Un clinicien n'a même pas besoin que le malade en observation soulève sa chemise ni d'écouter la respiration, la voix suffit. Combien de fois plus tard fus-je frappé dans un salon par l'intonation ou le rire de tel homme, qui pourtant copiait exactement le langage de sa profession ou les manières de son milieu, affectant une distinction sévère ou une familière grossièreté, mais dont la voix fausse me suffisait pour apprendre : « C'est un Charlus », à mon oreille exercée, comme le diapason d'un accordeur. À ce moment tout le personnel d'une ambassade passa, lequel salua M. de Charlus. Bien que ma découverte du genre de maladie en question datât seulement du jour même (quand j'avais aperçu M. de Charlus et Jupien), je n'aurais pas eu besoin, pour donner un diagnostic, de poser des questions, d'ausculter. Mais M. de Vaugoubert causant avec M. de Charlus parut incertain. Pourtant il aurait dû savoir à quoi s'en tenir après les doutes de l'adolescence. L'inverti se croit seul de sa sorte dans l'univers ; plus tard seulement, il se figure – autre exagération – que l'exception unique, c'est l'homme normal. Mais, ambitieux et timoré, M. de Vaugoubert ne s'était pas livré depuis bien longtemps à ce qui eût été pour lui le plaisir. La carrière diplomatique avait eu sur sa vie l'effet d'une entrée dans les ordres. Combinée avec l'assiduité à l'École des Sciences politiques, elle l'avait voué depuis ses vingt ans à la chasteté du chrétien. Aussi, comme chaque sens perd de sa force et de sa vivacité, s'atrophie quand il n'est plus mis en usage, M. de Vaugoubert, de même que l'homme civilisé qui ne serait plus capable des exercices de force, de la finesse d'ouïe de l'homme des cavernes, avait perdu la perspicacité spéciale qui se trouvait rarement en défaut chez M. de Charlus ; et aux tables officielles, soit à Paris, soit à l'étranger, le ministre plénipotentiaire n'arrivait même plus à reconnaître ceux qui, sous le déguisement de l'uniforme, étaient au fond ses pareils. Quelques noms que prononça M. de Charlus, indigné si on le citait pour ses goûts, mais toujours amusé de faire connaître ceux des autres, causèrent à M. de Vaugoubert un étonnement délicieux. Non qu'après tant d'années il songeât à profiter d'aucune aubaine. Mais ces révélations rapides, pareilles à celles qui dans les tragédies de Racine apprennent à Athalie et à Abner que Joas est de la race de David, qu'Esther assise dans la pourpre a des parents youpins, changeant l'aspect de la légation de X... ou tel service du Ministère des Affaires étrangères, rendaient rétrospectivement ces palais aussi mystérieux que le temple de Jérusalem ou la salle du trône de Suse. Pour cette ambassade dont le jeune personnel vint tout entier serrer la main de M. de Charlus, M. de Vaugoubert prit l'air émerveillé d'Élise s'écriant dans *Esther* :

> Ciel ! quel nombreux essaim d'innocentes beautés
> S'offre à mes yeux en foule et sort de tous côtés !
> Quelle aimable pudeur sur leur visage est peinte !

Puis désireux d'être plus « renseigné », il jeta en souriant à M. de Charlus un regard niaisement interrogateur et concupiscent : « Mais voyons, bien entendu », dit M. de Charlus, de l'air docte d'un érudit parlant à un ignare. Aussitôt M. de Vaugoubert (ce qui agaça beaucoup M. de Charlus) ne détacha plus ses yeux de ces jeunes secrétaires, que l'ambassadeur de X... en France, vieux cheval de retour, n'avait pas choisis au hasard. M. de Vaugoubert se taisait, je voyais seulement ses regards. Mais, habitué dès mon enfance à prêter, même à ce qui est muet, le langage des classiques, je faisais dire aux yeux de M. de Vaugoubert les vers par lesquels Esther explique à Élise que Mardochée a tenu, par zèle pour sa religion, à ne placer auprès de la Reine que des filles qui y appartinssent.

> *Cependant son amour pour notre nation*
> *A peuplé ce palais de filles de Sion,*
> *Jeunes et tendres fleurs par le sort agitées,*
> *Sous un ciel étranger comme moi transplantées*
> *Dans un lieu séparé de profanes témoins,*
> *Il (l'excellent ambassadeur) met à les former son*
> *[étude et ses soins.*

Enfin M. de Vaugoubert parla, autrement que par ses regards. « Qui sait, dit-il avec mélancolie, si, dans le pays où je réside, la même chose n'existe pas. — C'est probable, répondit M. de Charlus, à commencer par le roi Théodose, bien que je ne sache rien de positif sur lui. — Oh ! pas du tout ! — Alors il n'est pas permis d'en avoir l'air à ce point-là. Et il fait des petites manières. Il a le genre « ma chère », le genre que je déteste le plus. Je n'oserais pas me montrer avec lui dans la rue. Du reste, vous devez bien le connaître pour ce qu'il est, il est connu comme le loup blanc. — Vous vous trompez tout à fait sur lui. Il est du reste charmant. Le jour où l'accord avec la France a été signé, le Roi m'a embrassé. Je n'ai jamais été si ému. — C'était le moment de lui dire ce que vous désiriez. — Oh ! mon Dieu, quelle horreur, s'il avait seulement un soupçon ! Mais je n'ai pas de crainte à cet égard. » Paroles que j'entendis, car j'étais peu éloigné, et qui firent que je me récitai mentalement :

> *Le Roi jusqu'à ce jour ignore qui je suis,*
> *Et ce secret toujours tient ma langue enchaînée.*

Ce dialogue, moitié muet, moitié parlé, n'avait duré que peu d'instants, et je n'avais encore fait que quelques pas dans les salons avec la duchesse de Guermantes quand une petite dame brune, extrêmement jolie, l'arrêta :

« Je voudrais bien vous voir. D'Annunzio vous a aperçue d'une loge, il a écrit à la princesse de T... une lettre où il dit qu'il n'a jamais rien vu de si beau. Il donnerait toute sa vie pour dix minutes d'entretien avec vous. En tout cas, même si vous ne pouvez pas ou ne voulez pas, la lettre est en ma possession. Il faudrait que vous me fixiez un rendez-vous. Il y a certaines choses secrètes que je ne puis dire ici. Je vois que vous ne me reconnaissez pas, ajouta-t-elle en s'adressant à moi ; je vous ai connu chez la princesse de Parme (chez qui je n'étais jamais allé). L'empereur de Russie voudrait que votre père fût envoyé à Pétersbourg. Si vous pouviez venir mardi, justement Isvolski sera là, il en parlerait avec vous.

J'ai un cadeau à vous faire, chérie, ajouta-t-elle en se tournant vers la duchesse, et que je ne ferais à personne qu'à vous. Les manuscrits de trois pièces d'Ibsen, qu'il m'a fait porter par son vieux garde-malade. J'en garderai une et vous donnerai les deux autres. »

Le duc de Guermantes n'était pas enchanté de ces offres. Incertain si Ibsen ou d'Annunzio étaient morts ou vivants, il voyait déjà des écrivains, des dramaturges allant faire visite à sa femme et la mettant dans leurs ouvrages. Les gens du monde se représentent volontiers les livres comme une espèce de cube dont une face est enlevée, si bien que l'auteur se dépêche de « faire entrer » dedans les personnes qu'il rencontre. C'est déloyal évidemment, et ce ne sont que des gens de peu. Certes, ce ne serait pas ennuyeux de les voir « en passant », car grâce à eux, si on lit un livre ou un article, on connaît « le dessous des cartes », on peut « lever les masques ». Malgré tout, le plus sage est de s'en tenir aux auteurs morts. M. de Guermantes trouvait seulement « parfaitement convenable » le monsieur qui faisait la nécrologie dans le *Gaulois*. Celui-là, du moins, se contentait de citer le nom de M. de Guermantes en tête des personnes remarquées « notamment » dans les enterrements où le duc s'était inscrit. Quand ce dernier préférait que son nom ne figurât pas, au lieu de s'inscrire il envoyait une lettre de condoléances à la famille du défunt en l'assurant de ses sentiments bien tristes. Que si cette famille faisait mettre dans le journal : « Parmi les lettres reçues, citons celle du duc de Guermantes, etc. », ce n'était pas la faute de l'échotier, mais du fils, frère, père de la défunte, que le duc qualifiait d'arrivistes, et avec qui il était désormais décidé à ne plus avoir de relations (ce qu'il appelait, ne sachant pas bien le sens des locutions, « avoir maille à partir »). Toujours est-il que les noms d'Ibsen et d'Annunzio, et leur survivance incertaine, firent se froncer les sourcils du duc, qui n'était pas encore assez loin de nous pour ne pas avoir entendu les amabilités diverses de Mme Timoléon d'Amoncourt. C'était une femme charmante, d'un esprit, comme sa beauté, si ravissant, qu'un seul des deux eût réussi à plaire. Mais, née hors du milieu où elle vivait maintenant, n'ayant aspiré d'abord qu'à un salon littéraire, amie successivement – nullement amante, elle était de mœurs fort pures – et exclusivement de chaque grand écrivain qui lui donnait tous ses manuscrits, écrivait des livres pour elle, le hasard l'ayant introduite dans le faubourg Saint-Germain, ces privilèges littéraires l'y servirent. Elle avait maintenant une situation à n'avoir pas à dispenser d'autres grâces que celles que sa présence répandait. Mais habituée jadis à l'entregent, aux manèges, aux services à rendre, elle y persévérerait bien qu'ils ne fussent plus nécessaires. Elle avait toujours un secret d'État à vous révéler, un potentat à vous faire connaître, une aquarelle de maître à vous offrir. Il y avait bien dans tous ces attraits inutiles un peu de mensonge, mais il faisaient de sa vie une comédie d'une complication scintillante et il était exact qu'elle faisait nommer des préfets et des généraux.

Tout en marchant à côté de moi, la duchesse de Guermantes laissait la lumière azurée de ses yeux flotter devant elle, mais dans le vague, afin d'éviter les gens avec qui elle ne tenait pas à entrer en relations, et dont elle devinait parfois, de loin, l'écueil menaçant. Nous avancions entre une double haie d'invités, lesquels, sachant qu'ils ne connaîtraient jamais « Oriane », voulaient au moins, comme une curiosité, la montrer à leur femme : « Ursule, vite, vite, venez voir Madame de Guermantes qui cause avec ce jeune homme. » Et on sentait qu'il ne s'en fallait pas de beaucoup pour qu'ils fussent montés sur des chaises, pour mieux voir, comme à la revue du 14 juillet ou au Grand Prix. Ce n'est pas que la duchesse de Guermantes eût un salon plus aristocratique que sa cousine. Chez la première fréquentaient des gens que la seconde n'eût jamais voulu inviter, surtout à cause de son mari. Jamais elle n'eût reçu Mme Alphonse de Rothschild, qui, intime amie de Mme de la Trémoïlle et de Mme de Sagan, comme Oriane elle-même, fréquentait beaucoup chez cette dernière. Il en était encore de même du baron Hirsch, que le prince de Galles avait amené chez elle, mais non chez la princesse à qui il aurait déplu, et aussi de quelques grandes notoriétés bonapartistes ou même républicaines, qui intéressaient la duchesse mais que le prince, royaliste convaincu, n'eût pas voulu recevoir. Son antisémitisme, étant aussi de principe, ne fléchissait devant aucune élégance, si accréditée fût-elle, et s'il recevait Swann dont il était l'ami de tout temps, étant d'ailleurs le seul des Guermantes qui l'appelât Swann et non Charles, c'est que, sachant que la grand'mère de Swann, protestante mariée à un juif, avait été la maîtresse du duc de Berri, il essayait, de temps en temps, de croire à la légende qui faisait du père de Swann un fils naturel du prince. Dans cette hypothèse, laquelle était d'ailleurs fausse, Swann, fils d'un catholique, fils lui-même d'un Bourbon et d'une catholique, n'avait rien que de chrétien.

« Comment, vous ne connaissez pas ces splendeurs », me dit la duchesse, en me parlant de l'hôtel où nous étions. Mais après avoir célébré le « palais » de sa cousine, elle s'empressa d'ajouter qu'elle préférait mille fois « son humble trou ». « Ici, c'est admirable pour visiter. Mais je mourrais de chagrin s'il me fallait rester à coucher dans des chambres où ont eu lieu tant d'événements historiques. Ça me ferait l'effet d'être restée après la fermeture, d'avoir été oubliée, au château de Blois, de Fontainebleau ou même au Louvre, et d'avoir comme seule ressource contre la tristesse de me dire que je suis dans la chambre où a été assassiné Monaldeschi. Comme camomille, c'est insuffisant. Tiens, voilà Mme de Saint-Euverte. Nous avons dîné tout à l'heure chez elle. Comme elle donne demain sa grande machine annuelle, je pensais qu'elle serait allée se coucher. Mais elle ne peut pas rater une fête. Si celle-ci avait eu lieu à la campagne, elle serait montée sur une tapissière plutôt que de ne pas y être allée. »

En réalité, Mme de Saint-Euverte était venue, ce soir, moins pour le plaisir de ne pas manquer une fête chez les autres que pour assurer le succès de la sienne, recruter les derniers adhérents, et en quelque sorte passer *in extremis* la revue des troupes qui devaient le lendemain évoluer brillamment à sa garden-party. Car, depuis pas mal d'années, les invités des fêtes Saint-Euverte n'étaient plus du tout les mêmes qu'autrefois. Les notabilités féminines du milieu Guermantes, si clairsemées alors, avaient – comblées de politesses par la maîtresse de la maison – amené peu à peu leurs amies. En même temps, par un travail parallèlement progressif, mais en sens inverse, Mme de Saint-Euverte avait d'année en année réduit le nombre des personnes inconnues au monde élégant. On avait cessé de voir l'une, puis l'autre. Pendant quelque temps fonctionna le système des « fournées », qui permettait, grâce à des fêtes sur lesquelles on faisait le silence, de convier les réprouvés à venir se divertir entre eux, ce qui dispensait de les inviter avec les gens de bien. De quoi pouvaient-ils se plaindre ? N'avaient-ils pas *panem et circenses*, des petits fours et un beau programme musical ? Aussi, en symétrie en quelque sorte avec les deux duchesses en exil, qu'autrefois, quand avait débuté le salon Saint-Euverte, on avait vues en soutenir, comme deux cariatides, le faîte chancelant, dans les dernières années on ne distingua plus, mêlées au beau monde, que deux personnes hétérogènes : la vieille Mme de Cambremer et la femme à belle voix d'un architecte à laquelle on était souvent obligé de demander de chanter. Mais ne connaissant plus personne chez Mme de Saint-Euverte, pleurant leurs compagnes perdues, sentant qu'elles gênaient, elles avaient l'air prêtes à mourir de froid comme deux hirondelles qui n'ont pas émigré à temps. Aussi l'année suivante ne furent-elles pas invitées ; Mme de Franquetot tenta une démarche en faveur de sa cousine qui aimait tant la musique. Mais comme elle ne put pas obtenir pour elle une réponse plus explicite que ces mots : « Mais on peut toujours entrer écouter de la musique si ça vous amuse, ça n'a rien de criminel ! » Mme de Cambremer ne trouva pas l'invitation assez pressante et s'abstint.

Une telle transmutation, opérée par Mme de Saint-Euverte, d'un salon de lépreux en un salon de grandes dames (la dernière forme, en apparence ultra-chic, qu'il avait prise), on pouvait s'étonner que la personne qui donnait le lendemain la fête la plus brillante de la saison eût eu besoin de venir la veille adresser un suprême appel à ses troupes. Mais c'est que la prééminence du salon Saint-Euverte n'existait que pour ceux dont la vie mondaine consiste seulement à lire le compte rendu des matinées et soirées, dans le *Gaulois* ou le *Figaro*, sans être jamais allés à aucune. À ces mondains qui ne voient le monde que par le journal, l'énumération des ambassadrices d'Angleterre, d'Autriche, etc. ; des duchesses d'Uzès, de La Trémoïlle, etc., etc., suffisait pour qu'ils s'imaginassent volontiers le salon Saint-Euverte comme le premier de Paris, alors qu'il était un des derniers. Non que les comptes rendus fussent mensongers. La plupart des personnes citées avaient bien été présentes. Mais chacune était venue à la suite d'implorations, de politesses, de services, et en ayant le sentiment d'honorer infiniment Mme de Saint-Euverte. De tels salons, moins recherchés que fuis, et où on va pour ainsi dire en service commandé, ne font illusion qu'aux lectrices de « Mondanités ». Elles glissent sur une fête vraiment élégante, celle-là où la maîtresse de la maison, pouvant avoir toutes les duchesses, lesquelles brûlent d'être « parmi les élus », ne demandent qu'à deux ou trois, et ne font pas mettre le nom de leurs invités dans le journal. Aussi ces femmes, méconnaissant ou dédaignant le pouvoir qu'a pris aujourd'hui la publicité, sont-elles élégantes pour la reine d'Espagne, mais, méconnues de la foule, parce que la première sait et que la seconde ignore qui elles sont.

Mme de Saint-Euverte n'était pas de ces femmes, et en bonne butineuse elle venait cueillir pour le lendemain tout ce qui était invité. M. de Charlus ne l'était pas, il avait toujours refusé d'aller chez elle. Mais il était brouillé avec tant de gens, que Mme de Saint-Euverte pouvait mettre cela sur le compte du caractère.

Certes, s'il n'y avait eu là qu'Oriane, Mme de Saint-Euverte eût pu ne pas se déranger, puisque l'invitation avait été faite de vive voix, et d'ailleurs acceptée avec cette charmante bonne grâce trompeuse dans l'exercice de laquelle triomphent ces académiciens de chez lesquels le candidat sort attendri et ne doutant pas qu'il peut compter sur leur voix. Mais il n'y avait pas qu'elle. Le prince d'Agrigente viendrait-il ? Et Mme de Durfort ? Aussi, pour veiller au grain, Mme de Saint-Euverte avait-elle cru plus expédient de se transporter elle-même ; insinuante avec les uns, impérative avec les autres, pour tous elle annonçait à mots couverts d'inimaginables divertissements qu'on ne pourrait revoir une seconde fois, et à chacun promettait qu'il trouverait chez elle la personne qu'il avait le désir, ou le personnage qu'il avait le besoin de rencontrer. Et cette sorte de fonction dont elle était investie pour une fois dans l'année – telles certaines magistratures du monde antique – de personne qui donnera le lendemain la plus considérable garden-party de la saison lui conférait une autorité momentanée. Ses listes étaient faites et closes, de sorte que, tout en parcourant les salons de la princesse avec lenteur pour verser successivement dans chaque oreille : « Vous ne m'oublierez pas demain », elle avait la gloire éphémère de détourner les yeux, en continuant à sourire, si elle apercevait un laideron à éviter ou quelque hobereau qu'une camaraderie de collège avait fait admettre chez « Gilbert », et duquel la présence à sa garden-party n'ajouterait rien. Elle préférait ne pas lui parler pour pouvoir dire ensuite : « J'ai fait mes invitations verbalement, et malheureusement je ne vous ai pas rencontré. » Ainsi elle, simple Saint-Euverte, faisait-elle de ses yeux fureteurs un « tri » dans la composition de la soirée de la princesse. Et elle se croyait, en agissant ainsi, une vraie duchesse de Guermantes.

Il faut dire que celle-ci n'avait pas non plus tant qu'on pourrait croire la liberté de ses bonjours et de ses sourires. Pour une part, sans doute, quand elle les refusait, c'était volontairement : « Mais elle m'embête, disait-elle, est-ce que je vais être obligée de lui parler de sa soirée pendant une heure ? »

On vit passer une duchesse fort noire, que sa laideur et sa bêtise, et certains écarts de conduite, avaient exilée non de la société, mais de certaines intimités élégantes. « Ah ! susurra Mme de Guermantes, avec le coup d'œil exact et désabusé du connaisseur à qui on montre un bijou faux, on reçoit ça ici ! » Sur la seule vue de la dame à demi tarée, et dont la figure était encombrée de trop de grains de poils noirs, Mme de Guermantes cotait la médiocre valeur de cette soirée. Elle avait été élevée, mais avait cessé toutes relations avec cette dame ; elle ne répondit à son salut que par un signe de tête des plus secs. « Je ne comprends pas, me dit-elle, comme pour s'excuser, que Marie-Gilbert nous invite avec toute cette lie. On peut dire qu'il y en a ici de toutes les paroisses. C'était beaucoup mieux arrangé chez Mélanie Pourtalès. Elle pouvait avoir le Saint-Synode et le Temple de l'Oratoire si ça lui plaisait, mais, au moins, on ne nous faisait pas venir ces jours-là. » Mais pour beaucoup, c'était par timidité, peur d'avoir une scène de son mari, qui ne voulait pas qu'elle reçût des artistes, etc. (Marie-Gilbert en protégeait beaucoup, il fallait prendre garde de ne pas être abordée par quelque illustre chanteuse allemande), par quelque crainte aussi à l'égard du nationalisme qu'en tant que, détenant, comme M. de Charlus, l'esprit des Guermantes, elle méprisait au point de vue mondain (on faisait passer maintenant, pour glorifier l'état-major, un général plébéien avant certains ducs) mais auquel pourtant, comme elle se savait cotée mal pensante, elle faisait de larges concessions, jusqu'à redouter d'avoir à tendre la main à Swann dans ce milieu antisémite. À cet égard elle fut vite rassurée, ayant appris que le Prince n'avait pas laissé entrer Swann et avait eu avec lui « une espèce d'altercation ». Elle ne risquait pas d'avoir à faire publiquement la conversation avec « pauvre Charles » qu'elle préférait chérir dans le privé.

— Et qu'est-ce encore que celle-là ? s'écria Mme de Guermantes en voyant une petite dame l'air un peu étrange, dans une robe noire tellement simple qu'on aurait dit une malheureuse, lui faire, ainsi que son mari, un grand salut. Elle ne la reconnut pas et, ayant de ces insolences, se redressa comme offensée, et regarda sans répondre, d'un air étonné : « Qu'est-ce que c'est que cette personne, Basin ? » demanda-t-elle d'un air étonné, pendant que M. de Guermantes, pour réparer l'impolitesse d'Oriane, saluait la dame et serrait la main du mari. « Mais, c'est Mme de Chaussepierre, vous avez été très impolie. — Je ne sais pas ce que c'est Chaussepierre. — Le neveu de la vieille mère Chanlivault. — Je ne connais rien de tout ça. Qui est la femme, pourquoi me salue-t-elle ? — Mais, vous ne connaissez que ça, c'est la fille de Mme de Charleval, Henriette Montmorency. — Ah ! mais j'ai très bien connu sa mère, elle était charmante, très spirituelle. Pourquoi a-t-elle épousé tous ces gens que je ne connais pas ? Vous dites qu'elle s'appelle Mme de Chaussepierre ? » dit-elle en épelant ce dernier mot d'un air interrogateur et comme si elle avait peur de se tromper. Le duc lui jeta un regard dur. « Cela n'est pas si ridicule que vous avez l'air de croire de s'appeler Chaussepierre ! Le vieux Chaussepierre était le frère de la Charleval déjà nommée, de Mme de Sennecour et de la vicomtesse du Merlerault. Ce sont des gens bien. – Ah ! assez, s'écria la duchesse qui, comme une dompteuse, ne voulait jamais avoir l'air de se laisser intimider par les regards dévorants du fauve. Basin, vous faites ma joie. Je ne sais pas où vous avez été dénicher ces noms, mais je vous fais tous mes compliments. Si j'ignorais Chaussepierre, j'ai lu Balzac, vous n'êtes pas le seul, et j'ai même lu Labiche. J'apprécie Chanlivault, je ne hais pas Charleval, mais j'avoue que du Merlerault est le chef-d'œuvre. Du reste, avouons que Chaussepierre n'est pas mal non plus. Vous avez collectionné tout ça, ce n'est pas possible. Vous qui voulez faire un livre, me dit-elle, vous devriez retenir Charleval et du Merlerault. Vous ne trouverez pas mieux. – Il se fera faire tout simplement procès, et il ira en prison ; vous lui donnez de très mauvais conseils, Oriane. – J'espère pour lui qu'il a à sa disposition des personnes plus jeunes s'il a envie de demander de mauvais conseils, et surtout de les suivre. Mais s'il ne veut rien faire de plus mal qu'un livre ! » Assez loin de nous, une merveilleuse et fière jeune femme se détachait doucement dans une robe blanche, toute en diamants et en tulle. Madame de Guermantes la regarda qui parlait devant tout un groupe aimanté par sa grâce.

« Votre sœur est partout la plus belle ; elle est charmante ce soir », dit-elle, tout en prenant une chaise, au prince de Chimay qui passait. Le colonel de Froberville (il avait pour oncle le général du même nom) vint s'asseoir à côté de nous, ainsi que M. de Bréauté, tandis que M. de Vaugoubert, se dandinant (par un excès de politesse qu'il gardait même quand il jouait au tennis où, à force de demander des permissions aux personnages de marque avant d'attraper la balle, il faisait inévitablement perdre la partie à son camp), retournait auprès de M. de Charlus (jusque-là quasi enveloppé par l'immense jupe de la comtesse Molé, qu'il faisait profession d'admirer entre toutes les femmes), et, par hasard, au moment où plusieurs membres d'une nouvelle mission diplomatique à Paris saluaient le baron. À la vue d'un jeune secrétaire à l'air particulièrement intelligent, M. de Vaugoubert fixa sur M. de Charlus un sourire où s'épanouissait visiblement une seule question. M. de Charlus eût peut-être volontiers compromis quelqu'un, mais se sentir, lui, compromis par ce sourire partant d'un autre et qui ne pouvait avoir qu'une signification, l'exaspéra. « Je n'en sais absolument rien, je vous prie de garder vos curiosités pour vous-même. Elles me laissent plus que froid. Du reste, dans le cas particulier, vous faites un impair de tout premier ordre. Je crois ce jeune homme absolument le contraire. » Ici, M. de Charlus, irrité d'avoir été dénoncé par un sot, ne disait pas la vérité. Le secrétaire eût, si le baron avait dit vrai, fait exception dans cette ambassade.

Elle était, en effet, composée de personnalités fort différentes, plusieurs extrêmement médiocres, en sorte que, si l'on cherchait quel avait pu être le motif du choix qui s'était porté sur elles, on ne pouvait découvrir que l'inversion. En mettant à la tête de ce petit Sodome diplomatique un ambassadeur aimant au contraire les femmes avec une exagération comique de compère de revue, qui faisait manœuvrer en règle son bataillon de travestis, on semblait avoir obéi à la loi des contrastes. Malgré ce qu'il avait sous les yeux, il ne croyait pas à l'inversion. Il en donna immédiatement la preuve en mariant sa sœur à un chargé d'affaires qu'il croyait bien faussement un coureur de poules. Dès lors il devint un peu gênant et fut bientôt remplacé par une Excellence nouvelle qui assura l'homogénéité de l'ensemble. D'autres ambassades cherchèrent à rivaliser avec celle-là, mais elles ne purent lui disputer le prix (comme au concours général, où un certain lycée l'a toujours) et il fallut que plus de dix ans se passassent avant que, des attachés hétérogènes s'étant introduits dans ce tout si parfait, une autre pût enfin lui arracher la funeste palme et marcher en tête.

Rassurée sur la crainte d'avoir à causer avec Swann, Mme de Guermantes n'éprouvait plus que de la curiosité au sujet de la conversation qu'il avait eue avec le maître de maison. « Savez-vous à quel sujet ? demanda le duc à M. de Bréauté. – J'ai entendu dire, répondit celui-ci, que c'était à propos d'un petit acte que l'écrivain Bergotte avait fait représenter chez eux. C'était ravissant, d'ailleurs. Mais il paraît que l'acteur s'était fait la tête de Gilbert, que, d'ailleurs, le sieur Bergotte aurait voulu en effet dépeindre. – Tiens, cela m'aurait amusée de voir contrefaire Gilbert, dit la duchesse en souriant rêveusement. – C'est sur cette petite représentation, reprit M. de Bréauté en avançant sa mâchoire de rongeur, que Gilbert a demandé des explications à Swann, qui s'est contenté de répondre, ce que tout le monde trouva très spirituel : « Mais, pas du tout, cela ne vous ressemble en rien, vous êtes bien plus ridicule que ça ! » Il paraît, du reste, reprit M. de Bréauté, que cette petite pièce était ravissante. Mme Molé y était, elle s'est énormément amusée. – Comment, Mme Molé va là ? dit la duchesse étonnée. Ah ! c'est Mémé qui aura arrangé cela. C'est toujours ce qui finit par arriver avec ces endroits-là. Tout le monde, un beau jour, se met à y aller, et moi, qui me suis volontairement exclue par principe, je me trouve seule à m'ennuyer dans mon coin. » Déjà, depuis le récit que venait de leur faire M. de Bréauté, la duchesse de Guermantes (sinon sur le salon Swann, du moins sur l'hypothèse de rencontrer Swann dans un instant) avait, comme on voit, adopté un nouveau point de vue. « L'explication que vous nous donnez, dit à M. de Bréauté le colonel de Froberville, est de tout point controuvée. J'ai mes raisons pour le savoir. Le Prince a purement et simplement fait une algarade à Swann et lui a fait assavoir, comme disaient nos pères, de ne plus avoir à se montrer chez lui, étant donné les opinions qu'il affiche. Et, selon moi, mon oncle Gilbert a eu mille fois raison, non seulement de faire cette algarade, mais aurait dû en finir il y a plus de six mois avec un dreyfusard avéré. »

Le pauvre M. de Vaugoubert, devenu cette fois-ci de trop lambin joueur de tennis une inerte balle de tennis elle-même qu'on lance sans ménagements, se trouva projeté vers la duchesse de Guermantes, à laquelle il présenta ses hommages. Il fut assez mal reçu, Oriane vivant dans la persuasion que tous les diplomates – ou hommes politiques – de son monde étaient des nigauds.

M. de Froberville avait forcément bénéficié de la situation de faveur qui depuis peu était faite aux militaires dans la société. Malheureusement, si la femme qu'il avait épousée était parente très véritable des Guermantes, c'en était une aussi extrêmement pauvre, et comme lui-même avait perdu sa fortune, ils n'avaient guère de relations et c'étaient de ces gens qu'on laissait de côté, hors des grandes occasions, quand ils avaient la chance de perdre ou de marier un parent. Alors, ils faisaient vraiment partie de la communion du grand monde, comme les catholiques de nom qui ne s'approchent de la sainte Table qu'une fois l'an. Leur situation matérielle eût même été malheureuse si Mme de Saint-Euverte, fidèle à l'affection qu'elle avait eue pour feu le général de Froberville, n'avait pas aidé de toutes façons le ménage, donnant des toilettes et des distractions aux deux petites filles. Mais le colonel, qui passait pour un bon garçon, n'avait pas l'âme reconnaissante. Il était envieux des splendeurs d'une bienfaitrice qui les célébrait elle-même sans trêve et sans mesure. La garden-party était pour lui, sa femme et ses enfants, un plaisir merveilleux qu'ils n'eussent pas voulu manquer pour tout l'or du monde, mais un plaisir empoisonné par l'idée des joies d'orgueil qu'en tirait Mme de Saint-Euverte. L'annonce de cette garden-party dans les journaux qui, ensuite, après un récit détaillé, ajoutaient machiavéliquement : « Nous reviendrons sur cette belle fête », les détails complémentaires sur les toilettes, donnés pendant plusieurs jours de suite, tout cela faisait tellement mal aux Froberville, qu'eux, assez serrés de plaisirs et qui savaient pouvoir compter sur celui de cette matinée, en arrivaient chaque année à souhaiter que le mauvais temps en gênât la réussite, à consulter le baromètre et à anticiper avec délices les prémices d'un orage qui pût faire rater la fête.

– Je ne discuterai pas politique avec vous, Froberville, dit M. de Guermantes, mais, pour ce qui concerne Swann, je peux dire franchement que sa conduite à notre égard a été inqualifiable. Patronné jadis dans le monde par nous, par le duc de Chartres, on me dit qu'il est ouvertement dreyfusard. Jamais je n'aurais cru cela de lui, de lui un fin gourmet, un esprit positif, un collectionneur, un amateur de vieux livres, membre du Jockey, un homme entouré de la considération générale, un connaisseur de bonnes adresses qui nous envoyait le meilleur porto qu'on puisse boire, un dilettante, un père de famille. Ah ! j'ai été bien trompé. Je ne parle pas de moi, il est convenu que je suis une vieille bête, dont l'opinion ne compte pas, une espèce de va-nu-pieds, mais rien que pour

Oriane, il n'aurait pas dû faire cela, il aurait dû désavouer ouvertement les Juifs et les sectateurs du condamné.

« Oui, après l'amitié que lui a toujours témoignée ma femme, reprit le duc, qui considérait évidemment que condamner Dreyfus pour haute trahison, quelque opinion qu'on eût dans son for intérieur sur sa culpabilité, constituait une espèce de remerciement pour la façon dont on avait été reçu dans le faubourg Saint-Germain, il aurait dû se désolidariser. Car, demandez à Oriane, elle avait vraiment de l'amitié pour lui. » La duchesse, pensant qu'un ton ingénu et calme donnerait une valeur plus dramatique et sincère à ses paroles, dit d'une voix d'écolière, comme laissant sortir simplement la vérité de sa bouche et en donnant seulement à ses yeux une expression un peu mélancolique : « Mais c'est vrai, je n'ai aucune raison de cacher que j'avais une sincère affection pour Charles ! – Là, vous voyez, je ne lui fais pas dire. Et après cela, il pousse l'ingratitude jusqu'à être dreyfusard ! »

« À propos de dreyfusards, dis-je, il paraît que le prince Von l'est. – Ah ! vous faites bien de me parler de lui, s'écria M. de Guermantes, j'allais oublier qu'il m'a demandé de venir dîner lundi. Mais, qu'il soit dreyfusard ou non, cela m'est parfaitement égal puisqu'il est étranger. Je m'en fiche comme de colin-tampon. Pour un Français, c'est autre chose. Il est vrai que Swann est juif. Mais jusqu'à ce jour – excusez-moi, Froberville – j'avais eu la faiblesse de croire qu'un juif peut être Français, j'entends un juif honorable, homme du monde. Or Swann était cela dans toute la force du terme. Hé bien ! il me force à reconnaître que je me suis trompé, puisqu'il prend parti pour ce Dreyfus (qui, coupable ou non, ne fait nullement partie de son milieu, qu'il n'aurait jamais rencontré) contre une société qui l'avait adopté, qui l'avait traité comme un des siens. Il n'y a pas à dire, nous nous étions tous portés garants de Swann, j'aurais répondu de son patriotisme comme du mien. Ah ! il nous récompense bien mal. J'avoue que de sa part je ne me serais jamais attendu à cela. Je le jugeais mieux. Il avait de l'esprit (dans son genre, bien entendu). Je sais bien qu'il avait déjà fait l'insanité de son honteux mariage. Tenez, savez-vous quelqu'un à qui le mariage de Swann a fait beaucoup de peine ? C'est à ma femme. Oriane a souvent ce que j'appellerai une affectation d'insensibilité. Mais au fond, elle ressent avec une force extraordinaire. » Mme de Guermantes, ravie de cette analyse de son caractère, l'écoutait d'un air modeste mais ne disait pas un mot, par scrupule d'acquiescer à l'éloge, surtout par peur de l'interrompre. M. de Guermantes aurait pu parler une heure sur ce sujet qu'elle eût encore moins bougé que si on lui avait fait de la musique. « Hé bien ! je me rappelle, quand elle a appris le mariage de Swann, elle s'est sentie froissée ; elle a trouvé que c'était mal de quelqu'un à qui nous avions témoigné tant d'amitié. Elle aimait beaucoup Swann ; elle a eu beaucoup de chagrin. N'est-ce pas Oriane ? » Mme de Guermantes crut devoir répondre à une interpellation aussi directe sur un point de fait qui lui permettrait, sans en avoir l'air, de confirmer des louanges qu'elle sentait terminées. D'un ton timide et simple, et un air d'autant plus appris qu'il voulait paraître « senti », elle dit avec une douceur réservée : « C'est vrai, Basin ne se trompe pas. – Et pourtant ce n'était pas encore la même chose. Que voulez-vous, l'amour est l'amour quoique, à mon avis, il doive rester dans certaines bornes. J'excuserais encore un jeune homme, un petit morveux, se laissant emballer par les utopies. Mais Swann, un homme intelligent, d'une délicatesse éprouvée, un fin connaisseur en tableaux, un familier du duc de Chartres, de Gilbert lui-même ! » Le ton dont M. de Guermantes disait cela était d'ailleurs parfaitement sympathique, sans ombre de la vulgarité qu'il montrait trop souvent. Il parlait avec une tristesse légèrement indignée, mais tout en lui respirait cette gravité douce qui fait le charme onctueux et large de certains personnages de Rembrandt, le bourgmestre Six par exemple. On sentait que la question de l'immoralité de la conduite de Swann dans l'Affaire ne se posait même pas pour le duc, tant elle faisait peu de doute ; il en ressentait l'affliction d'un père voyant un de ses enfants, pour l'éducation duquel il a fait les plus grands sacrifices, ruiner volontairement la magnifique situation qu'il lui a faite et déshonorer, par des frasques que les principes ou les préjugés de la famille ne peuvent admettre, un nom respecté. Il est vrai que M. de Guermantes n'avait pas manifesté autrefois un étonnement aussi profond et aussi douloureux quand il avait appris que Saint-Loup était dreyfusard. Mais d'abord il considérait son neveu comme un jeune homme dans une mauvaise voie et de qui rien, jusqu'à ce qu'il se soit amendé, ne saurait étonner, tandis que Swann était ce que M. de Guermantes appelait « un homme pondéré, un homme ayant une position de premier ordre ». Ensuite et surtout, un assez long temps avait passé pendant lequel, si, au point de vue historique, les événements avaient en partie semblé justifier la thèse dreyfusiste, l'opposition antidreyfusarde avait redoublé de violence, et de purement politique d'abord était devenue sociale. C'était maintenant une question de militarisme, de patriotisme, et les vagues de colère soulevées dans la société avaient eu le temps de prendre cette force qu'elles n'ont jamais au début d'une tempête. « Voyez-vous, reprit M. de Guermantes, même au point de vue de ses chers juifs, puisqu'il tient absolument à les soutenir, Swann a fait une boulette d'une portée incalculable. Il prouve qu'ils sont en quelque sorte forcés de prêter appui à quelqu'un de leur race, même s'ils ne le connaissent pas. C'est un danger public. Nous avons évidemment été trop coulants, et la gaffe que commet Swann aura d'autant plus de retentissement qu'il était estimé, même reçu, et qu'il était à peu près le seul juif qu'on connaissait. On se dira : *Ab uno disce omnes.* » (La satisfaction d'avoir trouvé à point nommé, dans sa mémoire, une citation si opportune éclaira seule d'un orgueilleux sourire la mélancolie du grand seigneur trahi.)

J'avais grande envie de savoir ce qui s'était exactement passé entre le Prince et Swann et de voir ce dernier, s'il n'avait pas encore quitté la soirée. « Je vous dirai, me répondit la duchesse, à qui je parlais de ce désir, que moi je ne tiens pas excessivement à le voir parce qu'il paraît, d'après ce qu'on m'a dit tout à l'heure chez Mme de Saint-Euverte, qu'il voudrait avant de mourir que je fasse la connaissance de sa femme et de sa fille. Mon Dieu, ce me fait une peine infinie qu'il soit malade, mais d'abord j'espère que ce n'est pas aussi grave que ça. Et puis enfin ce n'est tout de même pas une raison, parce que ce serait vraiment trop facile. Un écrivain sans talent n'aurait qu'à dire : « Votez pour moi à l'Académie parce que ma femme va mourir et que je veux lui donner cette dernière joie. » Il n'y aurait plus de salons si on était obligé de faire la connaissance de tous les mourants. Mon cocher pourrait me faire valoir : « Ma fille est très mal, faites-moi recevoir chez la princesse de Parme. » J'adore Charles, et cela me ferait beaucoup de chagrin de lui refuser, aussi est-ce pour cela que j'aime mieux éviter qu'il me le demande. J'espère de tout mon cœur qu'il n'est pas mourant, comme il le dit, mais vraiment, si cela devait arriver, ce ne serait pas le moment pour moi de faire la connaissance de ces deux créatures qui m'ont privée du plus agréable de mes amis pendant quinze ans, et qu'il me laisserait pour compte une fois que je ne pourrais même pas en profiter pour le voir lui, puisqu'il serait mort ! »

Mais M. de Bréauté n'avait cessé de ruminer le démenti que lui avait infligé le colonel de Froberville.

— Je ne doute pas de l'exactitude de votre récit, mon cher ami, dit-il, mais je tenais le mien de bonne source. C'est le prince de La Tour d'Auvergne qui me l'avait narré.

— Je m'étonne qu'un savant comme vous dise encore le prince de La Tour d'Auvergne, interrompit le duc de Guermantes, vous savez qu'il ne l'est pas le moins du monde. Il n'y a plus qu'un seul membre de cette famille : c'est l'oncle d'Oriane, le duc de Bouillon.

— Le frère de Mme de Villeparisis ? demandai-je, me rappelant que celle-ci était une demoiselle de Bouillon.

— Parfaitement. Oriane, Mme de Lambresac vous dit bonjour.

En effet, on voyait par moments se former et passer comme une étoile filante un faible sourire destiné par la duchesse de Lambresac à quelque personne qu'elle avait reconnue. Mais ce sourire, au lieu de se préciser en une affirmation active, en un langage muet mais clair, se noyait presque aussitôt en une sorte d'extase idéale qui ne distinguait rien, tandis que la tête s'inclinait en un geste de bénédiction béate rappelant celui qu'incline vers la foule des communiantes un prélat un peu ramolli. Mme de Lambresac ne l'était en aucune façon. Mais je connaissais déjà ce genre particulier de distinction désuète. À Combray et à

Paris, toutes les amies de ma grand'mère avaient l'habitude de saluer, dans une réunion mondaine, d'un air aussi séraphique que si elles avaient aperçu quelqu'un de connaissance à l'église, au moment de l'Élévation ou pendant un enterrement, et lui jetaient mollement un bonjour qui s'achevait en prière. Or, une phrase de M. de Guermantes allait compléter le rapprochement que je faisais. « Mais vous avez vu le duc de Bouillon, me dit M. de Guermantes. Il sortait tantôt de ma bibliothèque comme vous y entriez, un monsieur court de taille et tout blanc. » C'était celui que j'avais pris pour un petit bourgeois de Combray, et dont maintenant, à la réflexion, je dégageais la ressemblance avec Mme de Villeparisis. La similitude des saluts évanescents de la duchesse de Lambresac avec ceux des amies de ma grand'mère avait commencé de m'intéresser en me montrant que dans les milieux étroits et fermés, qu'ils soient de petite bourgeoisie ou de grandes noblesse, les anciennes manières persistent, nous permettant comme à un archéologue de retrouver ce que pouvait être l'éducation et la part d'âme qu'elle reflète, au temps du vicomte d'Arlincourt et de Loïsa Puget. Mieux maintenant la parfaite conformité d'apparence entre un petit bourgeois de Combray de son âge et le duc de Bouillon me rappelait (ce qui m'avait déjà tant frappé quand j'avais vu le grand-père maternel de Saint-Loup, le duc de La Rochefoucauld, sur un daguerréotype où il était exactement pareil comme vêtements, comme air et comme façons à mon grand-oncle) que les différences sociales, voire individuelles, se fondent à distance dans l'uniformité d'une époque. La vérité est que la ressemblance des vêtements et aussi la réverbération par le visage de l'esprit de l'époque tiennent, dans une personne, une place tellement plus importante que sa caste, en occupent une grande seulement dans l'amour-propre de l'intéressé et l'imagination des autres, que, pour se rendre compte qu'un grand seigneur du temps de Louis-Philippe est moins différent d'un bourgeois du temps de Louis-Philippe que d'un grand seigneur du temps de Louis XV, il n'est pas nécessaire de parcourir les galeries du Louvre.

 À ce moment, un musicien bavarois à grands cheveux, que protégeait la princesse de Guermantes, salua Oriane. Celle-ci répondit par une inclinaison de tête, mais le duc, furieux de voir sa femme dire bonsoir à quelqu'un qu'il ne connaissait pas, qui avait une touche singulière, et qui, autant que M. de Guermantes croyait le savoir, avait fort mauvaise réputation, se retourna vers sa femme d'un air interrogateur et terrible, comme s'il disait : « Qu'est-ce que c'est que cet ostrogoth-là ? » La situation de la pauvre Mme de Guermantes était déjà assez compliquée, et si le musicien eût eu un peu pitié de cette épouse martyre, il se serait au plus vite éloigné. Mais, soit désir de ne pas rester sur l'humiliation qui venait de lui être infligée en public, au milieu des plus vieux amis du cercle du duc, desquels la présence avait peut-être bien motivé un peu sa silencieuse inclinaison, et pour montrer que c'était à bon droit, et non sans la connaître, qu'il avait salué Mme de Guermantes, soit obéissant à l'inspiration obscure et irrésistible de la gaffe qui le poussa – dans un moment où il eût dû se fier plutôt à l'esprit – à appliquer la lettre même du protocole, le musicien s'approcha davantage de Mme de Guermantes et lui dit : « Madame la duchesse, je voudrais solliciter l'honneur d'être présenté au duc. » Mme de Guermantes était bien malheureuse. Mais enfin, elle avait beau être une épouse trompée, elle était tout de même la duchesse de Guermantes et ne pouvait avoir l'air d'être dépouillée de son droit de présenter à son mari les gens qu'elle connaissait. « Basin, dit-elle, permettez-moi de vous présenter M. d'Herweck. »

– Je ne vous demande pas si vous irez demain chez Mme de Saint-Euverte, dit le colonel de Froberville à Mme de Guermantes pour dissiper l'impression pénible produite par la requête intempestive de M. d'Herweck. Tout Paris y sera.

Cependant, se tournant d'un seul mouvement et comme d'une seule pièce vers le musicien indiscret, le duc de Guermantes, faisant front, monumental, muet, courroucé, pareil à Jupiter tonnant, resta immobile ainsi quelques secondes, les yeux flambant de colère et d'étonnement, ses cheveux crespelés semblant sortir d'un cratère. Puis, comme dans l'emportement d'une impulsion qui seule lui permettait d'accomplir la politesse qui lui était demandée, et après avoir semblé par son attitude de défi attester toute l'assistance qu'il ne connaissait pas le musicien bavarois, croisant derrière le dos ses deux mains gantées de blanc, il se renversa en avant et asséna au musicien un salut si profond, empreint de tant de stupéfaction et de rage, si brusque, si violent, que l'artiste tremblant recula tout en s'inclinant pour ne pas recevoir un formidable coup de tête dans le ventre. « Mais c'est que justement je ne serai pas à Paris, répondit la duchesse au colonel de Froberville. Je vous dirai (ce que je ne devrais pas avouer) que je suis arrivée à mon âge sans connaître les vitraux de Montfort-l'Amaury. C'est honteux, mais c'est ainsi. Alors pour réparer cette coupable ignorance, je me suis promis d'aller demain les voir. » M. de Bréauté sourit finement. Il comprit en effet que, si la duchesse avait pu rester jusqu'à son âge sans connaître les vitraux de Montfort-l'Amaury, cette visite artistique ne prenait pas subitement le caractère urgent d'une intervention « à chaud » et eût pu sans péril, après avoir été différée pendant plus de vingt-cinq ans, être reculée de vingt-quatre heures. Le projet qu'avait formé la duchesse était simplement le décret rendu, dans la manière des Guermantes, que le salon Saint-Euverte n'était décidément pas une maison vraiment bien, mais une maison où on vous invitait pour se parer de vous dans le compte rendu du *Gaulois*, une maison qui décernerait un cachet de suprême élégance à celles, ou, en tout cas, à celle, si elle n'était qu'une, qu'on n'y verrait pas. Le délicat amusement de M. de Bréauté, doublé de ce plaisir poétique qu'avaient les gens du monde à voir Mme de Guermantes faire des choses que leur situation moindre ne leur permettait pas d'imiter, mais dont la vision seule leur causait le sourire du paysan attaché à sa glèbe qui voit des hommes plus libres et plus fortunés passer au-dessus de sa tête, ce plaisir délicat n'avait aucun rapport avec le ravissement dissimulé, mais éperdu, qu'éprouva aussitôt M. de Froberville.

Les efforts que faisait M. de Froberville pour qu'on n'entendît pas son rire l'avaient fait devenir rouge comme un coq, et malgré cela c'est en entrecoupant ses mots de hoquets de joie qu'il s'écria d'un ton miséricordieux : « Oh ! pauvre tante Saint-Euverte, elle va en faire une maladie ! Non ! la malheureuse femme ne va pas avoir sa duchesse ; quel coup ! mais il y a de quoi la faire crever ! » ajouta-t-il, en se tordant de rire. Et dans son ivresse il ne pouvait s'empêcher de faire des appels de pieds et de se frotter les mains. Souriant d'un œil et d'un seul coin de la bouche à M. de Froberville dont elle appréciait l'intention aimable, mais moins tolérable le mortel ennui, Mme de Guermantes finit par se décider à le quitter. « Écoutez, je vais être obligée de vous dire bonsoir », lui dit-elle en se levant, d'un air de résignation mélancolique, et comme si ç'avait été pour elle un malheur. Sous l'incantation de ses yeux bleus, sa voix doucement musicale faisait penser à la plainte poétique d'une fée. « Basin veut que j'aille voir un peu Marie. »

En réalité, elle en avait assez d'entendre Froberville, lequel ne cessait plus de l'envier d'aller à Montfort-l'Amaury quand elle savait fort bien qu'il entendait parler de ces vitraux pour la première fois, et que, d'autre part, il n'eût pour rien au monde lâché la matinée Saint-Euverte. « Adieu, je vous ai à peine parlé ; c'est comme ça dans le monde, on ne se voit pas, on ne se dit pas les choses qu'on voudrait se dire ; du reste, partout, c'est la même chose dans la vie. Espérons qu'après la mort ce sera mieux arrangé. Au moins on n'aura toujours pas besoin de se décolleter. Et encore qui sait ? On exhibera peut-être ses os et ses vers pour les grandes fêtes. Pourquoi pas ? Tenez, regardez la mère Rampillon, trouvez-vous une très grande différence entre ça et un squelette en robe ouverte ? Il est vrai qu'elle a tous les droits, car elle a au moins cent ans. Elle était déjà un des monstres sacrés devant lesquels je refusais de m'incliner quand j'ai fait mes débuts dans le monde. Je la croyais morte depuis très longtemps ; ce qui serait d'ailleurs la seule explication du spectacle qu'elle nous offre. C'est impressionnant et liturgique. C'est du « Campo-Santo » ! La duchesse avait quitté Froberville ; il se rapprocha : « Je voudrais vous dire un dernier mot. » Un peu agacée : « Qu'est-ce qu'il y a encore ? » lui dit-elle avec hauteur. Et lui, ayant craint qu'au dernier moment elle ne se ravisât pour Montfort-l'Amaury : « Je n'avais pas osé vous en parler à cause de Mme de Saint-Euverte, pour ne pas lui faire de peine, mais puisque vous ne comptez pas y aller, je puis vous dire que je suis heureux pour vous, car il y a de la rougeole chez elle ! – Oh ! Mon Dieu ! dit Oriane qui avait peur des maladies. Mais pour moi ça ne fait rien, je l'ai déjà eue. On ne peut pas l'avoir deux fois. – Ce sont les médecins qui disent ça ; je connais des gens qui l'ont eue jusqu'à quatre. Enfin, vous êtes avertie. » Quant à lui, cette rougeole fictive, il eût fallu qu'il l'eût réellement et qu'elle l'eût cloué au lit pour qu'il se résignât à manquer la fête Saint-Euverte attendue depuis tant de mois. Il aurait le plaisir d'y voir tant d'élégances ! le plaisir plus grand d'y constater certaines choses ratées, et surtout celui de pouvoir longtemps se vanter d'avoir frayé avec les premières et, en les exagérant ou en les inventant, de déplorer les secondes.

Je profitai de ce que la duchesse changeait de place pour me lever aussi afin d'aller vers le fumoir m'informer de Swann. « Ne croyez pas un mot de ce qu'a raconté Babal, me dit-elle. Jamais la petite Molé ne serait allée se fourrer là dedans. On nous dit ça pour nous attirer. Ils ne reçoivent personne et ne sont invités nulle part. Lui-même l'avoue : « Nous restons tous les deux seuls au coin de notre feu. » Comme il dit toujours nous, non pas comme le roi, mais pour sa femme, je n'insiste pas. Mais je suis très renseignée », ajouta la duchesse. Elle et moi nous croisâmes deux jeunes gens dont la grande et dissemblable beauté tirait d'une même femme son origine. C'étaient les deux fils de Mme de Surgis, la nouvelle maîtresse du duc de Guermantes. Ils resplendissaient des perfections de leur mère, mais chacun d'une autre. En l'un avait passé, ondoyante en un corps viril, la royale prestance de Mme de Surgis, et la même pâleur ardente, roussâtre et sacrée affluait aux joues marmoréennes de la mère et de ce fils ; mais son frère avait reçu le front grec, le nez parfait, le cou de statue, les yeux infinis ; ainsi faite de présents divers que la déesse avait partagés, leur double beauté offrait le plaisir abstrait de penser que la cause de cette beauté était en dehors d'eux ; on eût dit que les principaux attributs de leur mère s'étaient incarnés en deux corps différents ; que l'un des jeunes gens était la stature de sa mère et son teint, l'autre son regard, comme les êtres divins qui n'étaient que la force et la beauté de Jupiter ou de Minerve. Pleins de respect pour M. de Guermantes, dont ils disaient : « C'est un grand ami de nos parents », l'aîné cependant crut qu'il était prudent de ne pas venir saluer la duchesse dont il savait, sans en comprendre peut-être la raison, l'inimitié pour sa mère, et à notre vue il détourna légèrement la tête. Le cadet, qui imitait toujours son frère, parce qu'étant stupide et, de plus, myope, il n'osait pas avoir d'avis personnel, pencha la tête selon le même angle, et ils se glissèrent tous deux vers la salle de jeux, l'un derrière l'autre, pareils à deux figures allégoriques.

Au moment d'arriver à cette salle, je fus arrêté par la marquise de Citri, encore belle mais presque l'écume aux dents. D'une naissance assez noble, elle avait cherché et fait un brillant mariage en épousant M. de Citri, dont l'arrière-grand'mère était Aumale-Lorraine. Mais aussitôt cette satisfaction éprouvée, son caractère négateur lui avait fait prendre les gens du grand monde en une horreur qui n'excluait pas absolument la vie mondaine. Non seulement, dans une soirée, elle se moquait de tout le monde, mais cette moquerie avait quelque chose de si violent que le rire même n'était pas assez âpre et se changeait en guttural sifflement : « Ah ! me dit-elle, en me montrant la duchesse de Guermantes qui venait de me quitter et qui était déjà un peu loin, ce qui me renverse c'est qu'elle puisse mener cette vie-là. » Cette parole était-elle d'une sainte furibonde, et qui s'étonne que les Gentils ne viennent pas d'eux-mêmes à la vérité, ou bien d'une anarchiste en appétit de carnage ? En tout cas, cette apostrophe était aussi peu justifiée que possible. D'abord, la « vie que menait » Mme de Guermantes différait très peu (à l'indignation près) de celle de Mme de Citri. Mme de Citri était stupéfaite de voir la duchesse capable de ce sacrifice mortel : assister à une soirée de Marie-Gilbert. Il faut dire, dans le cas particulier, que Mme de Citri aimait beaucoup la princesse, qui était en effet très bonne, et qu'elle savait en se rendant à sa soirée lui faire grand plaisir. Aussi avait-elle décommandé, pour venir à cette fête, une danseuse à qui elle croyait du génie et qui devait l'initier aux mystères de la chorégraphie russe. Une autre raison qui ôtait quelque valeur à la rage concentrée qu'éprouvait Mme de Citri en voyant Oriane dire bonjour à tel ou telle invité est que Mme de Guermantes, bien qu'à un état beaucoup moins avancé, présentait les symptômes du mal qui ravageait Mme de Citri. On a, du reste, vu qu'elle en portait les germes de naissance. Enfin, plus intelligente que Mme de Citri, Mme de Guermantes aurait eu plus de droits qu'elle à ce nihilisme (qui n'était pas que mondain), mais il est vrai que certaines qualités aident plutôt à supporter les défauts du prochain qu'elles ne contribuent à en faire souffrir ; et un homme de grand talent prêtera d'habitude moins d'attention à la sottise d'autrui que ne ferait un sot. Nous avons assez longuement décrit le genre d'esprit de la duchesse pour convaincre que, s'il n'avait rien de commun avec une haute intelligence, il était du moins de l'esprit, de l'esprit adroit à utiliser (comme un traducteur) différentes formes de syntaxe. Or, rien de tel ne semblait qualifier Mme de Citri à mépriser des qualités tellement semblables aux siennes. Elle trouvait tout le monde idiot, mais dans sa conversation, dans ses lettres, se montrait plutôt inférieure aux gens qu'elle traitait avec tant de dédain. Elle avait, du reste, un tel besoin de destruction que, lorsqu'elle eut à peu près renoncé au monde, les plaisirs qu'elle rechercha alors subirent l'un après l'autre son terrible pouvoir dissolvant. Après avoir quitté les soirées pour des séances de musique, elle se mit à dire : « Vous aimez entendre cela, de la musique ? Ah ! mon Dieu, cela dépend des moments. Mais ce que cela peut être ennuyeux ! Ah ! Beethoven, la barbe ! » Pour Wagner, puis pour Franck, pour Debussy, elle ne se donnait même pas la peine de dire « la barbe » mais se contentait de faire passer sa main, comme un barbier, sur son visage.

Bientôt, ce qui fut ennuyeux, ce fut tout. « C'est si ennuyeux les belles choses ! Ah ! les tableaux, c'est à vous rendre fou... Comme vous avez raison, c'est si ennuyeux d'écrire des lettres ! » Finalement ce fut la vie elle-même qu'elle nous déclara une chose rasante, sans qu'on sût bien où elle prenait son terme de comparaison.

Je ne sais si c'est à cause de ce que la duchesse de Guermantes, le premier soir que j'avais dîné chez elle, avait dit de cette pièce, mais la salle de jeux ou fumoir, avec son pavage illustré, ses trépieds, ses figures de dieux et d'animaux qui vous regardaient, les sphinx allongés aux bras des sièges, et surtout l'immense table en marbre ou en mosaïque émaillée, couverte de signes symboliques plus ou moins imités de l'art étrusque et égyptien, cette salle de jeux me fit l'effet d'une véritable chambre magique. Or, sur un siège approché de la table étincelante et augurale, M. de Charlus, lui, ne touchant à aucune carte, insensible à ce qui se passait autour de lui, incapable de s'apercevoir que je venais d'entrer, semblait précisément un magicien appliquant toute la puissance de sa volonté et de son raisonnement à tirer un horoscope. Non seulement comme à une Pythie sur son trépied les yeux lui sortaient de la tête, mais, pour que rien ne vînt le distraire des travaux qui exigeaient la cessation des mouvements les plus simples, il avait (pareil à un calculateur qui ne veut rien faire d'autre tant qu'il n'a pas résolu son problème) posé auprès de lui le cigare qu'il avait un peu auparavant dans la bouche et qu'il n'avait plus la liberté d'esprit nécessaire pour fumer. En apercevant les deux divinités accroupies que portait à ses bras le fauteuil placé en face de lui, on eût pu croire que le baron cherchait à découvrir l'énigme du sphinx, si ce n'avait pas été plutôt celle d'un jeune et vivant Oedipe, assis précisément dans ce fauteuil, où il s'était installé pour jouer. Or, la figure à laquelle M. de Charlus appliquait, et avec une telle contention, toutes ses facultés spirituelles, et qui n'était pas, à vrai dire, de celles qu'on étudie d'habitude *more geometrico*, c'était celle que lui proposaient les lignes de la figure du jeune marquis de Surgis ; elle semblait, tant M. de Charlus était profondément absorbé devant elle, être quelque mot en losange, quelque devinette, quelque problème d'algèbre dont il eût cherché à percer l'énigme ou à dégager la formule. Devant lui les signes sibyllins et les figures inscrites sur cette table de la Loi semblaient le grimoire qui allait permettre au vieux sorcier de savoir dans quel sens s'orientaient les destins du jeune homme. Soudain, il s'aperçut que je le regardais, leva la tête comme s'il sortait d'un rêve et me sourit en rougissant. À ce moment l'autre fils de Mme de Surgis vint auprès de celui qui jouait, regarder ses cartes. Quand M. de Charlus eut appris de moi qu'ils étaient frères, son visage ne put dissimuler l'admiration que lui inspirait une famille créatrice de chefs-d'œuvre aussi splendides et aussi différents. Et ce qui eût ajouté à l'enthousiasme du baron, c'est d'apprendre que les deux fils de Mme de Surgis-le-Duc n'étaient pas seulement de la même mère mais du même père. Les enfants de Jupiter sont dissemblables, mais cela vient de ce qu'il épousa d'abord Métis, dans le destin de qui il était de donner le jour à de sages enfants, puis Thémis, et ensuite Eurynome, et Mnémosyne, et Leto, et en dernier lieu seulement Junon. Mais d'un seul père Mme de Surgis avait fait naître deux fils qui avaient reçu des beautés d'elle, mais des beautés différentes.

J'eus enfin le plaisir que Swann entrât dans cette pièce, qui était fort grande, si bien qu'il ne m'aperçut pas d'abord. Plaisir mêlé de tristesse, d'une tristesse que n'éprouvaient peut-être pas les autres invités, mais qui chez eux consistait dans cette espèce de fascination qu'exercent les formes inattendues et singulières d'une mort prochaine, d'une mort qu'on a déjà, comme dit le peuple, sur le visage. Et c'est avec une stupéfaction presque désobligeante, où il entrait de la curiosité indiscrète, de la cruauté, un retour à la fois quiet et soucieux (mélange à la fois de suave mari magno et de memento quia pulvis, eût dit Robert), que tous les regards s'attachèrent à ce visage duquel la maladie avait si bien rongé les joues, comme une lune décroissante, que, sauf sous un certain angle, celui sans doute sous lequel Swann se regardait, elles tournaient court comme un décor inconsistant auquel une illusion d'optique peut seule ajouter l'apparence de l'épaisseur. Soit à cause de l'absence de ces joues qui n'étaient plus là pour le diminuer, soit que l'artériosclérose, qui est une intoxication aussi, le rougît comme eût fait l'ivrognerie, ou le déformât comme eût fait la morphine, le nez de polichinelle de Swann, longtemps résorbé dans un visage agréable, semblait maintenant énorme, tuméfié, cramoisi, plutôt celui d'un vieil Hébreu que d'un curieux Valois. D'ailleurs peut-être chez lui, en ces derniers jours, la race faisait-elle apparaître plus accusé le type physique qui la caractérise, en même temps que le sentiment d'une solidarité morale avec les autres Juifs, solidarité que Swann semblait avoir oubliée toute sa vie, et que, greffées les unes sur les autres, la maladie mortelle, l'affaire Dreyfus, la propagande antisémite, avaient réveillée. Il y a certains Israélites, très fins pourtant et mondains délicats, chez lesquels restent en réserve et dans la coulisse, afin de faire leur entrée à une heure donnée de leur vie, comme dans une pièce, un mufle et un prophète. Swann était arrivé à l'âge du prophète. Certes, avec sa figure d'où, sous l'action de la maladie des segments entiers avaient disparu, comme dans un bloc de glace qui fond et dont des pans entiers sont tombés, il avait bien changé. Mais je ne pouvais m'empêcher d'être frappé combien davantage il avait changé par rapport à moi. Cet homme, excellent, cultivé, que j'étais bien loin d'être ennuyé de rencontrer, je ne pouvais arriver à comprendre comment j'avais pu l'ensemencer autrefois d'un mystère tel que son apparition dans les Champs-Élysées me faisait battre le cœur au point que j'avais honte de m'approcher de sa pèlerine doublée de soie ; qu'à la porte de l'appartement où vivait un tel être, je ne pouvais sonner sans être saisi d'un trouble et d'un effroi infinis ; tout cela avait disparu, non seulement de sa demeure mais de sa personne, et l'idée de causer avec lui pouvait m'être agréable ou non, mais n'affectait en quoi que ce fût mon système nerveux.

Et, de plus, combien il était changé depuis cet après-midi même où je l'avais rencontré – en somme quelques heures auparavant – dans le cabinet du duc de Guermantes. Avait-il vraiment eu une scène avec le Prince et qui l'avait bouleversé ? La supposition n'était pas nécessaire. Les moindres efforts qu'on demande à quelqu'un qui est très malade deviennent vite pour lui un surmenage excessif. Pour peu qu'on l'expose, déjà fatigué, à la chaleur d'une soirée, sa mine se décompose et bleuit comme fait en moins d'un jour une poire trop mûre, ou du lait près de tourner. De plus, la chevelure de Swann était éclaircie par places, et, comme disait Mme de Guermantes, avait besoin du fourreur, avait l'air camphrée, et mal camphrée. J'allais traverser le fumoir et parler à Swann quand malheureusement une main s'abattit sur mon épaule : « Bonjour, mon petit, je suis à Paris pour quarante-huit heures. J'ai passé chez toi, on m'a dit que tu étais ici, de sorte que c'est toi qui vaut à ma tante l'honneur de ma présence à sa fête. » C'était Saint-Loup. Je lui dis combien je trouvais la demeure belle. « Oui, ça fait assez monument historique. Moi, je trouve ça assommant. Ne nous mettons pas près de mon oncle Palamède, sans cela nous allons être happés. Comme Mme Molé (car c'est elle qui tient la corde en ce moment) vient de partir, il est tout désemparé. Il paraît que c'était un vrai spectacle, il ne l'a pas quittée d'un pas, il ne l'a laissée que quand il l'a eu mise en voiture. Je n'en veux pas à mon oncle, seulement je trouve drôle que mon conseil de famille, qui s'est toujours montré si sévère pour moi, soit composé précisément des parents qui ont le plus fait la bombe, à commencer par le plus noceur de tous, mon oncle Charlus, qui est mon subrogé tuteur, qui a eu autant de femmes que don Juan, et qui à son âge ne dételle pas. Il a été question à un moment qu'on me nomme un conseil judiciaire. Je pense que, quand tous ces vieux marcheurs se réunissaient pour examiner la question et me faisaient venir pour me faire de la morale, et me dire que je faisais de la peine à ma mère, ils ne devaient pas pouvoir se regarder sans rire. Tu examineras la composition du conseil, on a l'air d'avoir choisi exprès ceux qui ont le plus retroussé de jupons. » En mettant à part M. de Charlus, au sujet duquel l'étonnement de mon ami ne me paraissait pas plus justifié, mais pour d'autres raisons et qui devaient d'ailleurs se modifier plus tard dans mon esprit, Robert avait bien tort de trouver extraordinaire que des leçons de sagesse fussent données à un jeune homme par des parents qui ont fait les fous, ou le font encore.

    Quand l'atavisme, les ressemblances familiales seraient seules en cause, il est inévitable que l'oncle qui fait la semonce ait à peu près les mêmes défauts que le neveu qu'on l'a chargé de gronder. L'oncle n'y met d'ailleurs aucune hypocrisie, trompé qu'il est par la faculté qu'ont les hommes de croire, à chaque nouvelle circonstance, qu'il s'agit « d'autre chose », faculté qui leur permet d'adopter des erreurs artistiques, politiques, etc., sans s'apercevoir que ce sont les mêmes qu'ils ont prises pour des vérités, il y a dix ans, à propos d'une autre école de peinture qu'ils condamnaient, d'une autre affaire politique qu'ils croyaient mériter leur haine, dont ils sont revenus, et qu'ils épousent sans les reconnaître sous un nouveau déguisement. D'ailleurs, même si les fautes de l'oncle sont différentes de celles du neveu, l'hérédité peut n'en être pas moins, dans une certaine mesure, la loi causale, car l'effet ne ressemble pas toujours à la cause, comme la copie à l'original, et même, si les fautes de l'oncle sont pires, il peut parfaitement les croire moins graves.

Quand M. de Charlus venait de faire des remontrances indignées à Robert, qui d'ailleurs ne connaissait pas les goûts véritables de son oncle, à cette époque-là, et même si c'eût encore été celle où le baron flétrissait ses propres goûts, il eût parfaitement pu être sincère, en trouvant, du point de vue de l'homme du monde, que Robert était infiniment plus coupable que lui. Robert n'avait-il pas failli, au moment où son oncle avait été chargé de lui faire entendre raison, se faire mettre au ban de son monde ? ne s'en était-il pas fallu de peu qu'il ne fût blackboulé au Jockey ? n'était-il pas un objet de risée par les folles dépenses qu'il faisait pour une femme de la dernière catégorie, par ses amitiés avec des gens, auteurs, acteurs, juifs, dont pas un n'était du monde, par ses opinions qui ne se différenciaient pas de celles des traîtres, par la douleur qu'il causait à tous les siens ? En quoi cela pouvait-il se comparer, cette vie scandaleuse, à celle de M. de Charlus qui avait su, jusqu'ici, non seulement garder, mais grandir encore sa situation de Guermantes, étant dans la société un être absolument privilégié, recherché, adulé par la société la plus choisie, et qui, marié à une princesse de Bourbon, femme éminente, avait su la rendre heureuse, avait voué à sa mémoire un culte plus fervent, plus exact qu'on n'a l'habitude dans le monde, et avait ainsi été aussi bon mari que bon fils !

« Mais es-tu sûr que M. de Charlus ait eu tant de maîtresses ? » demandai-je, non certes dans l'intention diabolique de révéler à Robert le secret que j'avais surpris, mais agacé cependant de l'entendre soutenir une erreur avec tant de certitude et de suffisance. Il se contenta de hausser les épaules en réponse à ce qu'il croyait de ma part de la naïveté. « Mais d'ailleurs, je ne l'en blâme pas, je trouve qu'il a parfaitement raison. » Et il commença à m'esquisser une théorie qui lui eût fait horreur à Balbec (où il ne se contentait pas de flétrir les séducteurs, la mort lui paraissant le seul châtiment proportionné au crime). C'est qu'alors il était encore amoureux et jaloux. Il alla jusqu'à me faire l'éloge des maisons de passe. « Il n'y a que là qu'on trouve chaussure à son pied, ce que nous appelons au régiment son gabarit. » Il n'avait plus pour ce genre d'endroits le dégoût qui l'avait soulevé à Balbec quand j'avais fait allusion à eux, et, en l'entendant maintenant, je lui dis que Bloch m'en avait fait connaître, mais Robert me répondit que celle où allait Bloch devait être « extrêmement purée, le paradis du pauvre ». « Ça dépend, après tout : où était-ce ? » Je restai dans le vague, car je me rappelai que c'était là, en effet, que se donnait pour un louis cette Rachel que Robert avait tant aimée. « En tout cas, je t'en ferai connaître de bien mieux, où il va des femmes épatantes. » En m'entendant exprimer le désir qu'il me conduisît le plus tôt possible dans celles qu'il connaissait et qui devaient, en effet, être bien supérieures à la maison que m'avait indiquée Bloch, il témoigna d'un regret sincère de ne le pouvoir pas cette fois puisqu'il repartait le lendemain. « Ce sera pour mon prochain séjour, dit-il. Tu verras, il y a même des jeunes filles, ajouta-t-il d'un air mystérieux. Il y a une petite demoiselle de... je crois d'Orgeville, je te dirai exactement, qui est la fille de gens tout ce qu'il y a de mieux ; la mère est plus ou moins née La Croix-l'Évêque, ce sont des gens du gratin, même un peu parents, sauf erreur, à ma tante Oriane. Du reste, rien qu'à voir la petite, on sent que c'est la fille de gens bien (je sentis s'étendre un instant sur la voix de Robert l'ombre du génie des Guermantes qui passa comme un nuage, mais à une grande hauteur et ne s'arrêta pas). Ça m'a tout l'air d'une affaire merveilleuse. Les parents sont toujours malades et ne peuvent s'occuper d'elle. Dame, la petite se désennuie, et je compte sur toi pour lui trouver des distractions, à cette enfant ! – Oh ! quand reviendras-tu ? – Je ne sais pas ; si tu ne tiens pas absolument à des duchesses (le titre de duchesse étant pour l'aristocratie le seul qui désigne un rang particulièrement brillant, comme on dirait, dans le peuple, des princesses), dans un autre genre il y a la première femme de chambre de Mme Putbus. »

À ce moment, Mme de Surgis entra dans le salon de jeu pour chercher ses fils. En l'apercevant, M. de Charlus alla à elle avec une amabilité dont la marquise fut d'autant plus agréablement surprise, que c'est une grande froideur qu'elle attendait du baron, lequel s'était posé de tout temps comme le protecteur d'Oriane et, seul de la famille – trop souvent complaisante aux exigences du duc à cause de son héritage et par jalousie à l'égard de la duchesse – tenait impitoyablement à distance les maîtresses de son frère. Aussi Mme de Surgis eût-elle fort bien compris les motifs de l'attitude qu'elle redoutait chez le baron, mais ne soupçonna nullement ceux de l'accueil tout opposé qu'elle reçut de lui. Il lui parla avec admiration du portrait que Jacquet avait fait d'elle autrefois. Cette admiration s'exalta même jusqu'à un enthousiasme qui, s'il était en partie intéressé pour empêcher la marquise de s'éloigner de lui, pour « l'accrocher », comme Robert disait des armées ennemies dont on veut forcer les effectifs à rester engagés sur un certain point, était peut-être aussi sincère. Car si chacun se plaisait à admirer dans les fils le port de reine et les yeux de Mme de Surgis, le baron pouvait éprouver un plaisir inverse, mais aussi vif, à retrouver ces charmes réunis en faisceau chez leur mère, comme en un portrait qui n'inspire pas lui-même de désirs, mais nourrit, de l'admiration esthétique qu'il inspire, ceux qu'il réveille. Ceux-ci venaient rétrospectivement donner un charme voluptueux au portrait de Jacquet lui-même, et en ce moment le baron l'eût volontiers acquis pour étudier en lui la généalogie physiologique des deux jeunes Surgis.

« Tu vois que je n'exagérais pas, me dit Robert. Regarde un peu l'empressement de mon oncle auprès de Mme de Surgis. Et même, là, cela m'étonne. Si Oriane le savait elle serait furieuse. Franchement il y a assez de femmes sans aller juste se précipiter sur celle-là », ajouta-t-il ; comme tous les gens qui ne sont pas amoureux, il s'imaginait qu'on choisit la personne qu'on aime après mille délibérations et d'après des qualités et convenances diverses. Du reste, tout en se trompant sur son oncle, qu'il croyait adonné aux femmes, Robert, dans sa rancune, parlait de M. de Charlus avec trop de légèreté. On n'est pas toujours impunément le neveu de quelqu'un. C'est très souvent par son intermédiaire qu'une habitude héréditaire est transmise tôt ou tard. On pourrait faire ainsi toute une galerie de portraits, ayant le titre de la comédie allemande Oncle et neveu, où l'on verrait l'oncle veillant jalousement, bien qu'involontairement, à ce que son neveu finisse par lui ressembler.

J'ajouterai même que cette galerie serait incomplète si l'on n'y faisait pas figurer les oncles qui n'ont aucune parenté réelle, n'étant que les oncles de la femme du neveu. Les Messieurs de Charlus sont, en effet, tellement persuadés d'être les seuls bons maris, en plus les seuls dont une femme ne soit pas jalouse, que généralement, par affection pour leur nièce, ils lui font épouser aussi un Charlus. Ce qui embrouille l'écheveau des ressemblances. Et à l'affection pour la nièce se joint parfois de l'affection aussi pour son fiancé. De tels mariages ne sont pas rares, et sont souvent ce qu'on appelle heureux.

— De quoi parlions-nous ? Ah ! de cette grande blonde, la femme de chambre de Mme Putbus. Elle aime aussi les femmes, mais je pense que cela t'est égal ; je peux te dire franchement, je n'ai jamais vu créature aussi belle. — Je me l'imagine assez Giorgione ? — Follement Giorgione ! Ah ! si j'avais du temps à passer à Paris, ce qu'il y a de choses magnifiques à faire ! Et puis, on passe à une autre. Car pour l'amour, vois-tu, c'est une bonne blague, j'en suis bien revenu.

Je m'aperçus bientôt, avec surprise, qu'il n'était pas moins revenu de la littérature, alors que c'était seulement des littérateurs qu'il m'avait paru désabusé à notre dernière rencontre (c'est presque tous fripouille et Cie, m'avait-il dit, ce qui se pouvait expliquer par sa rancune justifiée à l'endroit de certains amis de Rachel. Ils lui avaient en effet persuadé qu'elle n'aurait jamais de talent si elle laissait « Robert, homme d'une autre race », prendre de l'influence sur elle, et avec elle se moquaient de lui, devant lui, dans les dîners qu'il leur donnait). Mais en réalité l'amour de Robert pour les Lettres n'avait rien de profond, n'émanait pas de sa vraie nature, il n'était qu'un dérivé de son amour pour Rachel, et il s'était effacé de celui-ci, en même temps que son horreur des gens de plaisir et que son respect religieux pour la vertu des femmes.

« Comme ces deux jeunes gens ont un air étrange ! Regardez cette curieuse passion du jeu, marquise », dit M. de Charlus, en désignant à Mme de Surgis ses deux fils, comme s'il ignorait absolument qui ils étaient, « ce doivent être deux

Orientaux, ils ont certains traits caractéristiques, ce sont peut-être des Turcs », ajouta-t-il, à la fois pour confirmer encore sa feinte innocence, témoigner d'une vague antipathie, qui, quand elle ferait place ensuite à l'amabilité, prouverait que celle-ci s'adresserait seulement à la qualité de fils de Mme de Surgis, n'ayant commencé que quand le baron avait appris qui ils étaient. Peut-être aussi M. de Charlus, de qui l'insolence était un don de nature qu'il avait joie à exercer, profitait-il de la minute pendant laquelle il était censé ignorer qui était le nom de ces deux jeunes gens pour se divertir aux dépens de Mme de Surgis et se livrer à ses railleries coutumières, comme Scapin met à profit le déguisement de son maître pour lui administrer des volées de coups de bâton.

« Ce sont mes fils », dit Mme de Surgis, avec une rougeur qu'elle n'aurait pas eue si elle avait été plus fine sans être plus vertueuse. Elle eût compris alors que l'air d'indifférence absolue ou de raillerie que M. de Charlus manifestait à l'égard d'un jeune homme n'était pas plus sincère que l'admiration toute superficielle qu'il témoignait à une femme n'exprimait le vrai fond de sa nature. Celle à qui il pouvait tenir indéfiniment les propos les plus complimenteurs aurait pu être jalouse du regard que, tout en causant avec elle, il lançait à un homme qu'il feignait ensuite de n'avoir pas remarqué. Car ce regard-là était un regard autre que ceux que M. de Charlus avait pour les femmes ; un regard particulier, venu des profondeurs, et qui, même dans une soirée, ne pouvait s'empêcher d'aller naïvement aux jeunes gens, comme les regards d'un couturier qui décèlent sa profession par la façon immédiate qu'ils ont de s'attacher aux habits.

« Oh ! comme c'est curieux », répondit non sans insolence M. de Charlus, en ayant l'air de faire faire à sa pensée un long trajet pour l'amener à une réalité si différente de celle qu'il feignait d'avoir supposée. « Mais je ne les connais pas », ajouta-t-il, craignant d'être allé un peu loin dans l'expression de l'antipathie et d'avoir paralysé ainsi chez la marquise l'intention de lui faire faire leur connaissance. « Est-ce que vous voudriez me permettre de vous les présenter ? demanda timidement Mme de Surgis. – Mais, mon Dieu ! comme vous penserez, moi, je veux bien, je ne suis pas peut-être un personnage bien divertissant pour d'aussi jeunes gens », psalmodia M. de Charlus avec l'air d'hésitation et de froideur de quelqu'un qui se laisse arracher une politesse.

« Arnulphe, Victurnien, venez vite », dit Mme de Surgis. Victurnien se leva avec décision. Arnulphe, sans voir plus loin que son frère, le suivit docilement.

– Voilà le tour des fils, maintenant, me dit Robert. C'est à mourir de rire. Jusqu'au chien du logis, il s'efforce de complaire. C'est d'autant plus drôle que mon oncle déteste les gigolos. Et regarde comme il les écoute avec sérieux. Si c'était moi qui avais voulu les lui présenter, ce qu'il m'aurait envoyé dinguer. Écoute, il va falloir que j'aille dire bonjour à Oriane. J'ai si peu de temps à passer à Paris que je veux tâcher de voir ici tous les gens à qui j'aurais été sans cela mettre des cartes.

— Comme ils ont l'air bien élevés, comme ils ont de jolies manières, était en train de dire M. de Charlus.

— Vous trouvez ? répondait M*me* de Surgis ravie.

Swann m'ayant aperçu s'approcha de Saint-Loup et de moi. La gaieté juive était chez Swann moins fine que les plaisanteries de l'homme du monde. « Bonsoir, nous dit-il. Mon Dieu ! tous trois ensemble, on va croire à une réunion de syndicat. Pour un peu on va chercher où est la caisse ! » Il ne s'était pas aperçu que M. de Beauserfeuil était dans son dos et l'entendait. Le général fronça involontairement les sourcils. Nous entendions la voix de M. de Charlus tout près de nous : « Comment ? vous vous appelez Victurnien, comme dans le *Cabinet des Antiques* », disait le baron pour prolonger la conversation avec les deux jeunes gens. « De Balzac, oui », répondit l'aîné des Surgis, qui n'avait jamais lu une ligne de ce romancier mais à qui son professeur avait signalé, il y avait quelques jours, la similitude de son prénom avec celui de d'Esgrignon. M*me* de Surgis était ravie de voir son fils briller et de M. de Charlus extasié devant tant de science.

— Il paraît que Loubet est en plein pour nous, de source tout à fait sûre, dit à Saint-Loup, mais cette fois à voix plus basse pour ne pas être entendu du général, Swann pour qui les relations républicaines de sa femme devenaient plus intéressantes depuis que l'affaire Dreyfus était le centre de ses préoccupations. Je vous dis cela parce que je sais que vous marchez à fond avec nous.

— Mais, pas tant que ça ; vous vous trompez complètement, répondit Robert. C'est une affaire mal engagée dans laquelle je regrette bien de m'être fourré. Je n'avais rien à voir là dedans. Si c'était à recommencer, je m'en tiendrais bien à l'écart. Je suis soldat et avant tout pour l'armée. Si tu restes un moment avec M. Swann, je te retrouverai tout à l'heure, je vais près de ma tante.

Mais je vis que c'était avec M*lle* d'Ambressac qu'il allait causer et j'éprouvai du chagrin à la pensée qu'il m'avait menti sur leurs fiançailles possibles. Je fus rasséréné quand j'appris qu'il lui avait été présenté une demi-heure avant par M*me* de Marsantes, qui désirait ce mariage, les Ambressac étant très riches.

« Enfin, dit M. de Charlus à M*me* de Surgis, je trouve un jeune homme instruit, qui a lu, qui sait ce que c'est que Balzac. Et cela me fait d'autant plus de plaisir de le rencontrer là où c'est devenu le plus rare, chez un des mes pairs, chez un des nôtres », ajouta-t-il en insistant sur ces mots. Les Guermantes avaient beau faire semblant de trouver tous les hommes pareils, dans les grandes occasions où ils se trouvaient avec des gens « nés », et surtout moins bien « nés », qu'ils désiraient et pouvaient flatter, ils n'hésitaient pas à sortir les vieux souvenirs de famille. « Autrefois, reprit le baron, aristocrates voulait dire les meilleurs, par l'intelligence, par le cœur. Or, voilà le premier d'entre nous que je vois sachant ce que c'est que Victurnien d'Esgrignon. J'ai tort de dire le premier. Il y a aussi un Polignac et un Montesquiou, ajouta M. de Charlus qui savait que cette double assimilation ne pouvait qu'enivrer la marquise. D'ailleurs vos fils ont de qui tenir, leur grand-père maternel avait une collection célèbre du XVIIIe siècle. Je vous montrerai la mienne si vous voulez me faire le plaisir de venir déjeuner un jour, dit-il au jeune Victurnien. Je vous montrerai une curieuse édition du *Cabinet des Antiques* avec des corrections de la main de Balzac. Je serai charmé de confronter ensemble les deux Victurnien. »

Je ne pouvais me décider à quitter Swann. Il était arrivé à ce degré de fatigue où le corps d'un malade n'est plus qu'une cornue où s'observent des réactions chimiques. Sa figure se marquait de petits points bleu de Prusse, qui avaient l'air de ne pas appartenir au monde vivant, et dégageait ce genre d'odeur qui, au lycée, après les « expériences », rend si désagréable de rester dans une classe de « Sciences ». Je lui demandai s'il n'avait pas eu une longue conversation avec le prince de Guermantes et s'il ne voulait pas me raconter ce qu'elle avait été.

— Si, me dit-il, mais allez d'abord un moment avec M. de Charlus et Mme de Surgis, je vous attendrai ici.

En effet, M. de Charlus ayant proposé à Mme de Surgis de quitter cette pièce trop chaude et d'aller s'asseoir un moment avec elle, dans une autre, n'avait pas demandé aux deux fils de venir avec leur mère, mais à moi. De cette façon, il se donnait l'air, après les avoir amorcés, de ne pas tenir aux deux jeunes gens. Il me faisait de plus une politesse facile, Mme de Surgis-le-Duc étant assez mal vue.

Malheureusement, à peine étions-nous assis dans une baie sans dégagements, que Mme de Saint-Euverte, but des quolibets du baron, vint à passer. Elle, peut-être pour dissimuler, ou dédaigner ouvertement les mauvais sentiments qu'elle inspirait à M. de Charlus, et surtout montrer qu'elle était intime avec une dame qui causait si familièrement avec lui, dit un bonjour dédaigneusement amical à la célèbre beauté, laquelle lui répondit, tout en regardant du coin de l'œil M. de Charlus avec un sourire moqueur. Mais la baie était si étroite que Mme de Saint-Euverte, quand elle voulut, derrière nous, continuer de quêter ses invités du lendemain, se trouva prise et ne put facilement se dégager, moment précieux dont M. de Charlus, désireux de faire briller sa verve insolente aux yeux de la mère des deux jeunes gens, se garda bien de ne pas profiter. Une niaise question que je lui posai sans malice lui fournit l'occasion d'un triomphal couplet dont la pauvre de Saint-Euverte, quasi immobilisée derrière nous, ne pouvait guère perdre un mot.

– Croyez-vous que cet impertinent jeune homme, dit-il en me désignant à Mme de Surgis, vient de me demander, sans le moindre souci qu'on doit avoir de cacher ces sortes de besoins, si j'allais chez Mme de Saint-Euverte, c'est-à-dire, je pense, si j'avais la colique. Je tâcherais en tout cas de m'en soulager dans un endroit plus confortable que chez une personne qui, si j'ai bonne mémoire, célébrait son centenaire quand je commençai à aller dans le monde, c'est-à-dire pas chez elle. Et pourtant, qui plus qu'elle serait intéressante à entendre ? Que de souvenirs historiques, vus et vécus du temps du Premier Empire et de la Restauration, que d'histoires intimes aussi qui n'avaient certainement rien de « Saint », mais devaient être très « Vertes », si l'on en croit la cuisse restée légère de la vénérable gambadeuse. Ce qui m'empêcherait de l'interroger sur ces époques passionnantes, c'est la sensibilité de mon appareil olfactif. La proximité de la dame suffit. Je me dis tout d'un coup : « Oh ! mon Dieu, on a crevé ma fosse d'aisances », c'est simplement la marquise qui, dans quelque but d'invitation, vient d'ouvrir la bouche. Et vous comprenez que si j'avais le malheur d'aller chez elle, la fosse d'aisances se multiplierait en un formidable tonneau de vidange. Elle porte pourtant un nom mystique qui me fait toujours penser avec jubilation, quoiqu'elle ait passé depuis longtemps la date de son jubilé, à ce stupide vers dit « déliquescent » : « Ah ! verte, combien verte était mon âme ce jour-là... » Mais il me faut une plus propre verdure. On me dit que l'infatigable marcheuse donne des « garden-parties », moi j'appellerais ça « des invites à se promener dans les égouts ». Est-ce que vous allez vous crotter là ? demanda-t-il à Mme de Surgis, qui cette fois se trouva ennuyée. Car voulant feindre de n'y pas aller, vis-à-vis du baron, et sachant qu'elle donnerait des jours de sa propre vie plutôt que de manquer la matinée Saint-Euverte, elle s'en tira par une moyenne, c'est-à-dire l'incertitude. Cette incertitude prit une forme si bêtement dilettante et si mesquinement couturière, que M. de Charlus, ne craignant pas d'offenser Mme de Surgis, à laquelle pourtant il désirait plaire, se mit à rire pour lui montrer que « ça ne prenait pas ».

– J'admire toujours les gens qui font des projets, dit-elle ; je me décommande souvent au dernier moment. Il y a une question de robe d'été qui peut changer les choses. J'agirai sous l'inspiration du moment.

Pour ma part, j'étais indigné de l'abominable petit discours que venait de tenir M. de Charlus. J'aurais voulu combler de biens la donneuse de garden-parties. Malheureusement dans le monde, comme dans le monde politique, les victimes sont si lâches qu'on ne peut pas en vouloir bien longtemps aux bourreaux. Mme de Saint-Euverte, qui avait réussi à se dégager de la baie dont nous barrions l'entrée, frôla involontairement le baron en passant, et, par un réflexe de snobisme qui annihilait chez elle toute colère, peut-être même dans l'espoir d'une entrée en matière d'un genre dont ce ne devait pas être le premier essai : « Oh ! pardon, monsieur de Charlus, j'espère que je ne vous ai pas fait mal », s'écria-t-elle comme si elle s'agenouillait devant son maître. Celui-ci ne daigna répondre autrement que par un large rire ironique et concéda seulement un « bonsoir », qui, comme s'il s'apercevait seulement de la présence de la marquise une fois qu'elle l'avait salué la première, était une insulte de plus. Enfin, avec une platitude suprême, dont je souffris pour elle, Mme de Saint-Euverte s'approcha de moi et, m'ayant pris à l'écart, me dit à l'oreille : « Mais, qu'ai-je fait à M. de Charlus ? On prétend qu'il ne me trouve pas assez chic pour lui », dit-elle, en riant à gorge déployée. Je restai sérieux. D'une part, je trouvais stupide qu'elle eût l'air de se croire ou de vouloir faire croire que personne n'était, en effet, aussi chic qu'elle. D'autre part, les gens qui rient si fort de ce qu'ils disent, et qui n'est pas drôle, nous dispensent par là, en prenant à leur charge l'hilarité, d'y participer.

– D'autres assurent qu'il est froissé que je ne l'invite pas. Mais il ne m'encourage pas beaucoup. Il a l'air de me bouder (l'expression me parut faible). Tâchez de le savoir et venez me le dire demain. Et s'il a des remords et veut vous accompagner, amenez-le. À tout péché miséricorde. Cela me ferait même assez plaisir, à cause de Mme de Surgis que cela ennuierait. Je vous laisse carte blanche. Vous avez le flair le plus fin de toutes ces choses-là et je ne veux pas avoir l'air de quémander des invités. En tout cas, sur vous, je compte absolument.

Je songeai que Swann devait se fatiguer à m'attendre. Je ne voulais pas, du reste, rentrer trop tard à cause d'Albertine, et, prenant congé de Mme de Surgis et de M. de Charlus, j'allai retrouver mon malade dans la salle de jeux. Je lui demandai si ce qu'il avait dit au Prince dans leur entretien au jardin était bien ce que M. de Bréauté (que je ne lui nommai pas) nous avait rendu et qui était relatif à un petit acte de Bergotte. Il éclata de rire : « Il n'y a pas un mot de vrai, pas un seul, c'est entièrement inventé et aurait été absolument stupide. Vraiment c'est inouï cette génération spontanée de l'erreur. Je ne vous demande pas qui vous a dit cela, mais ce serait vraiment curieux, dans un cadre aussi délimité que celui-ci, de remonter de proche en proche pour savoir comment cela s'est formé. Du reste, comment cela peut-il intéresser les gens, ce que le Prince m'a dit ? Les gens sont bien curieux. Moi, je n'ai jamais été curieux, sauf quand j'ai été amoureux et quand j'ai été jaloux. Et pour ce que cela m'a appris ! Êtes-vous jaloux ? » Je dis à Swann que je n'avais jamais éprouvé de jalousie, que je ne savais même pas ce que c'était. « Hé bien ! je vous en félicite. Quand on l'est un peu, cela n'est pas tout à fait désagréable, à deux points de vue. D'une part, parce que cela permet aux gens qui ne sont pas curieux de s'intéresser à la vie des autres personnes, ou au moins d'une autre. Et puis, parce que cela fait assez bien sentir la douceur de posséder, de monter en voiture avec une femme, de ne pas la laisser aller seule. Mais cela, ce n'est que dans les tout premiers débuts du mal ou quand la guérison est presque complète. Dans l'intervalle, c'est le plus affreux des supplices. Du reste, même les deux douceurs dont je vous parle, je dois vous dire que je les ai peu connues ; la première, par la faute de ma nature qui n'est pas capable de réflexions très prolongées ; la seconde, à cause des circonstances, par la faute de la femme, je veux dire des femmes, dont j'ai été jaloux. Mais cela ne fait rien. Même quand on ne tient plus aux choses, il n'est pas absolument indifférent d'y avoir tenu, parce que c'était toujours pour des raisons qui échappaient aux autres. Le souvenir de ces sentiments-là, nous sentons qu'il n'est qu'en nous ; c'est en nous qu'il faut rentrer pour le regarder. Ne vous moquez pas trop de ce jargon idéaliste, mais ce que je veux dire, c'est que j'ai beaucoup aimé la vie et que j'ai beaucoup aimé les arts. Hé bien ! maintenant que je suis un peu trop fatigué pour vivre avec les autres, ces anciens sentiments si personnels à moi, que j'ai eus, me semblent, ce qui est la manie de tous les collectionneurs, très précieux. Je m'ouvre à moi-même mon cœur comme une espèce de vitrine, je regarde un à un tant d'amours que les autres n'auront pas connus. Et de cette collection à laquelle je suis maintenant plus attaché encore qu'aux autres, je me dis, un peu comme Mazarin pour ses livres, mais, du reste, sans angoisse aucune, que ce sera bien embêtant de quitter tout cela. Mais venons à l'entretien avec le Prince, je ne le raconterai qu'à une seule personne, et cette personne, cela va être vous. » J'étais gêné, pour l'entendre, par la conversation que, tout près de nous, M. de Charlus, revenu dans la salle de jeux, prolongeait indéfiniment. « Et vous lisez aussi ? Qu'est-ce que vous faites ? » demanda-t-il au comte Arnulphe, qui ne connaissait même pas le nom de Balzac. Mais sa myopie, comme il voyait tout très petit, lui donnait l'air de voir très loin, de sorte que, rare poésie en un sculptural dieu grec, dans ses prunelles s'inscrivaient comme de distantes et mystérieuses étoiles.

« Si nous allions faire quelques pas dans le jardin, monsieur », dis-je à Swann, tandis que le comte Arnulphe, avec une voix zézayante qui semblait indiquer que son développement, au moins mental, n'était pas complet, répondait à M. de Charlus avec une précision complaisante et naïve : « Oh ! moi, c'est plutôt le golf, le tennis, le ballon, la course à pied, surtout le polo. » Telle Minerve, s'étant subdivisée, avait cessé, dans certaine cité, d'être la déesse de la Sagesse et avait incarné une part d'elle-même en une divinité purement sportive, hippique, « Athéné Hippia ». Et il allait aussi à Saint-Moritz faire du ski, car Pallas Tritogeneia fréquente les hauts sommets et rattrape les cavaliers. « Ah ! » répondit M. de Charlus, avec le sourire transcendant de l'intellectuel qui ne prend même pas la peine de dissimuler qu'il se moque, mais qui, d'ailleurs, se sent si supérieur aux autres et méprise tellement l'intelligence de ceux qui sont le moins bêtes, qu'il les différencie à peine de ceux qui le sont le plus, du moment qu'ils peuvent lui être agréables d'une autre façon. En parlant à Arnulphe, M. de Charlus trouvait qu'il lui conférait par là même une supériorité que tout le monde devait envier et reconnaître. « Non, me répondit Swann, je suis trop fatigué pour marcher, asseyons-nous plutôt dans un coin, je ne tiens plus debout. » C'était vrai, et pourtant, commencer à causer lui avait déjà rendu une certaine vivacité. C'est que dans la fatigue la plus réelle il y a, surtout chez les gens nerveux, une part qui dépend de l'attention et qui ne se conserve que par la mémoire. On est subitement las dès qu'on craint de l'être, et pour se remettre de sa fatigue, il suffit de l'oublier. Certes, Swann n'était pas tout à fait de ces infatigables épuisés qui, arrivés défaits, flétris, ne se tenant plus, se raniment dans la conversation comme une fleur dans l'eau et peuvent pendant des heures puiser dans leurs propres paroles des forces qu'ils ne transmettent malheureusement pas à ceux qui les écoutent et qui paraissent de plus en plus abattus au fur et à mesure que le parleur se sent plus réveillé. Mais Swann appartenait à cette forte race juive, à l'énergie vitale, à la résistance à la mort de qui les individus eux-mêmes semblent participer. Frappés chacun de maladies particulières, comme elle l'est, elle-même, par la persécution, ils se débattent indéfiniment dans des agonies terribles qui peuvent se prolonger au delà de tout terme vraisemblable, quand déjà on ne voit plus qu'une barbe de prophète surmontée d'un nez immense qui se dilate pour aspirer les derniers souffles, avant l'heure des prières rituelles, et que commence le défilé ponctuel des parents éloignés s'avançant avec des mouvements mécaniques, comme sur une frise assyrienne.

Nous allâmes nous asseoir, mais, avant de s'éloigner du groupe que M. de Charlus formait avec les deux jeunes Surgis et leur mère, Swann ne put s'empêcher d'attacher sur le corsage de celle-ci de longs regards de connaisseur dilatés et concupiscents. Il mit son monocle pour mieux apercevoir, et, tout en me parlant, de temps à autre il jetait un regard vers la direction de cette dame.

— Voici mot pour mot, me dit-il, quand nous fûmes assis, ma conversation avec le Prince, et si vous vous rappelez ce que je vous ai dit tantôt, vous verrez pourquoi je vous choisis pour confident. Et puis aussi, pour une autre raison que vous saurez un jour. « Mon cher Swann, m'a dit le prince de Guermantes, vous m'excuserez si j'ai paru vous éviter depuis quelque temps. (Je ne m'en étais nullement aperçu, étant malade et fuyant moi-même tout le monde.) D'abord, j'avais entendu dire, et je prévoyais bien que vous aviez, dans la malheureuse affaire qui divise le pays, des opinions entièrement opposées aux miennes. Or, il m'eût été excessivement pénible que vous les professiez devant moi. Ma nervosité était si grande que, la Princesse ayant entendu, il y a deux ans, son beau-frère le grand-duc de Hesse dire que Dreyfus était innocent, elle ne s'était pas contentée de relever le propos avec vivacité, mais ne me l'avait pas répété pour ne pas me contrarier. Presque à la même époque, le prince royal de Suède était venu à Paris et, ayant probablement entendu dire que l'impératrice Eugénie était dreyfusiste, avait confondu avec la Princesse (étrange confusion, vous l'avouerez, entre une femme du rang de ma femme et une Espagnole, beaucoup moins bien née qu'on ne dit, et mariée à un simple Bonaparte) et lui avait dit : « Princesse, je suis doublement heureux de vous voir, car je sais que vous avez les mêmes idées que moi sur l'affaire Dreyfus, ce qui ne m'étonne pas puisque Votre Altesse est bavaroise. » Ce qui avait attiré au Prince cette réponse : « Monseigneur, je ne suis plus qu'une princesse française, et je pense comme tous mes compatriotes. » Or, mon cher Swann, il y a environ un an et demi, une conversation que j'eus avec le général de Beauserfeuil me donna le soupçon que, non pas une erreur, mais de graves illégalités, avaient été commises dans la conduite du procès. »

Nous fûmes interrompus (Swann ne tenait pas à ce qu'on entendît son récit) par la voix de M. de Charlus qui, sans se soucier de nous, d'ailleurs, passait en reconduisant Mme de Surgis et s'arrêta pour tâcher de la retenir encore, soit à cause de ses fils, ou de ce désir qu'avaient les Guermantes de ne pas voir finir la minute actuelle, lequel les plongeait dans une sorte d'anxieuse inertie. Swann m'apprit à ce propos, un peu plus tard, quelque chose qui ôta, pour moi, au nom de Surgis-le-Duc toute la poésie que je lui avais trouvée. La marquise de Surgis-le-Duc avait une beaucoup plus grande situation mondaine, de beaucoup plus belles alliances que son cousin, le comte de Surgis qui, pauvre, vivait dans ses terres. Mais le mot qui terminait le titre, « le Duc », n'avait nullement l'origine que je lui prêtais et qui m'avait fait le rapprocher, dans mon imagination, de Bourg-l'Abbé, Bois-le-Roi, etc. Tout simplement, un comte de Surgis avait épousé, pendant la Restauration, la fille d'un richissime industriel M. Leduc, ou Le Duc, fils lui-même d'un fabricant de produits chimiques, l'homme le plus riche de son temps, et qui était pair de France. Le roi Charles X avait créé, pour l'enfant issu de ce mariage, le marquisat de Surgis-le-Duc, le marquisat de Surgis existant déjà dans la famille. L'adjonction du nom bourgeois n'avait pas empêché cette branche de s'allier, à cause de l'énorme fortune, aux premières familles du royaume. Et la marquise actuelle de Surgis-le-Duc, d'une grande naissance, aurait pu avoir une situation de premier ordre. Un démon de perversité l'avait poussée, dédaignant la situation toute faite, à s'enfuir de la maison conjugale, à vivre de la façon la plus scandaleuse. Puis, le monde dédaigné par elle à vingt ans, quand il était à ses pieds, lui avait cruellement manqué à trente, quand, depuis dix ans, personne, sauf de rares amies fidèles, ne la saluait plus, et elle avait entrepris de reconquérir laborieusement, pièce par pièce, ce qu'elle possédait en naissant (aller et retour qui ne sont pas rares).

Quant aux grands seigneurs ses parents, reniés jadis par elle, et qui l'avaient reniée à leur tour, elle s'excusait de la joie qu'elle aurait à les ramener à elle sur des souvenirs d'enfance qu'elle pourrait évoquer avec eux. Et en disant cela, pour dissimuler son snobisme, elle mentait peut-être moins qu'elle ne croyait. « Basin, c'est toute ma jeunesse ! » disait-elle le jour où il lui était revenu. Et, en effet, c'était un peu vrai. Mais elle avait mal calculé en le choisissant comme amant. Car toutes les amies de la duchesse de Guermantes allaient prendre parti pour elle, et ainsi Mme de Surgis redescendrait pour la deuxième fois cette pente qu'elle avait eu tant de peine à remonter. « Hé bien ! était en train de lui dire M. de Charlus, qui tenait à prolonger l'entretien, vous mettrez mes hommages au pied du beau portrait. Comment va-t-il ? Que devient-il ? – Mais, répondit Mme de Surgis, vous savez que je ne l'ai plus : mon mari n'en a pas été content. – Pas content ! d'un des chefs-d'œuvre de notre époque, égal à la duchesse de Châteauroux de Nattier et qui, du reste, ne prétendait pas à fixer une moins majestueuse et meurtrière déesse ! Oh ! le petit col bleu ! C'est-à-dire que jamais Ver Meer n'a peint une étoffe avec plus de maîtrise, ne le disons pas trop haut pour que Swann ne s'attaque pas à nous dans l'intention de venger son peintre favori, le maître de Delft. » La marquise, se retournant, adressa un sourire et tendit la main à Swann qui s'était soulevé pour la saluer. Mais presque sans dissimulation, soit qu'une vie déjà avancée lui en eût ôté la volonté morale par l'indifférence à l'opinion, ou le pouvoir physique par l'exaltation du désir et l'affaiblissement des ressorts qui aident à le cacher, dès que Swann eut, en serrant la main de la marquise, vu sa gorge de tout près et de haut, il plongea un regard attentif, sérieux, absorbé, presque soucieux, dans les profondeurs du corsage, et ses narines, que le parfum de la femme grisait, palpitèrent comme un papillon prêt à aller se poser sur la fleur entrevue. Brusquement il s'arracha au vertige qui l'avait saisi, et Mme de Surgis elle-même, quoique gênée, étouffa une respiration profonde, tant le désir est parfois contagieux. « Le peintre s'est froissé, dit-elle à M. de Charlus, et l'a repris. On avait dit qu'il était maintenant chez Diane de Saint-Euverte. – Je ne croirai jamais, répliqua le baron, qu'un chef-d'œuvre ait si mauvais goût. »

– Il lui parle de son portrait. Moi, je lui en parlerais aussi bien que Charlus, de ce portrait, me dit Swann, affectant un ton traînard et voyou et suivant des yeux le couple qui s'éloignait. Et cela me ferait sûrement plus de plaisir qu'à Charlus, ajouta-t-il.

Je lui demandais si ce qu'on disait de M. de Charlus était vrai, en quoi je mentais doublement, car si je ne savais pas qu'on eût jamais rien dit, en revanche je savais fort bien depuis tantôt que ce que je voulais dire était vrai. Swann haussa les épaules, comme si j'avais proféré une absurdité.

– C'est-à-dire que c'est un ami délicieux. Mais ai-je besoin d'ajouter que c'est purement platonique. Il est plus sentimental que d'autres, voilà tout ; d'autre part, comme il ne va jamais très loin avec les femmes, cela a donné une espèce de crédit aux bruits insensés dont vous voulez parler. Charlus aime peut-être beaucoup ses amis, mais tenez pour assuré que cela ne s'est jamais passé ailleurs que dans sa tête et dans son cœur. Enfin, nous allons peut-être avoir deux secondes de tranquillité. Donc, le prince de Guermantes continua : « Je vous avouerai que cette idée d'une illégalité possible dans la conduite du procès m'était extrêmement pénible à cause du culte que vous savez que j'ai pour l'armée ; j'en reparlai avec le général, et je n'eus plus, hélas ! aucun doute à cet égard. Je vous dirai franchement que, dans tout cela, l'idée qu'un innocent pourrait subir la plus infamante des peines ne m'avait même pas effleuré. Mais par cette idée d'illégalité, je me mis à étudier ce que je n'avais pas voulu lire, et voici que des doutes, cette fois non plus sur l'illégalité mais sur l'innocence, vinrent me hanter. Je ne crus pas en devoir parler à la Princesse. Dieu sait qu'elle est devenue aussi Française que moi. Malgré tout, du jour où je l'ai épousée, j'eus tant de coquetterie à lui montrer dans toute sa beauté notre France, et ce que pour moi elle a de plus splendide, son armée, qu'il m'était trop cruel de lui faire part de mes soupçons qui n'atteignaient, il est vrai, que quelques officiers. Mais je suis d'une famille de militaires, je ne voulais pas croire que des officiers pussent se tromper. J'en reparlai encore à Beauserfeuil, il m'avoua que des machinations coupables avaient été ourdies, que le bordereau n'était peut-être pas de Dreyfus, mais que la preuve éclatante de sa culpabilité existait. C'était la pièce Henry. Et quelques jours après, on apprenait que c'était un faux. Dès lors, en cachette de la Princesse, je me mis à lire tous les jours le Siècle, l'Aurore ; bientôt je n'eus plus aucun doute, je ne pouvais plus dormir. Je m'ouvris de mes souffrances morales à notre ami, l'abbé Poiré, chez qui je rencontrai avec étonnement la même conviction, et je fis dire par lui des messes à l'intention de Dreyfus, de sa malheureuse femme et de ses enfants. Sur ces entrefaites, un matin que j'allais chez la Princesse, je vis sa femme de chambre qui cachait quelque chose qu'elle avait dans la main. Je lui demandai en riant ce que c'était, elle rougit et ne voulut pas me le dire. J'avais la plus grande confiance dans ma femme, mais cet incident me troubla fort (et sans doute aussi la Princesse à qui sa camériste avait dû le raconter), car ma chère Marie me parla à peine pendant le déjeuner qui suivit. Je demandai ce jour-là à l'abbé Poiré s'il pourrait dire le lendemain ma messe pour Dreyfus. » Allons, bon ! s'écria Swann à mi-voix en s'interrompant.

Je levai la tête et vis le duc de Guermantes qui venait à nous. « Pardon de vous déranger, mes enfants. Mon petit, dit-il en s'adressant à moi, je suis délégué auprès de vous par Oriane. Marie et Gilbert lui ont demandé de rester à souper à leur table avec cinq ou six personnes seulement : la princesse de Hesse, Mme de Ligne, Mme de Tarente, Mme de Chevreuse, la duchesse d'Arenberg. Malheureusement, nous ne pouvons pas rester, parce que nous allons à une espèce de petite redoute. » J'écoutais, mais chaque fois que nous avons quelque chose à faire à un moment déterminé, nous chargeons nous-mêmes un certain personnage habitué à ce genre de besogne de surveiller l'heure et de nous avertir à temps. Ce serviteur interne me rappela, comme je l'en avais prié il y a quelques heures, qu'Albertine, en ce moment bien loin de la pensée, devait venir chez moi aussitôt après le théâtre. Aussi, je refusai le souper. Ce n'est pas que je ne me plusse chez la princesse de Guermantes. Ainsi les hommes peuvent avoir plusieurs sortes de plaisirs. Le véritable est celui pour lequel ils quittent l'autre. Mais ce dernier, s'il est apparent, ou même seul apparent, peut donner le change sur le premier, rassure ou dépiste les jaloux, égare le jugement du monde. Et pourtant, il suffirait pour que nous le sacrifiions à l'autre d'un peu de bonheur ou d'un peu de souffrance. Parfois un troisième ordre de plaisirs plus graves, mais plus essentiels, n'existe pas encore pour nous chez qui sa virtualité ne se traduit qu'en éveillant des regrets, des découragements. Et c'est à ces plaisirs-là pourtant que nous nous donnerons plus tard. Pour en donner un exemple tout à fait secondaire, un militaire en temps de paix sacrifiera la vie mondaine à l'amour, mais la guerre déclarée (et sans qu'il soit même besoin de faire intervenir l'idée d'un devoir patriotique), l'amour à la passion, plus forte que l'amour, de se battre. Swann avait beau dire qu'il était heureux de me raconter son histoire, je sentais bien que sa conversation avec moi, à cause de l'heure tardive, et parce qu'il était trop souffrant, était une de ces fatigues dont ceux qui savent qu'ils se tuent par les veilles, par les excès, ont en rentrant un regret exaspéré, pareil à celui qu'ont de la folle dépense qu'ils viennent encore de faire les prodigues, qui ne pourront pourtant pas s'empêcher le lendemain de jeter l'argent par les fenêtres. À partir d'un certain degré d'affaiblissement, qu'il soit causé par l'âge ou par la maladie, tout plaisir pris aux dépens du sommeil, en dehors des habitudes, tout dérèglement, devient un ennui. Le causeur continue à parler par politesse, par excitation, mais il sait que l'heure où il aurait pu encore s'endormir est déjà passée, et il sait aussi les reproches qu'il s'adressera au cours de l'insomnie et de la fatigue qui vont suivre. Déjà, d'ailleurs, même le plaisir momentané a pris fin, le corps et l'esprit sont trop démeublés de leurs forces pour accueillir agréablement ce qui paraît un divertissement à votre interlocuteur. Ils ressemblent à un appartement un jour de départ ou de déménagement, où ce sont des corvées que les visites que l'on reçoit assis sur des malles, les yeux fixés sur la pendule.

— Enfin seuls, me dit-il ; je ne sais plus où j'en suis. N'est-ce pas, je vous ai dit que le Prince avait demandé à l'abbé Poiré s'il pourrait faire dire sa messe pour Dreyfus. « Non, me répondit l'abbé (je vous dis « me », me dit Swann, parce que c'est le Prince qui me parle, vous comprenez ?) car j'ai une autre messe qu'on m'a chargé de dire également ce matin pour lui. — Comment, lui dis-je, il y a un autre catholique que moi qui est convaincu de son innocence ? — Il faut le croire. — Mais la conviction de cet autre partisan doit être moins ancienne que la mienne. — Pourtant, ce partisan me faisait déjà dire des messes quand vous croyiez encore Dreyfus coupable. — Ah ! je vois bien que ce n'est pas quelqu'un de notre milieu. — Au contraire ! — Vraiment, il y a parmi nous des dreyfusistes ? Vous m'intriguez ; j'aimerais m'épancher avec lui, si je le connais, cet oiseau rare. — Vous le connaissez. — Il s'appelle ? — La princesse de Guermantes. » Pendant que je craignais de froisser les opinions nationalistes, la foi française de ma chère femme, elle, avait eu peur d'alarmer mes opinions religieuses, mes sentiments patriotiques. Mais, de son côté, elle pensait comme moi, quoique depuis plus longtemps que moi. Et ce que sa femme de chambre cachait en entrant dans sa chambre, ce qu'elle allait lui acheter tous les jours, c'était l'*Aurore*. Mon cher Swann, dès ce moment je pensai au plaisir que je vous ferais en vous disant combien mes idées étaient sur ce point parentes des vôtres ; pardonnez-moi de ne l'avoir pas fait plus tôt. Si vous vous reportez au silence que j'avais gardé vis-à-vis de la Princesse, vous ne serez pas étonné que penser comme vous m'eût alors encore plus écarté de vous que penser autrement que vous. Car ce sujet m'était infiniment pénible à aborder. Plus je crois qu'une erreur, que même des crimes ont été commis, plus je saigne dans mon amour de l'armée. J'aurais pensé que des opinions semblables aux miennes étaient loin de vous inspirer la même douleur, quand on m'a dit l'autre jour que vous réprouviez avec force les injures à l'armée et que les dreyfusistes acceptassent de s'allier à ses insulteurs. Cela m'a décidé, j'avoue qu'il m'a été cruel de vous confesser ce que je pense de certains officiers, peu nombreux heureusement, mais c'est un soulagement pour moi de ne plus avoir à me tenir loin de vous et surtout que vous sentiez bien que, si j'avais pu être dans d'autres sentiments, c'est que je n'avais pas un doute sur le bien-fondé du jugement rendu. Dès que j'en eus un, je ne pouvais plus désirer qu'une chose, la réparation de l'erreur. » Je vous avoue que ces paroles du prince de Guermantes m'ont profondément ému. Si vous le connaissiez comme moi, si vous saviez d'où il a fallu qu'il revienne pour en arriver là, vous auriez de l'admiration pour lui, et il en mérite. D'ailleurs, son opinion ne m'étonne pas, c'est une nature si droite !

Swann oubliait que, dans l'après-midi, il m'avait dit au contraire que les opinions en cette affaire Dreyfus étaient commandées par l'atavisme. Tout au plus avait-il fait exception pour l'intelligence, parce que chez Saint-Loup elle était arrivée à vaincre l'atavisme et à faire de lui un dreyfusard. Or, il venait de voir que cette victoire avait été de courte durée et que Saint-Loup avait passé dans l'autre camp. C'était donc maintenant à la droiture du cœur qu'il donnait le rôle dévolu tantôt à l'intelligence. En réalité, nous découvrons toujours après coup que nos adversaires avaient une raison d'être du parti où ils sont et qui ne tient pas à ce qu'il peut y avoir de juste dans ce parti, et que ceux qui pensent comme nous c'est que l'intelligence, si leur nature morale est trop basse pour être invoquée, ou leur droiture, si leur pénétration est faible, les y a contraints.

Swann trouvait maintenant indistinctement intelligents ceux qui étaient de son opinion, son vieil ami le prince de Guermantes, et mon camarade Bloch qu'il avait tenu à l'écart jusque-là, et qu'il invita à déjeuner. Swann intéressa beaucoup Bloch en lui disant que le prince de Guermantes était dreyfusard. « Il faudrait lui demander de signer nos listes pour Picquart ; avec un nom comme le sien, cela ferait un effet formidable. » Mais Swann, mêlant à son ardente conviction d'Israélite la modération diplomatique du mondain, dont il avait trop pris les habitudes pour pouvoir si tardivement s'en défaire, refusa d'autoriser Bloch à envoyer au Prince, même comme spontanément, une circulaire à signer. « Il ne peut pas faire cela, il ne faut pas demander l'impossible, répétait Swann. Voilà un homme charmant qui a fait des milliers de lieues pour venir jusqu'à nous. Il peut nous être très utile. S'il signait votre liste, il se compromettrait simplement auprès des siens, serait châtié à cause de nous, peut-être se repentirait-il de ses confidences et n'en ferait-il plus. » Bien plus, Swann refusa son propre nom. Il le trouvait trop hébraïque pour ne pas faire mauvais effet. Et puis, s'il approuvait tout ce qui touchait à la révision, il ne voulait être mêlé en rien à la campagne antimilitariste. Il portait, ce qu'il n'avait jamais fait jusque-là, la décoration qu'il avait gagnée comme tout jeune mobile, en 70, et ajouta à son testament un codicille pour demander que, contrairement à ses dispositions précédentes, des honneurs militaires fussent rendus à son grade de chevalier de la Légion d'honneur. Ce qui assembla, autour de l'église de Combray tout un escadron de ces cavaliers sur l'avenir desquels pleurait autrefois Françoise, quand elle envisageait la perspective d'une guerre. Bref Swann refusa de signer la circulaire de Bloch, de sorte que, s'il passait pour un dreyfusard enragé aux yeux de beaucoup, mon camarade le trouva tiède, infecté de nationalisme, et cocardier.

 Swann me quitta sans me serrer la main pour ne pas être obligé de faire des adieux dans cette salle où il avait trop d'amis, mais il me dit : « Vous devriez venir voir votre amie Gilberte. Elle a réellement grandi et changé, vous ne la reconnaîtriez pas. Elle serait si heureuse ! » Je n'aimais plus Gilberte. Elle était pour moi comme une morte qu'on a longtemps pleurée, puis l'oubli est venu, et, si elle ressuscitait, elle ne pourrait plus s'insérer dans une vie qui n'est plus faite pour elle. Je n'avais plus envie de la voir ni même cette envie de lui montrer que je ne tenais pas à la voir et que chaque jour, quand je l'aimais, je me promettais de lui témoigner quand je ne l'aimerais plus.

 Aussi, ne cherchant plus qu'à me donner, vis-à-vis de Gilberte, l'air d'avoir désiré de tout mon cœur la retrouver et d'en avoir été empêché par des circonstances dites « indépendantes de ma volonté » et qui ne se produisent en effet, au moins avec une certaine suite, que quand la volonté ne les contrecarre pas, bien loin d'accueillir avec réserve l'invitation de Swann, je ne le quittai pas qu'il ne m'eût promis d'expliquer en détail à sa fille les contretemps qui m'avaient privé, et me priveraient encore, d'aller la voir. « Du reste, je vais lui écrire tout à l'heure en rentrant, ajoutai-je. Mais dites-lui bien que c'est une lettre de menaces, car, dans un mois ou deux, je serai tout à fait libre, et alors qu'elle tremble, car je serai chez vous aussi souvent même qu'autrefois. »

 Avant de laisser Swann, je lui dis un mot de sa santé. « Non, ça ne va pas si mal que ça, me répondit-il. D'ailleurs, comme je vous le disais, je suis assez fatigué et accepte d'avance avec résignation ce qui peut arriver. Seulement, j'avoue que ce serait bien agaçant de mourir avant la fin de l'affaire Dreyfus. Toutes ces canailles-là ont plus d'un tour dans leur sac. Je ne doute pas qu'ils soient finalement vaincus, mais enfin ils sont très puissants, ils ont des appuis partout. Dans le moment où ça va le mieux, tout craque. Je voudrais bien vivre assez pour voir Dreyfus réhabilité et Picquart colonel. »

Quand Swann fut parti, je retournai dans le grand salon où se trouvait cette princesse de Guermantes avec laquelle je ne savais pas alors que je dusse être un jour si lié. La passion qu'elle eut pour M. de Charlus ne se découvrit pas d'abord à moi. Je remarquai seulement que le baron, à partir d'une certaine époque et sans être pris contre la princesse de Guermantes d'aucune de ces inimitiés qui chez lui n'étonnaient pas, tout en continuant à avoir pour elle autant, plus d'affection peut-être encore, paraissait mécontent et agacé chaque fois qu'on lui parlait d'elle. Il ne donnait plus jamais son nom dans la liste des personnes avec qui il désirait dîner.

Il est vrai qu'avant cela j'avais entendu un homme du monde très méchant dire que la Princesse était tout à fait changée, qu'elle était amoureuse de M. de Charlus, mais cette médisance m'avait paru absurde et m'avait indigné. J'avais bien remarqué avec étonnement que, quand je racontais quelque chose qui me concernait, si au milieu intervenait M. de Charlus, l'attention de la Princesse se mettait aussitôt à ce cran plus serré qui est celui d'un malade qui, nous entendant parler de nous, par conséquent, d'une façon distraite et nonchalante, reconnaît tout d'un coup qu'un nom est celui du mal dont il est atteint, ce qui à la fois l'intéresse et le réjouit. Telle, si je lui disais : « Justement M. de Charlus me racontait... », la Princesse reprenait en mains les rênes détendues de son attention. Et une fois, ayant dit devant elle que M. de Charlus avait en ce moment un assez vif sentiment pour une certaine personne, je vis avec étonnement s'insérer dans les yeux de la Princesse ce trait différent et momentané qui trace dans les prunelles comme le sillon d'une fêlure et qui provient d'une pensée que nos paroles, à leur insu, ont agitée en l'être à qui nous parlons, pensée secrète qui ne se traduira pas par des mots, mais qui montera, des profondeurs remuées par nous, à la surface un instant altérée du regard. Mais si mes paroles avaient ému la Princesse, je n'avais pas soupçonné de quelle façon.

D'ailleurs peu de temps après, elle commença à me parler de M. de Charlus, et presque sans détours. Si elle faisait allusion aux bruits que de rares personnes faisaient courir sur le baron, c'était seulement comme à d'absurdes et infâmes inventions. Mais, d'autre part, elle disait : « Je trouve qu'une femme qui s'éprendrait d'un homme de l'immense valeur de Palamède devrait avoir assez de hauteur de vues, assez de dévouement, pour l'accepter et le comprendre en bloc, tel qu'il est, pour respecter sa liberté, ses fantaisies, pour chercher seulement à lui aplanir les difficultés et à le consoler de ses peines. » Or, par ces propos pourtant si vagues, la princesse de Guermantes révélait ce qu'elle cherchait à magnifier, de la même façon que faisait parfois M. de Charlus lui-même. N'ai-je pas entendu à plusieurs reprises ce dernier dire à des gens qui jusque-là étaient incertains si on le calomniait ou non : « Moi, qui ai eu bien des hauts et bien des bas dans ma vie, qui ai connu toute espèce de gens, aussi bien des voleurs que des rois, et même je dois dire, avec une légère préférence pour les voleurs, qui ai poursuivi la beauté sous toutes ses formes, etc... », et par ces paroles qu'il croyait habiles, et en démentant des bruits dont on ne soupçonnait pas qu'ils eussent couru (ou pour faire à la vérité, par goût, par mesure, par souci de la vraisemblance une part qu'il était seul à juger minime), il ôtait leurs derniers doutes sur lui aux uns, inspirait leurs premiers à ceux qui n'en avaient pas encore. Car le plus dangereux de tous les recels, c'est celui de la faute elle-même dans l'esprit du coupable. La connaissance permanente qu'il a d'elle l'empêche de supposer combien généralement elle est ignorée, combien un mensonge complet serait aisément cru, et, en revanche, de se rendre compte à quel degré de vérité commence pour les autres, dans des paroles qu'il croit innocentes, l'aveu. Et d'ailleurs il aurait eu de toute façon bien tort de chercher à le taire, car il n'y a pas de vices qui ne trouvent dans le grand monde des appuis complaisants, et l'on a vu bouleverser l'aménagement d'un château pour faire coucher une sœur près de sa sœur dès qu'on eut appris qu'elle ne l'aimait pas qu'en sœur. Mais ce qui me révéla tout d'un coup l'amour de la Princesse, ce fut un fait particulier et sur lequel je n'insisterai pas ici, car il fait partie du récit tout autre où M. de Charlus laissa mourir une reine plutôt que de manquer le coiffeur qui devait le friser au petit fer pour un contrôleur d'omnibus devant lequel il se trouva prodigieusement intimidé. Cependant, pour en finir avec l'amour de la Princesse, disons quel rien m'ouvrit les yeux. J'étais, ce jour-là, seul en voiture avec elle. Au moment où nous passions devant une poste, elle fit arrêter. Elle n'avait pas emmené de valet de pied. Elle sortit à demi une lettre de son manchon et commença le mouvement de descendre pour la mettre dans la boîte. Je voulus l'arrêter, elle se débattit légèrement, et déjà nous nous rendions compte l'un et l'autre que notre premier geste avait été, le sien compromettant en ayant l'air de protéger un secret, le mien indiscret en m'opposant à cette protection. Ce fut elle qui se ressaisit le plus vite. Devenant subitement très rouge, elle me donna la lettre, je n'osai plus ne pas la prendre, mais, en la mettant dans la boîte, je vis, sans le vouloir, qu'elle était adressée à M. de Charlus.

 Pour revenir en arrière et à cette première soirée chez la princesse de Guermantes, j'allai lui dire adieu, car son cousin et sa cousine me ramenaient et étaient fort pressés, M. de Guermantes voulait cependant dire au revoir à son frère. Mme de Surgis ayant eu le temps, dans une porte, de dire au duc que M. de Charlus avait été charmant pour elle et pour ses fils, cette grande gentillesse de son frère, et la première que celui-ci eût eue dans cet ordre d'idées, toucha profondément Basin et réveilla chez lui des sentiments de famille qui ne s'endormaient jamais longtemps. Au moment où nous disions adieu à la Princesse, il tint, sans dire expressément ses remerciements à M. de Charlus, à lui exprimer sa tendresse, soit qu'il eût en effet peine à la contenir, soit pour que le baron se souvînt que le genre d'actions qu'il avait eu ce soir ne passait pas inaperçu aux yeux d'un frère, de même que, dans le but de créer pour l'avenir des associations de souvenirs salutaires, on donne du sucre à un chien qui a fait le beau. « Hé bien ! petit frère, dit le duc en arrêtant M. de Charlus et en le prenant tendrement sous le bras, voilà comment on passe devant son aîné sans même un petit bonjour. Je ne te vois plus, Mémé, et tu ne sais pas comme cela me manque. En cherchant de vieilles lettres j'en ai justement retrouvé de la pauvre maman qui sont toutes si tendres pour toi. – Merci, Basin, répondit M. de Charlus d'une voix altérée, car il ne pouvait jamais parler sans émotion de leur mère. – Tu devrais te décider à me laisser t'installer un pavillon à Guermantes, reprit le duc. » « C'est gentil de voir les deux frères si tendres l'un avec l'autre, dit la Princesse à Oriane. – Ah ! ça, je ne crois pas qu'on puisse trouver beaucoup de frères comme cela. Je vous inviterai avec lui, me promit-elle. Vous n'êtes pas mal avec lui ?... Mais qu'est-ce qu'ils peuvent avoir à se dire », ajouta-t-elle d'un ton inquiet, car elle entendait imparfaitement leurs paroles. Elle avait toujours eu une certaine jalousie du plaisir que M. de Guermantes éprouvait à causer avec son frère d'un passé à distance duquel il tenait un peu sa femme. Elle sentait que, quand ils étaient heureux d'être ainsi l'un près de l'autre et que, ne retenant plus son impatiente curiosité, elle venait se joindre à eux, son arrivée ne leur faisait pas plaisir. Mais, ce soir, à cette jalousie habituelle s'en ajoutait une autre. Car si Mme de Surgis avait raconté à M. de Guermantes les bontés qu'avait eues son frère, afin qu'il l'en remerciât, en même temps des amies dévouées du couple Guermantes avaient cru devoir prévenir la duchesse que la maîtresse de son mari avait été vue en tête à tête avec le frère de celui-ci. Et Mme de Guermantes en était tourmentée. « Rappelle-toi comme nous étions heureux jadis à Guermantes, reprit le duc en s'adressant à M. de Charlus. Si tu y venais quelquefois l'été, nous reprendrions notre bonne vie. Te rappelles-tu le vieux père Courveau : « Pourquoi est-ce que Pascal est troublant ? parce qu'il est trou... trou... – Blé », prononça M. de Charlus comme s'il répondait encore à son professeur. – « Et pourquoi est-ce que Pascal est troublé ? parce qu'il est trou... parce qu'il est trou... – Blanc. – Très bien, vous serez reçu, vous aurez certainement une mention, et Mme la duchesse vous donnera un dictionnaire chinois. » Si je me rappelle, mon petit Mémé ! Et la vieille potiche que t'avait rapportée Hervey de Saint-Denis, je la vois encore. Tu nous menaçais d'aller passer définitivement ta vie en Chine tant tu étais épris de ce pays ; tu aimais déjà faire de longues vadrouilles. Ah ! tu as été un type spécial, car on peut dire qu'en rien tu n'as jamais eu les goûts de tout le monde... » Mais à peine avait-il dit ces mots que le duc piqua ce qu'on appelle un soleil, car il connaissait, sinon les mœurs, du moins la réputation de son frère. Comme il ne lui en parlait jamais, il était d'autant plus gêné d'avoir dit quelque chose qui pouvait avoir l'air de s'y rapporter, et plus encore d'avoir paru gêné. Après une seconde de silence : « Qui sait, dit-il pour effacer ses dernières paroles, tu étais peut-être amoureux d'une Chinoise avant d'aimer tant de blanches et de leur plaire, si j'en juge par une certaine dame à qui tu as fait bien plaisir ce soir en causant avec elle. Elle a été ravie de toi. » Le duc s'était promis de ne pas parler de Mme de Surgis, mais, au milieu du désarroi que la gaffe qu'il avait faite venait de jeter dans ses idées, il s'était jeté sur la plus voisine, qui était précisément celle qui ne devait pas paraître dans l'entretien, quoiqu'elle l'eût motivé. Mais M. de Charlus avait remarqué la rougeur de son frère. Et, comme les coupables qui ne veulent pas avoir l'air embarrassé qu'on parle devant eux du crime qu'ils sont censés ne pas avoir commis et croient devoir prolonger une conversation périlleuse : « J'en suis charmé, lui répondit-il, mais je tiens à revenir sur ta phrase précédente, qui me semble profondément vraie. Tu disais que je n'ai jamais eu les idées de tout le monde ; comme c'est juste ! tu disais que j'avais des goûts spéciaux. – Mais non », protesta M. de Guermantes, qui, en effet, n'avait pas dit ces mots et ne croyait peut-être pas chez son frère à la réalité de ce qu'ils désignent. Et, d'ailleurs, se croyait-il le droit de le tourmenter pour des singularités qui en tout cas étaient restées assez douteuses ou assez secrètes pour ne nuire en rien à l'énorme situation du baron ? Bien plus, sentant que cette situation de son frère allait se mettre au service de ses maîtresses, le duc se disait que cela valait bien quelques complaisances en échange ; eût-il à ce moment connu quelque liaison « spéciale » de son frère que, dans l'espoir de l'appui que celui-ci lui prêterait, espoir uni au pieux souvenir du temps passé, M. de Guermantes eût passé dessus, fermant les yeux sur elle, et au besoin prêtant la main. « Voyons, Basin ; bonsoir, Palamède, dit la duchesse qui, rongée de rage et de curiosité, n'y pouvait plus tenir, si vous avez décidé de passer la nuit ici, il vaut mieux que nous restions à souper. Vous nous tenez debout, Marie et moi, depuis une demi-heure. » Le duc quitta son frère après une significative étreinte et nous descendîmes tous trois l'immense escalier de l'hôtel de la Princesse.

Des deux côtés, sur les marches les plus hautes, étaient répandus des couples qui attendaient que leur voiture fût avancée. Droite, isolée, ayant à ses côtés son mari et moi, la duchesse se tenait à gauche de l'escalier, déjà enveloppée dans son manteau à la Tiepolo, le col enserré dans le fermoir de rubis, dévorée des yeux par des femmes, des hommes, qui cherchaient à surprendre le secret de son élégance et de sa beauté. Attendant sa voiture sur le même degré de l'escalier que Mme de Guermantes, mais à l'extrémité opposée, Mme de Gallardon, qui avait perdu depuis longtemps tout espoir d'avoir jamais la visite de sa cousine, tournait le dos pour ne pas avoir l'air de la voir, et surtout pour ne pas offrir la preuve que celle-ci ne la saluait pas. Mme de Gallardon était de fort méchante humeur parce que des messieurs qui étaient avec elle avaient cru devoir lui parler d'Oriane : « Je ne tiens pas du tout à la voir, leur avait-elle répondu, je l'ai, du reste, aperçue tout à l'heure, elle commence à vieillir ; il paraît qu'elle ne peut pas s'y faire. Basin lui-même le dit. Et dame ! je comprends ça, parce que, comme elle n'est pas intelligente, qu'elle est méchante comme une teigne et qu'elle a mauvaise façon, elle sent bien que, quand elle ne sera plus belle, il ne lui restera rien du tout. »

J'avais mis mon pardessus, ce que M. de Guermantes, qui craignait les refroidissements, blâma, en descendant avec moi, à cause de la chaleur qu'il faisait. Et la génération de nobles qui a plus ou moins passé par Monseigneur Dupanloup parle un si mauvais français (excepté les Castellane), que le duc exprima ainsi sa pensée : « Il vaut mieux ne pas être couvert avant d'aller dehors, du moins en thèse générale. » Je revois toute cette sortie, je revois, si ce n'est pas à tort que je le place sur cet escalier, portrait détaché de son cadre, le prince de Sagan, duquel ce dut être la dernière soirée mondaine, se découvrant pour présenter ses hommages à la duchesse, avec une si ample révolution du chapeau haut de forme dans sa main gantée de blanc, qui répondait au gardénia de la boutonnière, qu'on s'étonnait que ce ne fût pas un feutre à plume de l'ancien régime, duquel plusieurs visages ancestraux étaient exactement reproduits dans celui de ce grand seigneur. Il ne resta qu'un peu de temps auprès d'elle, mais ses poses, même d'un instant, suffisaient à composer tout un tableau vivant et comme une scène historique. D'ailleurs, comme il est mort depuis, et que je ne l'avais de son vivant qu'aperçu, il est tellement devenu pour moi un personnage d'histoire, d'histoire mondaine du moins, qu'il m'arrive de m'étonner en pensant qu'une femme, qu'un homme que je connais sont sa sœur et son neveu.

Pendant que nous descendions l'escalier, le montait, avec un air de lassitude qui lui seyait, une femme qui paraissait une quarantaine d'années bien qu'elle eût davantage. C'était la princesse d'Orvillers, fille naturelle, disait-on, du duc de Parme, et dont la douce voix se scandait d'un vague accent autrichien. Elle s'avançait, grande, inclinée, dans une robe de soie blanche à fleurs, laissant battre sa poitrine délicieuse, palpitante et fourbue, à travers un harnais de diamants et de saphirs. Tout en secouant la tête comme une cavale de roi qu'eût embarrassée son licol de perles, d'une valeur inestimable et d'un poids incommode, elle posait çà et là ses regards doux et charmants, d'un bleu qui, au fur et à mesure qu'il commençait à s'user, devenait plus caressant encore, et faisait à la plupart des invités qui s'en allaient un signe de tête amical. « Vous arrivez à une jolie heure, Paulette ! dit la duchesse. – Ah ! j'ai un tel regret ! Mais vraiment il n'y a pas eu la possibilité matérielle », répondit la princesse d'Orvillers qui avait pris à la duchesse de Guermantes ce genre de phrases, mais y ajoutait sa douceur naturelle et l'air de sincérité donné par l'énergie d'un accent lointainement tudesque dans une voix si tendre. Elle avait l'air de faire allusion à des complications de vie trop longues à dire, et non vulgairement à des soirées, bien qu'elle revînt en ce moment de plusieurs. Mais ce n'était pas elles qui la forçaient de venir si tard. Comme le prince de Guermantes avait pendant de longues années empêché sa femme de recevoir Mme d'Orvillers, celle-ci, quand l'interdit fut levé, se contenta de répondre aux invitations, pour ne pas avoir l'air d'en avoir soif, par des simples cartes déposées. Au bout de deux ou trois ans de cette méthode, elle venait elle-même, mais très tard, comme après le théâtre. De cette façon, elle se donnait l'air de ne tenir nullement à la soirée, ni à y être vue, mais simplement de venir faire une visite au Prince et à la Princesse, rien que pour eux, par sympathie, au moment où, les trois quarts des invités déjà partis, elle « jouirait mieux d'eux ». « Oriane est vraiment tombée au dernier degré, ronchonna Mme de Gallardon. Je ne comprends pas Basin de la laisser parler à Mme d'Orvillers. Ce n'est pas M. de Gallardon qui m'eût permis cela. » Pour moi, j'avais reconnu en Mme d'Orvillers la femme qui, près de l'hôtel Guermantes, me lançait de longs regards langoureux, se retournait, s'arrêtait devant les glaces des boutiques. Mme de Guermantes me présenta, Mme d'Orvillers fut charmante, ni trop aimable, ni piquée. Elle me regarda comme tout le monde, de ses yeux doux... Mais je ne devais plus jamais, quand je la rencontrerais, recevoir d'elle une seule de ces avances où elle avait semblé s'offrir. Il y a des regards particuliers et qui ont l'air de vous reconnaître, qu'un jeune homme ne reçoit jamais de certaines femmes – et de certains hommes – que jusqu'au jour où ils vous connaissent et apprennent que vous êtes l'ami de gens avec qui ils sont liés aussi.

On annonça que la voiture était avancée. Mme de Guermantes prit sa jupe rouge comme pour descendre et monter en voiture, mais, saisie peut-être d'un remords, ou du désir de faire plaisir et surtout de profiter de la brièveté que l'empêchement matériel de le prolonger imposait à un acte aussi ennuyeux, elle regarda Mme de Gallardon ; puis, comme si elle venait seulement de l'apercevoir, prise d'une inspiration, elle retraversa, avant de descendre, toute la longueur du degré et, arrivée à sa cousine ravie, lui tendit la main. « Comme il y a longtemps », lui dit la duchesse qui, pour ne pas avoir à développer tout ce qu'était censé contenir de regrets et de légitimes excuses cette formule, se tourna d'un air effrayé vers le duc, lequel, en effet, descendu avec moi vers la voiture, tempêtait en voyant que sa femme était partie vers Mme de Gallardon et interrompait la circulation des autres voitures. « Oriane est tout de même encore bien belle ! dit Mme de Gallardon. Les gens m'amusent quand ils disent que nous sommes en froid ; nous pouvons, pour des raisons où nous n'avons pas besoin de mettre les autres, rester des années sans nous voir, nous avons trop de souvenirs communs pour pouvoir jamais être séparées, et, au fond, elle sait bien qu'elle m'aime plus que tant des gens qu'elle voit tous les jours et qui ne sont pas de son rang. » Mme de Gallardon était en effet comme ces amoureux dédaignés qui veulent à toute force faire croire qu'ils sont plus aimés que ceux que choie leur belle. Et (par les éloges que, sans souci de la contradiction avec ce qu'elle avait dit peu avant, elle prodigua en parlant de la duchesse de Guermantes) elle prouva indirectement que celle-ci possédait à fond les maximes qui doivent guider dans sa carrière une grande élégante laquelle, dans le moment même où sa plus merveilleuse toilette excite, à côté de l'admiration, l'envie, doit savoir traverser tout un escalier pour la désarmer. « Faites au moins attention de ne pas mouiller vos souliers » (il avait tombé une petite pluie d'orage), dit le duc, qui était encore furieux d'avoir attendu.

Pendant le retour, à cause de l'exiguïté du coupé, les souliers rouges se trouvèrent forcément peu éloignés des miens, et Mme de Guermantes, craignant même qu'ils ne les eussent touchés, dit au duc : « Ce jeune homme va être obligé de me dire comme je ne sais plus quelle caricature : « Madame, dites-moi tout de suite que vous m'aimez, mais ne me marchez pas sur les pieds comme cela. » Ma pensée d'ailleurs était assez loin de Mme de Guermantes. Depuis que Saint-Loup m'avait parlé d'une jeune fille de grande naissance qui allait dans une maison de passe et de la femme de chambre de la baronne Putbus, c'était dans ces deux personnes que, faisant bloc, s'étaient résumés les désirs que m'inspiraient chaque jour tant de beautés de deux classes, d'une part les vulgaires et magnifiques, les majestueuses femmes de chambre de grande maison enflées d'orgueil et qui disent « nous » en parlant des duchesses, d'autre part ces jeunes filles dont il me suffisait parfois, même sans les avoir vues passer en voiture ou à pied, d'avoir lu le nom dans un compte rendu de bal pour que j'en devinsse amoureux et qu'ayant consciencieusement cherché dans l'annuaire des châteaux où elles passaient l'été (bien souvent en me laissant égarer par un nom similaire) je rêvasse tour à tour d'aller habiter les plaines de l'Ouest, les dunes du Nord, les bois de pins du Midi. Mais j'avais beau fondre toute la matière charnelle la plus exquise pour composer, selon l'idéal que m'en avait tracé Saint-Loup, la jeune fille légère et la femme de chambre de Mme Putbus, il manquait à mes deux beautés possédables ce que j'ignorerais tant que je ne les aurais pas vues : le caractère individuel. Je devais m'épuiser vainement à rechercher à me figurer, pendant les mois où j'eusse préféré une femme de chambre, celle de Mme Putbus. Mais quelle tranquillité, après avoir été perpétuellement troublé par mes désirs inquiets pour tant d'êtres fugitifs dont souvent je ne savais même pas le nom, qui étaient en tout cas si difficiles à retrouver, encore plus à connaître, impossibles peut-être à conquérir, d'avoir prélevé sur toute cette beauté éparse, fugitive, anonyme, deux spécimens de choix munis de leur fiche signalétique et que j'étais du moins certain de me procurer quand je le voudrais. Je reculais l'heure de me mettre à ce double plaisir, comme celle du travail, mais la certitude de l'avoir quand je voudrais me dispensait presque de le prendre, comme ces cachets soporifiques qu'il suffit d'avoir à la portée de la main pour n'avoir pas besoin d'eux et s'endormir. Je ne désirais dans l'univers que deux femmes dont je ne pouvais, il est vrai, arriver à me représenter le visage, mais dont Saint-Loup m'avait appris les noms et garanti la complaisance. De sorte que, s'il avait par ses paroles de tout à l'heure fourni un rude travail à mon imagination, il avait par contre procuré une appréciable détente, un repos durable à ma volonté.

« Hé bien ! me dit la duchesse, en dehors de vos bals, est-ce que je ne peux vous être d'aucune utilité ? Avez-vous trouvé un salon où vous aimeriez que je vous présente ? » Je lui répondis que je craignais que le seul qui me fît envie ne fût trop peu élégant pour elle. « Qui est-ce ? » demanda-t-elle d'une voix menaçante et rauque, sans presque ouvrir la bouche. « La baronne Putbus. » Cette fois-ci elle feignit une véritable colère. « Ah ! non, ça, par exemple, je crois que vous vous fichez de moi. Je ne sais même pas par quel hasard je sais le nom de ce chameau. Mais c'est la lie de la société. C'est comme si vous me demandiez de vous présenter à ma mercière. Et encore non, car ma mercière est charmante. Vous êtes un peu fou, mon pauvre petit. En tout cas, je vous demande en grâce d'être poli avec les personnes à qui je vous ai présenté, de leur mettre des cartes, d'aller les voir et de ne pas leur parler de la baronne Putbus, qui leur est inconnue. » Je demandai si Mᵐᵉ d'Orvillers n'était pas un peu légère. « Oh ! pas du tout, vous confondez, elle serait plutôt bégueule. N'est-ce pas, Basin ? – Oui, en tout cas je ne crois pas qu'il y ait jamais rien à dire sur elle », dit le duc.

« Vous ne voulez pas venir avec nous à la redoute ? me demanda-t-il. Je vous prêterais un manteau vénitien et je sais quelqu'un à qui cela ferait bougrement plaisir, à Oriane d'abord, cela ce n'est pas la peine de le dire ; mais à la princesse de Parme. Elle chante tout le temps vos louanges, elle ne jure que par vous. Vous avez la chance – comme elle est un peu mûre – qu'elle soit d'une pudicité absolue. Sans cela elle vous aurait certainement pris comme sigisbée, comme on disait dans ma jeunesse, une espèce de cavalier servant. »

Je ne tenais pas à la redoute, mais au rendez-vous avec Albertine. Aussi je refusai. La voiture s'était arrêtée, le valet de pied demanda la porte cochère, les chevaux piaffèrent jusqu'à ce qu'elle fût ouverte toute grande, et la voiture s'engagea dans la cour. « À la revoyure, me dit le duc. – J'ai quelquefois regretté de demeurer aussi près de Marie, me dit la duchesse, parce que, si je l'aime beaucoup, j'aime un petit peu moins la voir. Mais je n'ai jamais regretté cette proximité autant que ce soir puisque cela me fait rester si peu avec vous. – Allons, Oriane, pas de discours. » La duchesse aurait voulu que j'entrasse un instant chez eux. Elle rit beaucoup, ainsi que le duc, quand je dis que je ne pouvais pas parce qu'une jeune fille devait précisément venir me faire une visite maintenant. « Vous avez une drôle d'heure pour recevoir vos visites, me dit-elle. – Allons, mon petit, dépêchons-nous, dit M. de Guermantes à sa femme. Il est minuit moins le quart et le temps de nous costumer... » Il se heurta devant sa porte, sévèrement gardée par elles, aux deux dames à canne qui n'avaient pas craint de descendre nuitamment de leur cime afin d'empêcher un scandale. « Basin, nous avons tenu à vous prévenir, de peur que vous ne soyez vu à cette redoute : le pauvre Amanien vient de mourir, il y a une heure. » Le duc eut un instant d'alarme. Il voyait la fameuse redoute s'effondrer pour lui du moment que, par ces maudites montagnardes, il était averti de la mort de M. d'Osmond. Mais il se ressaisit bien vite et lança aux deux cousines ce mot où il faisait entrer, avec la détermination de ne pas renoncer à un plaisir, son incapacité d'assimiler exactement les tours de la langue française : « Il est mort ! Mais non, on exagère, on exagère ! » Et sans plus s'occuper des deux parentes qui, munies de leurs alpenstocks, allaient faire l'ascension dans la nuit, il se précipita aux nouvelles en interrogeant son valet de chambre : « Mon casque est bien arrivé ? – Oui, monsieur le duc. – Il y a bien un petit trou pour respirer ? Je n'ai pas envie d'être asphyxié, que diable ! – Oui, monsieur le duc. – Ah ! tonnerre de Dieu, c'est un soir de malheur. Oriane, j'ai oublié de demander à Babal si les souliers à la poulaine étaient pour vous ! – Mais, mon petit, puisque le costumier de l'Opéra-Comique est là, il nous le dira. Moi, je ne crois pas que ça puisse aller avec vos éperons. – Allons trouver le costumier, dit le duc. Adieu, mon petit, je vous dirais bien d'entrer avec nous pendant que nous essaierons, pour vous amuser. Mais nous causerions, il va être minuit et il faut que nous n'arrivions pas en retard pour que la fête soit complète. »

Moi aussi j'étais pressé de quitter M. et M*me* de Guermantes au plus vite. *Phèdre* finissait vers onze heures et demie. Le temps de venir, Albertine devait être arrivée. J'allai droit à Françoise : « M*lle* Albertine est là ? – Personne n'est venu. »

Mon Dieu, cela voulait-il dire que personne ne viendrait ! J'étais tourmenté, la visite d'Albertine me semblant maintenant d'autant plus désirable qu'elle était moins certaine.

Françoise était ennuyée aussi, mais pour une tout autre raison. Elle venait d'installer sa fille à table pour un succulent repas. Mais en m'entendant venir, voyant le temps lui manquer pour enlever les plats et disposer des aiguilles et du fil comme s'il s'agissait d'un ouvrage et non d'un souper : « Elle vient de prendre une cuillère de soupe, me dit Françoise, je l'ai forcée de sucer un peu de carcasse », pour diminuer ainsi jusqu'à rien le souper de sa fille, et comme si ç'avait été coupable qu'il fût copieux. Même au déjeuner ou au dîner, si je commettais la faute d'entrer dans la cuisine, Françoise faisait semblant qu'on eût fini et s'excusait même en disant : « J'avais voulu manger un *morceau* ou une *bouchée*. » Mais on était vite rassuré en voyant la multitude des plats qui couvraient la table et que Françoise, surprise par mon entrée soudaine, comme un malfaiteur qu'elle n'était pas, n'avait pas eu le temps de faire disparaître. Puis elle ajouta : « Allons, va te coucher, tu as assez travaillé comme cela aujourd'hui (car elle voulait que sa fille eût l'air non seulement de ne nous coûter rien, de vivre de privations, mais encore de se tuer au travail pour nous). Tu ne fais qu'encombrer la cuisine et surtout gêner Monsieur qui attend de la visite. Allons, monte », reprit-elle, comme si elle était obligée d'user de son autorité pour envoyer coucher sa fille qui, du moment que le souper était raté, n'était plus là que pour la frime et, si j'étais resté cinq minutes encore, eût d'elle-même décampé. Et se tournant vers moi, avec ce beau français populaire et pourtant un peu individuel qui était le sien : « Monsieur ne voit pas que l'envie de dormir lui coupe la figure. » J'étais resté ravi de ne pas avoir à causer avec la fille de Françoise.

J'ai dit qu'elle était d'un petit pays qui était tout voisin de celui de sa mère, et pourtant différent par la nature du terrain, les cultures, le patois, par certaines particularités des habitants, surtout. Ainsi la « bouchère » et la nièce de Françoise s'entendaient fort mal, mais avaient ce point commun, quand elles partaient faire une course, de s'attarder des heures « chez la sœur » ou « chez la cousine », étant d'elles-mêmes incapables de terminer une conversation, conversation au cours de laquelle le motif qui les avait fait sortir s'évanouissait au point que si on leur disait à leur retour : « Hé bien, M. le marquis de Norpois sera-t-il visible à six heures un quart », elles ne se frappaient même pas le front en disant : « Ah ! j'ai oublié », mais : « Ah ! je n'ai pas compris que monsieur avait demandé cela, je croyais qu'il fallait seulement lui donner le bonjour. » Si elles « perdaient la boule » de cette façon pour une chose dite une heure auparavant, en revanche il était impossible de leur ôter de la tête ce qu'elles avaient une fois entendu dire par la sœur ou par la cousine. Ainsi, si la bouchère avait entendu dire que les Anglais nous avaient fait la guerre en 70 en même temps que les Prussiens, et que j'eusse eu beau expliquer que ce fait était faux, toutes les trois semaines la bouchère me répétait au cours d'une conversation : « C'est cause à cette guerre que les Anglais nous ont faite en 70 en même temps que les Prussiens. – Mais je vous ai dit cent fois que vous vous trompez. » Elle répondait, ce qui impliquait que rien n'était ébranlé dans sa conviction : « En tout cas, ce n'est pas une raison pour leur en vouloir. Depuis 70, il a coulé de l'eau sous les ponts, etc. » Une autre fois, prônant une guerre avec l'Angleterre, que je désapprouvais, elle disait : « Bien sûr, vaut toujours mieux pas de guerre ; mais puisqu'il le faut, vaut mieux y aller tout de suite. Comme l'a expliqué tantôt la sœur, depuis cette guerre que les Anglais nous ont faite en 70, les traités de commerce nous ruinent. Après qu'on les aura battus, on ne laissera plus entrer en France un seul Anglais sans payer trois cents francs d'entrée, comme nous maintenant pour aller en Angleterre. »

Tel était, en dehors de beaucoup d'honnêteté et, quand ils parlaient, d'une sourde obstination à ne pas se laisser interrompre, à reprendre vingt fois là où ils en étaient si on les interrompait, ce qui finissait par donner à leurs propos la solidité inébranlable d'une fugue de Bach, le caractère des habitants dans ce petit pays qui n'en comptait pas cinq cents et que bordaient ses châtaigniers, ses saules, ses champs de pommes de terre et de betteraves.

La fille de Françoise, au contraire, parlait, se croyant une femme d'aujourd'hui et sortie des sentiers trop anciens, l'argot parisien et ne manquait aucune des plaisanteries adjointes. Françoise lui ayant dit que je venais de chez une princesse : « Ah ! sans doute une princesse à la noix de coco. » Voyant que j'attendais une visite, elle fit semblant de croire que je m'appelais Charles. Je lui répondis naïvement que non, ce qui lui permit de placer : « Ah ! je croyais ! Et je me disais Charles attend (charlatan). » Ce n'était pas de très bon goût. Mais je fus moins indifférent lorsque, comme consolation du retard d'Albertine, elle me dit : « Je crois que vous pouvez l'attendre à perpète. Elle ne viendra plus. Ah ! nos gigolettes d'aujourd'hui ! »

Ainsi son parler différait de celui de sa mère ; mais, ce qui est plus curieux, le parler de sa mère n'était pas le même que celui de sa grand'mère, native de Bailleau-le-Pin, qui était si près du pays de Françoise. Pourtant les patois différaient légèrement comme les deux paysages. Le pays de la mère de Françoise, en pente et descendant à un ravin, était fréquenté par les saules. Et, très loin de là, au contraire, il y avait en France une petite région où on parlait presque tout à fait le même patois qu'à Méséglise. J'en fis la découverte en même temps que j'en éprouvai l'ennui. En effet, je trouvai une fois Françoise en grande conversation avec une femme de chambre de la maison, qui était de ce pays et parlait ce patois. Elles se comprenaient presque, je ne les comprenais pas du tout, elles le savaient et ne cessaient pas pour cela, excusées, croyaient-elles, par la joie d'être payses quoique nées si loin l'une de l'autre, de continuer à parler devant moi cette langue étrangère, comme lorsqu'on ne veut pas être compris. Ces pittoresques études de géographie linguistique et de camaraderie ancillaire se poursuivirent chaque semaine dans la cuisine, sans que j'y prisse aucun plaisir.

Comme, chaque fois que la porte cochère s'ouvrait, la concierge appuyait sur un bouton électrique qui éclairait l'escalier, et comme il n'y avait pas de locataires qui ne fussent rentrés, je quittai immédiatement la cuisine et revins m'asseoir dans l'antichambre, épiant, là où la tenture un peu trop étroite, qui ne couvrait pas complètement la porte vitrée de notre appartement, laissait passer la sombre raie verticale faite par la demi-obscurité de l'escalier. Si tout d'un coup cette raie devenait d'un blond doré, c'est qu'Albertine viendrait d'entrer en bas et serait dans deux minutes près de moi ; personne d'autre ne pouvait plus venir à cette heure-là. Et je restais, ne pouvant détacher mes yeux de la raie qui s'obstinait à demeurer sombre ; je me penchais tout entier pour être sûr de bien voir ; mais j'avais beau regarder, le noir trait vertical, malgré mon désir passionné, ne me donnait pas l'enivrante allégresse que j'aurais eue si je l'avais vu changé, par un enchantement soudain et significatif, en un lumineux barreau d'or. C'était bien de l'inquiétude pour cette Albertine à laquelle je n'avais pas pensé trois minutes pendant la soirée Guermantes ! Mais, réveillant les sentiments d'attente jadis éprouvés à propos d'autres jeunes filles, surtout de Gilberte, quand elle tardait à venir, la privation possible d'un simple plaisir physique me causait une cruelle souffrance morale.

Il me fallut rentrer dans ma chambre. Françoise m'y suivit. Elle trouvait, comme j'étais revenu de ma soirée, qu'il était inutile que je gardasse la rose que j'avais à la boutonnière et vint pour me l'enlever. Son geste, en me rappelant qu'Albertine pouvait ne plus venir, et en m'obligeant aussi à confesser que je désirais être élégant pour elle, me causa une irritation qui fut redoublée du fait qu'en me dégageant violemment, je froissai la fleur et que Françoise me dit : « Il aurait mieux valu me la laisser ôter plutôt que non pas la gâter ainsi. » D'ailleurs, ses moindres paroles m'exaspéraient. Dans l'attente, on souffre tant de l'absence de ce qu'on désire qu'on ne peut supporter une autre présence.

Françoise sortie de la chambre, je pensai que, si c'était pour en arriver maintenant à avoir de la coquetterie à l'égard d'Albertine, il était bien fâcheux que je me fusse montré tant de fois à elle si mal rasé, avec une barbe de plusieurs jours, les soirs où je la laissais venir pour recommencer nos caresses. Je sentais qu'insoucieuse de moi, elle me laissait seul. Pour embellir un peu ma chambre, si Albertine venait encore, et parce que c'était une des plus jolies choses que j'avais, je remis, pour la première fois depuis des années, sur la table qui était auprès de mon lit, ce portefeuille orné de turquoises que Gilberte m'avait fait faire pour envelopper la plaquette de Bergotte et que, si longtemps, j'avais voulu garder avec moi pendant que je dormais, à côté de la bille d'agate. D'ailleurs, autant peut-être qu'Albertine, toujours pas venue, sa présence en ce moment dans un « ailleurs » qu'elle avait évidemment trouvé plus agréable, et que je ne connaissais pas, me causait un sentiment douloureux qui, malgré ce que j'avais dit, il y avait à peine une heure, à Swann, sur mon incapacité d'être jaloux, aurait pu, si j'avais vu mon amie à des intervalles moins éloignés, se changer en un besoin anxieux de savoir où, avec qui, elle passait son temps. Je n'osais pas envoyer chez Albertine, il était trop tard, mais dans l'espoir que, soupant peut-être avec des amies, dans un café, elle aurait l'idée de me téléphoner, je tournai le commutateur et, rétablissant la communication dans ma chambre, je la coupai entre le bureau de postes et la loge du concierge à laquelle il était relié d'habitude à cette heure-là. Avoir un récepteur dans le petit couloir où donnait la chambre de Françoise eût été plus simple, moins dérangeant, mais inutile. Les progrès de la civilisation permettent à chacun de manifester des qualités insoupçonnées ou de nouveaux vices qui les rendent plus chers ou plus insupportables à leurs amis. C'est ainsi que la découverte d'Edison avait permis à Françoise d'acquérir un défaut de plus, qui était de se refuser, quelque utilité, quelque urgence qu'il y eût, à se servir du téléphone. Elle trouvait le moyen de s'enfuir quand on voulait le lui apprendre, comme d'autres au moment d'être vaccinés. Aussi le téléphone était-il placé dans ma chambre, et, pour qu'il ne gênât pas mes parents, sa sonnerie était remplacée par un simple bruit de tourniquet. De peur de ne pas l'entendre, je ne bougeais pas. Mon immobilité était telle que, pour la première fois depuis des mois, je remarquai le tic tac de la pendule. Françoise vint arranger des choses. Elle causait avec moi, mais je détestais cette conversation, sous la continuité uniformément banale de laquelle mes sentiments changeaient de minute en minute, passant de la crainte à l'anxiété ; de l'anxiété à la déception complète. Différent des paroles vaguement satisfaites que je me croyais obligé de lui adresser, je sentais mon visage si malheureux que je prétendis que je souffrais d'un rhumatisme pour expliquer le désaccord entre mon indifférence simulée et cette expression douloureuse ; puis je craignais que les paroles prononcées, d'ailleurs à mi-voix, par Françoise (non à cause d'Albertine, car elle jugeait passée depuis longtemps l'heure de sa venue possible) risquassent de m'empêcher d'entendre l'appel sauveur qui ne viendrait plus. Enfin Françoise alla se coucher ; je la renvoyai avec une rude douceur, pour que le bruit qu'elle ferait en s'en allant ne courût pas celui du téléphone. Et je recommençai à écouter, à souffrir ; quand nous attendons, de l'oreille qui recueille les bruits à l'esprit qui les dépouille et les analyse, et de l'esprit au cœur à qui il transmet ses résultats, le double trajet est si rapide que nous ne pouvons même pas percevoir sa durée, et qu'il semble que nous écoutions directement avec notre cœur.

J'étais torturé par l'incessante reprise du désir toujours plus anxieux, et jamais accompli, d'un bruit d'appel ; arrivé au point culminant d'une ascension tourmentée dans les spirales de mon angoisse solitaire, du fond du Paris populeux et nocturne approché soudain de moi, à côté de ma bibliothèque, j'entendis tout à coup, mécanique et sublime, comme dans *Tristan* l'écharpe agitée ou le chalumeau du pâtre, le bruit de toupie du téléphone. Je m'élançai, c'était Albertine. « Je ne vous dérange pas en vous téléphonant à une pareille heure ? – Mais non... », dis-je en comprimant ma joie, car ce qu'elle disait de l'heure indue était sans doute pour s'excuser de venir dans un moment, si tard, non parce qu'elle n'allait pas venir. « Est-ce que vous venez ? demandai-je d'un ton indifférent. – Mais... non, si vous n'avez pas absolument besoin de moi. » Une partie de moi à laquelle l'autre voulait se rejoindre était en Albertine. Il fallait qu'elle vînt, mais je ne le lui dis pas d'abord ; comme nous étions en communication, je me dis que je pourrais toujours l'obliger, à la dernière seconde, soit à venir chez moi, soit à me laisser courir chez elle. « Oui, je suis près de chez moi, dit-elle, et infiniment loin de chez vous ; je n'avais pas bien lu votre mot. Je viens de le retrouver et j'ai eu peur que vous ne m'attendiez. » Je sentais qu'elle mentait, et c'était maintenant, dans ma fureur, plus encore par besoin de la déranger que de la voir que je voulais l'obliger à venir. Mais je tenais d'abord à refuser ce que je tâcherais d'obtenir dans quelques instants. Mais où était-elle ? À ses paroles se mêlaient d'autres sons : la trompe d'un cycliste, la voix d'une femme qui chantait, une fanfare lointaine retentissaient aussi distinctement que la voix chère, comme pour me montrer que c'était bien Albertine dans son milieu actuel qui était près de moi en ce moment, comme une motte de terre avec laquelle on a emporté toutes les graminées qui l'entourent. Les mêmes bruits que j'entendais frappaient aussi son oreille et mettaient une entrave à son attention : détails de vérité, étrangers au sujet, inutiles en eux-mêmes, d'autant plus nécessaires à nous révéler l'évidence du miracle ; traits sobres et charmants, descriptifs de quelque rue parisienne, traits perçants aussi et cruels d'une soirée inconnue qui, au sortir de *Phèdre*, avaient empêché Albertine de venir chez moi. « Je commence par vous prévenir que ce n'est pas pour que vous veniez, car, à cette heure-ci, vous me gêneriez beaucoup..., lui dis-je, je tombe de sommeil. Et puis, enfin, mille complications. Je tiens à vous dire qu'il n'y avait pas de malentendu possible dans ma lettre. Vous m'avez répondu que c'était convenu. Alors, si vous n'aviez pas compris, qu'est-ce que vous entendiez par là ? – J'ai dit que c'était convenu, seulement je ne me souvenais plus trop de ce qui était convenu. Mais je vois que vous êtes fâché, cela m'ennuie. Je regrette d'être allée à *Phèdre*. Si j'avais su que cela ferait tant d'histoires... ajouta-t-elle, comme tous les gens qui, en faute pour une chose, font semblant de croire que c'est une autre qu'on leur reproche. – *Phèdre* n'est pour rien dans mon mécontentement, puisque c'est moi qui vous ai demandé d'y aller. – Alors, vous m'en voulez, c'est ennuyeux qu'il soit trop tard ce soir, sans cela je serais allée chez vous, mais je viendrai demain ou après-demain, pour m'excuser. – Oh ! non, Albertine, je vous en prie, après m'avoir fait perdre une soirée, laissez-moi au moins la paix les jours suivants. Je ne serai pas libre avant une quinzaine de jours ou trois semaines. Écoutez, si cela vous ennuie que nous restions sur une impression de colère, et, au fond, vous avez peut-être raison, alors j'aime encore mieux, fatigue pour fatigue, puisque je vous ai attendue jusqu'à cette heure-ci et que vous êtes encore dehors, que vous veniez tout de suite, je vais prendre du café pour me réveiller. – Ce ne serait pas possible de remettre cela à demain ? parce que la difficulté... » En entendant ces mots d'excuse, prononcés comme si elle n'allait pas venir, je sentis qu'au désir de revoir la figure veloutée qui déjà à Balbec dirigeait toutes mes journées vers le moment où, devant la mer mauve de septembre, je serais auprès de cette fleur rose, tentait douloureusement de s'unir un élément bien différent. Ce terrible besoin d'un être, à Combray, j'avais appris à le connaître au sujet de ma mère, et jusqu'à vouloir mourir si elle me faisait dire par Françoise qu'elle ne pourrait pas monter. Cet effort de l'ancien sentiment, pour se combiner et ne faire qu'un élément unique avec l'autre, plus récent, et qui, lui, n'avait pour voluptueux objet que la surface colorée, la rose carnation d'une fleur de plage, cet effort aboutit souvent à ne faire (au sens chimique) qu'un corps nouveau, qui peut ne durer que quelques instants. Ce soir-là, du moins, et pour longtemps encore, les deux éléments restèrent dissociés. Mais déjà, aux derniers mots entendus au téléphone, je commençai à comprendre que la vie d'Albertine était située (non pas matériellement sans doute) à une telle distance de moi qu'il m'eût fallu toujours de fatigantes explorations pour mettre la main sur elle, mais, de plus, organisée comme des fortifications de campagne et, pour plus de sûreté, de l'espèce de celles que l'on a pris plus tard l'habitude d'appeler camouflées. Albertine, au reste, faisait, à un degré plus élevé de la société, partie de ce genre de personnes à qui la concierge promet à votre porteur de faire remettre la lettre quand elle rentrera – jusqu'au jour où vous vous apercevez que c'est précisément elle, la personne rencontrée dehors et à laquelle vous vous êtes permis d'écrire, qui est la concierge. De sorte qu'elle habite bien – mais dans la loge – le logis qu'elle vous a indiqué (lequel, d'autre part, est une petite maison de passe dont la concierge est la maquerelle) – et qu'elle donne comme adresse un immeuble où elle est connue par des complices qui ne vous livreront pas son secret, d'où on lui fera parvenir vos lettres, mais où elle n'habite pas, où elle a tout au plus laissé des affaires. Existences disposées sur cinq ou six lignes de repli, de sorte que, quand on veut voir cette femme, ou savoir, on est venu frapper trop à droite, ou trop à gauche, ou trop en avant, ou trop en arrière, et qu'on peut pendant des mois, des années, tout ignorer. Pour Albertine, je sentais que je n'apprendrais jamais rien, qu'entre la multiplicité entremêlée des détails réels et des faits mensongers je n'arriverais jamais à me débrouiller. Et que ce serait toujours ainsi, à moins que de la mettre en prison (mais on s'évade) jusqu'à la fin. Ce soir-là, cette conviction ne fit passer à travers moi qu'une inquiétude, mais où je sentais frémir comme une anticipation de longues souffrances.

– Mais non, répondis-je, je vous ai déjà dit que je ne serais pas libre avant trois semaines, pas plus demain qu'un autre jour. – Bien, alors... je vais prendre le pas de course... c'est ennuyeux, parce que je suis chez une amie qui... (Je sentais qu'elle n'avait pas cru que j'accepterais sa proposition de venir, laquelle n'était donc pas sincère, et je voulais la mettre au pied du mur.) – Qu'est-ce que ça peut me faire, votre amie ? venez ou ne venez pas, c'est votre affaire, ce n'est pas moi qui vous demande de venir, c'est vous qui me l'avez proposé. – Ne vous fâchez pas, je saute dans un fiacre et je serai chez vous dans dix minutes.

Ainsi, de ce Paris des profondeurs nocturnes duquel avait déjà émané jusque dans ma chambre, mesurant le rayon d'action d'un être lointain, une voix qui allait surgir et apparaître, après cette première annonciation, c'était cette Albertine que j'avais connue jadis sous le ciel de Balbec, quand les garçons du Grand-Hôtel, en mettant le couvert, étaient aveuglés par la lumière du couchant, que, les vitres étant entièrement tirées, les souffles imperceptibles du soir passaient librement de la plage, où s'attardaient les derniers promeneurs, à l'immense salle à manger où les premiers dîneurs n'étaient pas assis encore, et que dans la glace placée derrière le comptoir passait le reflet rouge de la coque et s'attardait longtemps le reflet gris de la fumée du dernier bateau pour Rivebelle. Je ne me demandais plus ce qui avait pu mettre Albertine en retard, et quand Françoise entra dans ma chambre me dire : « Mademoiselle Albertine est là », si je répondis sans même bouger la tête, ce fut seulement par dissimulation : « Comment mademoiselle Albertine vient-elle aussi tard ! » Mais levant alors les yeux sur Françoise comme dans une curiosité d'avoir sa réponse qui devait corroborer l'apparente sincérité de ma question, je m'aperçus, avec admiration et fureur, que, capable de rivaliser avec la Berma elle-même dans l'art de faire parler les vêtements inanimés et les traits du visage, Françoise avait su faire la leçon à son corsage, à ses cheveux dont les plus blancs avaient été ramenés à la surface, exhibés comme un extrait de naissance, à son cou courbé par la fatigue et l'obéissance. Ils la plaignaient d'avoir été tirée du sommeil et de la moiteur du lit, au milieu de la nuit, à son âge, obligée de se vêtir quatre à quatre, au risque de prendre une fluxion de poitrine. Aussi, craignant d'avoir eu l'air de m'excuser de la venue tardive d'Albertine : « En tout cas, je suis bien content qu'elle soit venue, tout est pour le mieux », et je laissai éclater ma joie profonde. Elle ne demeura pas longtemps sans mélange, quand j'eus entendu la réponse de Françoise. Celle-ci, sans proférer aucune plainte, ayant même l'air d'étouffer de son mieux une toux irrésistible, et croisant seulement sur elle son châle comme si elle avait froid, commença par me raconter tout ce qu'elle avait dit à Albertine, n'ayant pas manqué de lui demander des nouvelles de sa tante. « Justement j'y disais, monsieur devait avoir crainte que mademoiselle ne vienne plus, parce que ce n'est pas une heure pour venir, c'est bientôt le matin. Mais elle devait être dans des endroits qu'elle s'amusait bien car elle ne m'a pas seulement dit qu'elle était contrariée d'avoir fait attendre monsieur, elle m'a répondu d'un air de se fiche du monde : « Mieux vaut tard que jamais ! » Et Françoise ajouta ces mots qui me percèrent le cœur : « En parlant comme ça elle s'est vendue. Elle aurait peut-être bien voulu se cacher mais... » Je n'avais pas de quoi être bien étonné. Je viens de dire que Françoise rendait rarement compte, dans les commissions qu'on lui donnait, sinon de ce qu'elle avait dit et sur quoi elle s'étendait volontiers, du moins de la réponse attendue. Mais, si par exception elle nous répétait les paroles que nos amis avaient dites, si courtes qu'elles fussent, elle s'arrangerait généralement, au besoin grâce à l'expression, au ton dont elle assurait qu'elles avaient été accompagnées, à leur donner quelque chose de blessant. À la rigueur, elle acceptait d'avoir subi d'un fournisseur chez qui nous l'avions envoyée une avanie, d'ailleurs probablement imaginaire, pourvu que, s'adressant à elle qui nous représentait, qui avait parlé en notre nom, cette avanie nous atteignît par ricochet. Il n'eût resté qu'à lui répondre qu'elle avait mal compris, qu'elle était atteinte de délire de persécution et que tous les commerçants n'étaient pas ligués contre elle. D'ailleurs leurs sentiments m'importaient peu. Il n'en était pas de même de ceux d'Albertine. Et en me redisant ces mots ironiques : « Mieux vaut tard que jamais ! » Françoise m'évoqua aussitôt les amis dans la société desquels Albertine avait fini sa soirée, s'y plaisant donc plus que dans la mienne. « Elle est comique, elle a un petit chapeau plat, avec ses gros yeux, ça lui donne un drôle d'air, surtout avec son manteau qu'elle aurait bien fait d'envoyer chez l'estoppeuse car il est tout mangé. Elle m'amuse », ajouta, comme se moquant d'Albertine, Françoise, qui partageait rarement mes impressions mais éprouvait le besoin de faire connaître les siennes. Je ne voulais même pas avoir l'air de comprendre que ce rire signifiait le dédain de la moquerie, mais, pour rendre coup pour coup, je répondis à Françoise, bien que je ne connusse pas le petit chapeau dont elle parlait : « Ce que vous appelez « petit chapeau plat » est quelque chose de simplement ravissant... – C'est-à-dire que c'est trois fois rien », dit Françoise en exprimant, franchement cette fois, son véritable mépris. Alors (d'un ton doux et ralenti pour que ma réponse mensongère eût l'air d'être l'expression non de ma colère mais de la vérité, en ne perdant pas de temps cependant, pour ne pas faire attendre Albertine), j'adressai à Françoise ces paroles cruelles : « Vous êtes excellente, lui dis-je mielleusement, vous êtes gentille, vous avez mille qualités, mais vous en êtes au même point que le jour où vous êtes arrivée à Paris, aussi bien pour vous connaître en choses de toilette que pour bien prononcer les mots et ne pas faire de cuirs. » Et ce reproche était particulièrement stupide, car ces mots français que nous sommes si fiers de prononcer exactement ne sont eux-mêmes que des « cuirs » faits par des bouches gauloises qui prononçaient de travers le latin ou le saxon, notre langue n'étant que la prononciation défectueuse de quelques autres.

Le génie linguistique à l'état vivant, l'avenir et le passé du français, voilà ce qui eût dû m'intéresser dans les fautes de Françoise. L'« estoppeuse » pour la « stoppeuse » n'était-il pas aussi curieux que ces animaux survivants des époques lointaines, comme la baleine ou la girafe, et qui nous montrent les états que la vie animale a traversés ? « Et, ajoutai-je, du moment que depuis tant d'années vous n'avez pas su apprendre, vous n'apprendrez jamais. Vous pouvez vous en consoler, cela ne vous empêche pas d'être une très brave personne, de faire à merveille le bœuf à la gelée, et encore mille autres choses. Le chapeau que vous croyez simple est copié sur un chapeau de la princesse de Guermantes, qui a coûté cinq cents francs. Du reste, je compte en offrir prochainement un encore plus beau à Mlle Albertine. » Je savais que ce qui pouvait le plus ennuyer Françoise c'est que je dépensasse de l'argent pour des gens qu'elle n'aimait pas. Elle me répondit par quelques mots que rendit peu intelligibles un brusque essoufflement. Quand j'appris plus tard qu'elle avait une maladie de cœur, quel remords j'eus de ne m'être jamais refusé le plaisir féroce et stérile de riposter ainsi à ses paroles ! Françoise détestait, du reste, Albertine parce que, pauvre, Albertine ne pourrait accroître ce que Françoise considérait comme mes supériorités. Elle souriait avec bienveillance chaque fois que j'étais invité par Mme de Villeparisis. En revanche elle était indignée qu'Albertine ne pratiquât pas la réciprocité. J'en étais arrivé à être obligé d'inventer de prétendus cadeaux faits par celle-ci et à l'existence desquels Françoise n'ajouta jamais l'ombre de foi. Ce manque de réciprocité la choquait surtout en matière alimentaire. Qu'Albertine acceptât des dîners de maman, si nous n'étions pas invités chez Mme Bontemps (laquelle pourtant n'était pas à Paris la moitié du temps, son mari acceptant des « postes » comme autrefois quand il avait assez du ministère), cela lui paraissait, de la part de mon amie, une indélicatesse qu'elle flétrissait indirectement en récitant ce dicton courant à Combray :

« Mangeons mon pain,
– Je le veux bien.
– Mangeons le tien.
– Je n'ai plus faim. »

Je fis semblant d'être contraint d'écrire. « À qui écriviez-vous ? me dit Albertine en entrant. – À une jolie amie à moi, à Gilberte Swann. Vous ne la connaissez pas ? – Non. » Je renonçai à poser à Albertine des questions sur sa soirée, je sentais que je lui ferais des reproches et que nous n'aurions plus le temps, vu l'heure qu'il était, de nous réconcilier suffisamment pour passer aux baisers et aux caresses. Aussi ce fut par eux que je voulais dès la première minute commencer. D'ailleurs, si j'étais un peu calmé, je ne me sentais pas heureux. La perte de toute boussole, de toute direction, qui caractérise l'attente persiste encore après l'arrivée de l'être attendu, et, substituée en nous au calme à la faveur duquel nous nous peignions sa venue comme un tel plaisir, nous empêche d'en goûter aucun. Albertine était là : mes nerfs démontés, continuant leur agitation, l'attendaient encore. « Je veux prendre un bon baiser, Albertine. – Tant que vous voudrez », me dit-elle avec toute sa bonté. Je ne l'avais jamais vue aussi jolie. « Encore un ? – Mais vous savez que ça me fait un grand, grand plaisir. – Et à moi encore mille fois plus, me répondit-elle. Oh ! le joli portefeuille que vous avez là ! – Prenez-le, je vous le donne en souvenir. – Vous êtes trop gentil... » On serait à jamais guéri du romanesque si l'on voulait, pour penser à celle qu'on aime, tâcher d'être celui qu'on sera quand on ne l'aimera plus. Le portefeuille, la bille d'agate de Gilberte, tout cela n'avait reçu jadis son importance que d'un état purement inférieur, puisque maintenant c'était pour moi un portefeuille, une bille quelconques.

Je demandai à Albertine si elle voulait boire. « Il me semble que je vois là des oranges et de l'eau, me dit-elle. Ce sera parfait. » Je pus goûter ainsi, avec ses baisers, cette fraîcheur qui me paraissait supérieure à eux chez la princesse de Guermantes. Et l'orange pressée dans l'eau semblait me livrer, au fur et à mesure que je buvais, la vie secrète de son mûrissement, son action heureuse contre certains états de ce corps humain qui appartient à un règne si différent, son impuissance à le faire vivre, mais en revanche les jeux d'arrosage par où elle pouvait lui être favorable, cent mystères dévoilés par le fruit à ma sensation, nullement à mon intelligence.

Albertine partie, je me rappelai que j'avais promis à Swann d'écrire à Gilberte et je trouvai plus gentil de le faire tout de suite. Ce fut sans émotion, et comme mettant la dernière ligne à un ennuyeux devoir de classe, que je traçai sur l'enveloppe le nom de Gilberte Swann dont je couvrais jadis mes cahiers pour me donner l'illusion de correspondre avec elle. C'est que, si, autrefois, ce nom-là, c'était moi qui l'écrivais, maintenant la tâche en avait été dévolue par l'habitude à l'un de ces nombreux secrétaires qu'elle s'adjoint. Celui-là pouvait écrire le nom de Gilberte avec d'autant plus de calme que, placé récemment chez moi par l'habitude, récemment entré à mon service, il n'avait pas connu Gilberte et savait seulement, sans mettre aucune réalité sous ces mots, parce qu'il m'avait entendu parler d'elle, que c'était une jeune fille de laquelle j'avais été amoureux.

Je ne pouvais l'accuser de sécheresse. L'être que j'étais maintenant vis-à-vis d'elle était le « témoin » le mieux choisi pour comprendre ce qu'elle-même avait été. Le portefeuille, la bille d'agate, étaient simplement redevenus pour moi à l'égard d'Albertine ce qu'ils avaient été pour Gilberte, ce qu'ils eussent été pour tout être qui n'eût pas fait jouer sur eux le reflet d'une flamme intérieure. Mais maintenant un nouveau trouble était en moi qui altérait à son tour la puissance véritable des choses et des mots. Et comme Albertine me disait, pour me remercier encore : « J'aime tant les turquoises ! » je lui répondis : « Ne laissez pas mourir celles-là », leur confiant ainsi comme à des pierres l'avenir de notre amitié qui pourtant n'était pas plus capable d'inspirer un sentiment à Albertine qu'il ne l'avait été de conserver celui qui m'unissait autrefois à Gilberte.

Il se produisit à cette époque un phénomène qui ne mérite d'être mentionné que parce qu'il se retrouve à toutes les périodes importantes de l'histoire. Au moment même où j'écrivais à Gilberte, M. de Guermantes, à peine rentré de la redoute, encore coiffé de son casque, songeait que le lendemain il serait bien forcé d'être officiellement en deuil, et décida d'avancer de huit jours la cure d'eaux qu'il devait faire. Quand il en revint trois semaines après (et pour anticiper, puisque je viens seulement de finir ma lettre à Gilberte), les amis du duc qui l'avaient vu, si indifférent au début, devenir un antidreyfusard forcené, restèrent muets de surprise en l'entendant (comme si la cure n'avait pas agi seulement sur la vessie) leur répondre : « Hé bien, le procès sera révisé et il sera acquitté ; on ne peut pas condamner un homme contre lequel il n'y a rien. Avez-vous jamais vu un gaga comme Froberville ? Un officier préparant les Français à la boucherie, pour dire la guerre ! Étrange époque ! » Or, dans l'intervalle, le duc de Guermantes avait connu aux eaux trois charmantes dames (une princesse italienne et ses deux belles-sœurs). En les entendant dire quelques mots sur les livres qu'elles lisaient, sur une pièce qu'on jouait au Casino, le duc avait tout de suite compris qu'il avait affaire à des femmes d'une intellectualité supérieure et avec lesquelles, comme il le disait, il n'était pas de force. Il n'en avait été que plus heureux d'être invité à jouer au bridge par la princesse. Mais à peine arrivé chez elle, comme il lui disait, dans la ferveur de son antidreyfusisme sans nuances : « Hé bien, on ne nous parle plus de la révision du fameux Dreyfus », sa stupéfaction avait été grande d'entendre la princesse et ses belles-sœurs dire : « On n'en a jamais été si près. On ne peut pas retenir au bagne quelqu'un qui n'a rien fait. — Ah ? Ah ? », avait d'abord balbutié le duc, comme à la découverte d'un sobriquet bizarre qui eût été en usage dans cette maison pour tourner en ridicule quelqu'un qu'il avait cru jusque-là intelligent. Mais au bout de quelques jours, comme, par lâcheté et esprit d'imitation, on crie : « Eh ! là, Jojotte », sans savoir pourquoi, à un grand artiste qu'on entend appeler ainsi, dans cette maison, le duc, encore tout gêné par la coutume nouvelle, disait cependant : « En effet, s'il n'y a rien contre lui ! » Les trois charmantes dames trouvaient qu'il n'allait pas assez vite et le rudoyaient un peu : « Mais, au fond, personne d'intelligent n'a pu croire qu'il y eût rien. » Chaque fois qu'un fait « écrasant » contre Dreyfus se produisait et que le duc, croyant que cela allait convertir les trois dames charmantes, venait le leur annoncer, elles riaient beaucoup et n'avaient pas de peine, avec une grande finesse de dialectique, à lui montrer que l'argument était sans valeur et tout à fait ridicule. Le duc était rentré à Paris dreyfusard enragé. Et certes nous ne prétendons pas que les trois dames charmantes ne fussent pas, dans ce cas-là, messagères de vérité. Mais il est à remarquer que tous les dix ans, quand on a laissé un homme rempli d'une conviction véritable, il arrive qu'un couple intelligent, ou une seule dame charmante, entrent dans sa société et qu'au bout de quelques mois on l'amène à des opinions contraires. Et sur ce point il y a beaucoup de pays qui se comportent comme l'homme sincère, beaucoup de pays qu'on a laissés remplis de haine pour un peuple et qui, six mois après, ont changé de sentiment et renversé leurs alliances.

Je ne vis plus de quelque temps Albertine, mais continuai, à défaut de Mme de Guermantes qui ne parlait plus à mon imagination, à voir d'autres fées et leurs demeures, aussi inséparables d'elles que du mollusque qui la fabriqua et s'en abrite la valve de nacre ou d'émail, ou la tourelle à créneaux de son coquillage. Je n'aurais pas su classer ces dames, la difficulté du problème étant aussi insignifiante et impossible non seulement à résoudre mais à poser. Avant la dame il fallait aborder le féerique hôtel. Or l'une recevait toujours après déjeuner, les mois d'été ; même avant d'arriver chez elle, il avait fallu faire baisser la capote du fiacre, tant tapait dur le soleil, dont le souvenir, sans que je m'en rendisse compte, allait entrer dans l'impression totale. Je croyais seulement aller au Cours-la-Reine ; en réalité, avant d'être arrivé dans la réunion dont un homme pratique se fût peut-être moqué, j'avais, comme dans un voyage à travers l'Italie, un éblouissement, des délices, dont l'hôtel ne serait plus séparé dans ma mémoire. De plus, à cause de la chaleur de la maison et de l'heure, la dame avait clos hermétiquement les volets dans les vastes salons rectangulaires du rez-de-chaussée où elle recevait. Je reconnaissais mal d'abord la maîtresse de maison et ses visiteurs, même la duchesse de Guermantes, qui de sa voix rauque me demandait de venir m'asseoir auprès d'elle, dans un fauteuil de Beauvais représentant l'Enlèvement d'Europe. Puis je distinguais sur les murs les vastes tapisseries du XVIIIe siècle représentant des vaisseaux aux mâts fleuris de roses trémières, au-dessous desquels je me trouvais comme dans le palais non de la Seine mais de Neptune, au bord du fleuve Océan, où la duchesse de Guermantes devenait comme une divinité des eaux. Je n'en finirais pas si j'énumérais tous les salons différents de celui-là. Cet exemple suffit à montrer que je faisais entrer dans mes jugements mondains des impressions poétiques que je ne faisais jamais entrer en ligne de compte au moment de faire le total, si bien que, quand je calculais les mérites d'un salon, mon addition n'était jamais juste.

Certes ces causes d'erreur étaient loin d'être les seules, mais je n'ai plus le temps, avant mon départ pour Balbec (où, pour mon malheur, je vais faire un second séjour qui sera aussi le dernier), de commencer des peintures du monde qui trouveront leur place bien plus tard. Disons seulement qu'à cette première fausse raison (ma vie relativement frivole et qui faisait supposer l'amour du monde) de ma lettre à Gilberte et du retour aux Swann qu'elle semblait indiquer, Odette aurait pu en ajouter tout aussi inexactement une seconde. Je n'ai imaginé jusqu'ici les aspects différents que le monde prend pour une même personne qu'en supposant que la même dame qui ne connaissait personne va chez tout le monde, et que telle autre qui avait une position dominante est délaissée, on est tenté d'y voir uniquement de ces hauts et bas, purement personnels, qui de temps à autre amènent dans une même société, à la suite de spéculations de bourse, une ruine retentissante ou un enrichissement inespéré. Or ce n'est pas seulement cela. Dans une certaine mesure, les manifestations mondaines – fort inférieures aux mouvements artistiques, aux crises politiques, à l'évolution qui porte le goût public vers le théâtre d'idées, puis vers la peinture impressionniste, puis vers la musique allemande et complexe, puis vers la musique russe et simple, ou vers les idées sociales, les idées de justice, la réaction religieuse, le sursaut patriotique – en sont cependant le reflet lointain, brisé, incertain, trouble, changeant. De sorte que même les salons ne peuvent être dépeints dans une immobilité statique qui a pu convenir jusqu'ici à l'étude des caractères, lesquels devront, eux aussi, être comme entraînés dans un mouvement quasi historique. Le goût de nouveauté qui porte les hommes du monde plus ou moins sincèrement avides de se renseigner sur l'évolution intellectuelle à fréquenter les milieux où ils peuvent suivre celle-ci, leur fait préférer d'habitude quelque maîtresse de maison jusque-là inédite, qui représente encore toutes fraîches les espérances de mentalité supérieure si fanées et défraîchies chez les femmes qui ont exercé depuis longtemps le pouvoir mondain, et lesquelles, comme ils en connaissent le fort et le faible, ne parlent plus à leur imagination. Et chaque époque se trouve ainsi personnifiée dans des femmes nouvelles, dans un nouveau groupe de femmes, qui, rattachées étroitement à ce qui pique à ce moment-là les curiosités les plus neuves, semblent, dans leur toilette, apparaître seulement, à ce moment-là, comme une espèce inconnue née du dernier déluge, beautés irrésistibles de chaque nouveau Consulat, de chaque nouveau Directoire. Mais très souvent la maîtresse de maison nouvelle est tout simplement comme certains hommes d'État dont c'est le premier ministère, mais qui, depuis quarante ans, frappaient à toutes les portes sans se les voir ouvrir, des femmes qui n'étaient pas connues de la société mais n'en recevaient pas moins, depuis fort longtemps, et faute de mieux, quelques « rares intimes ». Certes, ce n'est pas toujours le cas, et quand, avec l'efflorescence prodigieuse des ballets russes, révélatrice coup sur coup de Bakst, de Nijinski, de Benoist, du génie de Stravinski, la princesse Yourbeletieff, jeune marraine de tous ces grands hommes nouveaux, apparut portant sur la tête une immense aigrette tremblante inconnue des Parisiennes et qu'elles cherchèrent toutes à imiter, on put croire que cette merveilleuse créature avait été apportée dans leurs innombrables bagages, et comme leur plus précieux trésor, par les danseurs russes ; mais quand à côté d'elle, dans son avant-scène, nous verrons, à toutes les représentations des « Russes », siéger comme une véritable fée, ignorée jusqu'à ce jour de l'aristocratie, Mme Verdurin, nous pourrons répondre aux gens du monde qui crurent aisément Mme Verdurin fraîchement débarquée avec la troupe de Diaghilew, que cette dame avait déjà existé dans des temps différents, et passé par divers avatars dont celui-là ne différait qu'en ce qu'il était le premier qui amenait enfin, désormais assuré, et en marche d'un pas de plus en plus rapide, le succès si longtemps et si vainement attendu par la Patronne. Pour Mme Swann, il est vrai, la nouveauté qu'elle représentait n'avait pas le même caractère collectif. Son salon s'était cristallisé autour d'un homme, d'un mourant, qui avait presque tout d'un coup passé, aux moments où son talent s'épuisait, de l'obscurité à la grande gloire. L'engouement pour les œuvres de Bergotte était immense. Il passait toute la journée, exhibé, chez Mme Swann, qui chuchotait à un homme influent : « Je lui parlerai, il vous fera un article. » Il était, du reste, en état de le faire, et même un petit acte pour Mme Swann. Plus près de la mort, il allait un peu moins mal qu'au temps où il venait prendre des nouvelles de ma grand'mère. C'est que de grandes douleurs physiques lui avaient imposé un régime. La maladie est le plus écouté des médecins : à la bonté, au savoir on ne fait que promettre ; on obéit à la souffrance. Certes, le petit clan des Verdurin avait actuellement un intérêt autrement vivant que le salon légèrement nationaliste, plus encore littéraire, et avant tout bergottique, de Mme Swann. Le petit clan était en effet le centre actif d'une longue crise politique arrivée à son maximum d'intensité : le dreyfusisme. Mais les gens du monde étaient pour la plupart tellement antirévisionnistes, qu'un salon dreyfusien semblait quelque chose d'aussi impossible qu'à une autre époque un salon communard. La princesse de Caprarola, qui avait fait la connaissance de Mme Verdurin à propos d'une grande exposition qu'elle avait organisée, avait bien été rendre à celle-ci une longue visite, dans l'espoir de débaucher quelques éléments intéressants du petit clan et de les agréger à son propre salon, visite au cours de laquelle la princesse (jouant au petit pied la duchesse de Guermantes) avait pris la contre-partie des opinions reçues, déclaré les gens de son monde idiots, ce que Mme Verdurin avait trouvé d'un grand courage. Mais ce courage ne devait pas aller plus tard jusqu'à oser, sous le feu des regards de dames nationalistes, saluer Mme Verdurin aux courses de Balbec. Pour Mme Swann, les antidreyfusards lui savaient, au contraire, gré d'être « bien pensante », ce à quoi, mariée à un juif, elle avait un mérite double. Néanmoins les personnes qui n'étaient jamais allées chez elle s'imaginaient qu'elle recevait seulement quelques Israélites obscurs et des élèves de Bergotte. On classe ainsi des femmes, autrement qualifiées que Mme Swann, au dernier rang de l'échelle sociale, soit à cause de leurs origines, soit parce qu'elles n'aiment pas les dîners en ville et les soirées où on ne les voit jamais, ce qu'on suppose faussement dû à ce qu'elles n'auraient pas été invitées, soit parce qu'elles ne parlent jamais de leurs amitiés mondaines mais seulement de littérature et d'art, soit parce que les gens se cachent d'aller chez elles, ou que, pour ne pas faire d'impolitesse aux autres, elles se cachent de les recevoir, enfin pour mille raisons qui achèvent de faire de telle ou telle d'entre elles aux yeux de certains, la femme qu'on ne reçoit pas. Il en était ainsi pour Odette. Mme d'Épinoy, à l'occasion d'un versement qu'elle désirait pour la « Patrie française », ayant eu à aller la voir, comme elle serait entrée chez sa mercière, convaincue d'ailleurs qu'elle ne trouverait que des visages, non pas même méprisés mais inconnus, resta clouée sur la place quand la porte s'ouvrit, non sur le salon qu'elle supposait, mais sur une salle magique où, comme grâce à un changement à vue dans une féerie, elle reconnut dans des figurantes éblouissantes, à demi étendues sur des divans, assises sur des fauteuils, appelant la maîtresse de maison par son petit nom, les altesses, les duchesses qu'elle-même, la princesse d'Épinoy, avait grand'peine à attirer chez elle, et auxquelles en ce moment, sous les yeux bienveillants d'Odette, le marquis du Lau, le comte Louis de Turenne, le prince Borghèse, le duc d'Estrées, portant l'orangeade et les petits fours, servaient de panetiers et d'échansons. La princesse d'Épinoy, comme elle mettait, sans s'en rendre compte, la qualité mondaine à l'intérieur des êtres, fut obligée de désincarner Mme Swann et de la réincarner en une femme élégante. L'ignorance de la vie réelle que mènent les femmes qui ne l'exposent pas dans les journaux tend ainsi sur certaines situations (et contribue par là à diversifier les salons) un voile de mystère. Pour Odette, au commencement, quelques hommes de la plus haute société, curieux de connaître Bergotte, avaient été dîner chez elle dans l'intimité. Elle avait eu le tact, récemment acquis, de n'en pas faire étalage, ils trouvaient là, souvenir peut-être du petit noyau dont Odette avait gardé, depuis le schisme, les traditions, le couvert mis, etc. Odette les emmenait avec Bergotte, que cela achevait d'ailleurs de tuer, aux « première » intéressantes. Ils parlèrent d'elle à quelques femmes de leur monde capables de s'intéresser à tant de nouveauté. Elles étaient persuadées qu'Odette, intime de Bergotte, avait plus ou moins collaboré à ses œuvres, et la croyaient mille fois plus intelligente que les femmes les plus remarquables du faubourg, pour la même raison qu'elles mettaient tout leur espoir politique en certains républicains bon teint comme M. Doumer et M. Deschanel, tandis qu'elles voyaient la France aux abîmes si elle était confiée au personnel monarchiste qu'elles recevaient à dîner, aux Charette, aux Doudeauville, etc. Ce changement de la situation d'Odette s'accomplissait de sa part avec une discrétion qui la rendait plus sûre et plus rapide, mais ne la laissait nullement soupçonner du public enclin à s'en remettre aux chroniques du *Gaulois*, des progrès ou de la décadence d'un salon, de sorte qu'un jour, à une répétition générale d'une pièce de Bergotte donnée dans une salle des plus élégantes au bénéfice d'une œuvre de charité, ce fut un vrai coup de théâtre quand on vit dans la loge de face, qui était celle de l'auteur, venir s'asseoir à côté de Mme Swann, Mme de Marsantes et celle qui, par l'effacement progressif de la duchesse de Guermantes (rassasiée d'honneur, et s'annihilant par moindre effort), était en train de devenir la lionne, la reine du temps, la comtesse Molé. « Quand nous ne nous doutions pas même qu'elle avait commencé à monter, se dit-on d'Odette, au moment où on vit entrer la comtesse Molé dans la loge, elle a franchi le dernier échelon. »

De sorte que Mme Swann pouvait croire que c'était par snobisme que je me rapprochais de sa fille.

Odette, malgré ses brillantes amies, n'écouta pas moins la pièce avec une extrême attention, comme si elle eût été là seulement pour l'entendre, de même que jadis elle traversait le Bois par hygiène et pour faire de l'exercice. Des hommes qui étaient jadis moins empressés autour d'elle vinrent au balcon, dérangeant tout le monde, se suspendre à sa main pour approcher le cercle imposant dont elle était environnée. Elle, avec un sourire plutôt encore d'amabilité que d'ironie, répondait patiemment à leurs questions, affectant plus de calme qu'on n'aurait cru, et qui était peut-être sincère, cette exhibition n'étant que l'exhibition tardive d'une intimité habituelle et discrètement cachée. Derrière ces trois dames attirant tous les yeux était Bergotte entouré par le prince d'Agrigente, le comte Louis Turenne, et le marquis de Bréauté. Et il est aisé de comprendre que, pour des hommes qui étaient reçus partout et qui ne pouvaient plus attendre une surélévation que de recherches d'originalité, cette démonstration de leur valeur, qu'ils croyaient faire en se laissant attirer par une maîtresse de maison réputée de haute intellectualité et auprès de qui ils s'attendaient à rencontrer tous les auteurs dramatiques et tous les romanciers en vogue, était plus excitante et vivante que ces soirées chez la princesse de Guermantes, lesquelles, sans aucun programme et attrait nouveau, se succédaient depuis tant d'années, plus ou moins pareilles à celle que nous avons si longuement décrite. Dans ce grand monde-là, celui des Guermantes, d'où la curiosité se détournait un peu, les modes intellectuelles nouvelles ne s'incarnaient pas en divertissements à leur image, comme en ces bluettes de Bergotte écrites pour Mme Swann, comme en ces véritables séances de salut public (si le monde avait pu s'intéresser à l'affaire Dreyfus) où chez Mme Verdurin se réunissaient Picquart, Clemenceau, Zola, Reinach et Labori.

Gilberte servait aussi à la situation de sa mère, car un oncle de Swann venait de laisser près de quatre-vingts millions à la jeune fille, ce qui faisait que le faubourg Saint-Germain commençait à penser à elle. Le revers de la médaille était que Swann, d'ailleurs mourant, avait des opinions dreyfusistes, mais cela même ne nuisait pas à sa femme et même lui rendait service. Cela ne lui nuisait pas parce qu'on disait : « Il est gâteux, idiot, on ne s'occupe pas de lui, il n'y a que sa femme qui compte et elle est charmante. » Mais même le dreyfusisme de Swann était utile à Odette. Livrée à elle-même, elle se fût peut-être laissé aller à faire aux femmes chics des avances qui l'eussent perdue. Tandis que les soirs où elle traînait son mari dîner dans le faubourg Saint-Germain, Swann, restant farouchement dans son coin, ne se gênait pas, s'il voyait Odette se faire présenter à quelque dame nationaliste, de dire à haute voix : « Mais voyons, Odette, vous êtes folle. Je vous prie de rester tranquille. Ce serait une platitude de votre part de vous faire présenter à des antisémites. Je vous le défends. » Les gens du monde après qui chacun court ne sont habitués ni à tant de fierté ni à tant de mauvaise éducation. Pour la première fois ils voyaient quelqu'un qui se croyait « plus » qu'eux. On se racontait ces grognements de Swann, et les cartes cornées pleuvaient chez Odette. Quand celle-ci était en visite chez Mme d'Arpajon, c'était un vif et sympathique mouvement de curiosité. « Ça ne vous a pas ennuyée que je vous l'aie présentée, disait Mme d'Arpajon. Elle est très gentille. C'est Marie de Marsantes qui me l'a fait connaître. – Mais non, au contraire, il paraît qu'elle est tout ce qu'il y a de plus intelligente, elle est charmante. Je désirais au contraire la rencontrer ; dites-moi donc où elle demeure. » Mme d'Arpajon disait à Mme Swann qu'elle s'était beaucoup amusée chez elle l'avant-veille et avait lâché avec joie pour elle Mme de Saint-Euverte. Et c'était vrai, car préférer Mme Swann, c'était montrer qu'on était intelligent, comme d'aller au concert au lieu d'aller à un thé. Mais quand Mme de Saint-Euverte venait chez Mme d'Arpajon en même temps qu'Odette, comme Mme de Saint-Euverte était très snob et que Mme d'Arpajon, tout en la traitant d'assez haut, tenait à ses réceptions, Mme d'Arpajon ne présentait pas Odette pour que Mme de Saint-Euverte ne sût pas qui c'était. La marquise s'imaginait que ce devait être quelque princesse qui sortait très peu pour qu'elle ne l'eût jamais vue, prolongeait sa visite, répondait indirectement à ce que disait Odette, mais Mme d'Arpajon restait de fer. Et quand Mme de Saint-Euverte, vaincue, s'en allait : « Je ne vous ai pas présentée, disait la maîtresse de maison à Odette, parce qu'on n'aime pas beaucoup aller chez elle et elle invite énormément ; vous n'auriez pas pu vous en dépêtrer. – Oh ! cela ne fait rien », disait Odette avec un regret. Mais elle gardait l'idée qu'on n'aimait pas aller chez Mme de Saint-Euverte, ce qui, dans une certaine mesure, était vrai, et elle en concluait qu'elle avait une situation très supérieure à Mme de Saint-Euverte bien que celle-ci en eût une très grande, et Odette encore aucune.

Elle ne s'en rendait pas compte, et bien que toutes les amies de Mme de Guermantes fussent liées avec Mme d'Arpajon, quand celle-ci invitait Mme Swann, Odette disait d'un air scrupuleux : « Je vais chez Mme d'Arpajon, mais vous allez me trouver bien vieux jeu ; cela me choque, à cause de Mme de Guermantes (qu'elle ne connaissait pas du reste). Les hommes distingués pensaient que le fait que Mme Swann connût peu de gens du grand monde tenait à ce qu'elle devait être une femme supérieure, probablement une grande musicienne, et que ce serait une espèce de titre extramondain, comme pour un duc d'être docteur ès sciences, que d'aller chez elle. Les femmes complètement nulles étaient attirées vers Odette par une raison contraire ; apprenant qu'elle allait au concert Colonne et se déclarait wagnérienne, elles en concluaient que ce devait être une « farceuse », et elles étaient fort allumées par l'idée de la connaître. Mais peu assurées dans leur propre situation, elles craignaient de se compromettre en public en ayant l'air liées avec Odette, et, si dans un concert de charité elles apercevaient Mme Swann, elles détournaient la tête, jugeant impossible de saluer, sous les yeux de Mme de Rochechouart, une femme qui était bien capable d'être allée à Bayreuth – ce qui voulait dire faire les cent dix-neuf coups. Chaque personne en visite chez une autre devenait différente. Sans parler des métamorphoses merveilleuses qui s'accomplissaient ainsi chez les fées, dans le salon de Mme Swann, M. de Bréauté, soudain mis en valeur par l'absence des gens qui l'entouraient d'habitude, par l'air de satisfaction qu'il avait de se trouver là aussi bien que si, au lieu d'aller à une fête, il avait chaussé des besicles pour s'enfermer à lire la *Revue des Deux-Mondes*, par le rite mystérieux qu'il avait l'air d'accomplir en venant voir Odette, M. de Bréauté lui-même semblait un homme nouveau. J'aurais beaucoup donné pour voir quelles altérations la duchesse de Montmorency-Luxembourg aurait subies dans ce milieu nouveau. Mais elle était une des personnes à qui jamais on ne pourrait présenter Odette. Mme de Montmorency, beaucoup plus bienveillante pour Oriane que celle-ci n'était pour elle, m'étonnait beaucoup en me disant à propos de Mme de Guermantes : « Elle connaît des gens d'esprit, tout le monde l'aime, je crois que, si elle avait eu un peu plus d'esprit de suite, elle serait arrivée à se faire un salon. La vérité est qu'elle n'y tenait pas, elle a bien raison, elle est heureuse comme cela, recherchée de tous. » Si Mme de Guermantes n'avait pas un « salon », alors qu'est-ce que c'était qu'un « salon » ? La stupéfaction où me jetèrent ces paroles n'était pas plus grande que celle que je causai à Mme de Guermantes en lui disant que j'aimais bien aller chez Mme de Montmorency. Oriane la trouvait une vieille crétine. « Encore moi, disait-elle, j'y suis forcée, c'est ma tante ; mais vous ! Elle ne sait même pas attirer les gens agréables. » Mme de Guermantes ne se rendait pas compte que les gens agréables me laissaient froid, que quand elle me disait « salon Arpajon » je voyais un papillon jaune, et « salon Swann » (Mme Swann était chez elle l'hiver de 6 à 7) un papillon noir aux ailes feutrées de neige. Encore ce dernier salon, qui n'en était pas un, elle le jugeait, bien qu'inaccessible pour elle, excusable pour moi, à cause des « gens d'esprit ». Mais Mme de Luxembourg ! Si j'eusse déjà « produit » quelque chose qui eût été remarqué, elle eût conclu qu'une part de snobisme peut s'allier au talent. Et je mis le comble à sa déception ; je lui avouai que je n'allais pas chez Mme de Montmorency (comme elle croyait) pour « prendre des notes » et « faire une étude ». Mme de Guermantes ne se trompait, du reste, pas plus que les romanciers mondains qui analysent cruellement du dehors les actes d'un snob ou prétendu tel, mais ne se placent jamais à l'intérieur de celui-ci, à l'époque où fleurit dans l'imagination tout un printemps social. Moi-même, quand je voulus savoir quel si grand plaisir j'éprouvais à aller chez Mme de Montmorency, je fus un peu désappointé. Elle habitait, dans le faubourg Saint-Germain, une vieille demeure remplie de pavillons que séparaient de petits jardins. Sous la voûte, une statuette, qu'on disait de Falconet, représentait une Source d'où, du reste, une humidité perpétuelle suintait. Un peu plus loin la concierge, toujours les yeux rouges, soit chagrin, soit neurasthénie, soit migraine, soit rhume, ne vous répondait jamais, vous faisait un geste vague indiquant que la duchesse était là et laissait tomber de ses paupières quelques gouttes au-dessus d'un bol rempli de « ne m'oubliez pas ». Le plaisir que j'avais à voir la statuette, parce qu'elle me faisait penser à un petit jardinier en plâtre qu'il y avait dans un jardin de Combray, n'était rien auprès de celui que me causait le grand escalier humide et sonore, plein d'échos, comme celui de certains établissements de bains d'autrefois, aux vases remplis de cinéraires – bleu sur bleu – dans l'antichambre, et surtout le tintement de la sonnette, qui était exactement celui de la chambre d'Eulalie. Ce tintement mettait le comble à mon enthousiasme, mais me semblait trop humble pour que je le pusse expliquer à Mme de Montmorency, de sorte que cette dame me voyait toujours dans un ravissement dont elle ne devina jamais la cause.

Les intermittences du coeur

Ma seconde arrivée à Balbec fut bien différente de la première. Le directeur était venu en personne m'attendre à Pont-à-Couleuvre, répétant combien il tenait à sa clientèle titrée, ce qui me fit craindre qu'il m'anoblît jusqu'à ce que j'eusse compris que, dans l'obscurité de sa mémoire grammaticale, titrée signifiait simplement attitrée. Du reste, au fur et à mesure qu'il apprenait de nouvelles langues, il parlait plus mal les anciennes. Il m'annonça qu'il m'avait logé tout en haut de l'hôtel. « J'espère, dit-il, que vous ne verrez pas là un manque d'impolitesse, j'étais ennuyé de vous donner une chambre dont vous êtes indigne, mais je l'ai fait rapport au bruit, parce que comme cela vous n'aurez personne au-dessus de vous pour vous fatiguer le trépan (pour tympan). Soyez tranquille, je ferai fermer les fenêtres pour qu'elles ne battent pas. Là-dessus je suis intolérable », ces mots n'exprimant pas sa pensée, laquelle était qu'on le trouverait toujours inexorable à ce sujet, mais peut-être bien celle de ses valets d'étage. Les chambres étaient d'ailleurs celles du premier séjour. Elles n'étaient pas plus bas, mais j'avais monté dans l'estime du directeur. Je pourrais faire faire du feu si cela me plaisait (car sur l'ordre des médecins, j'étais parti dès Pâques), mais il craignait qu'il n'y eût des « fixures » dans le plafond. « Surtout attendez toujours pour allumer une flambée que la précédente soit consommée (pour consumée). Car l'important c'est d'éviter de ne pas mettre le feu à la cheminée, d'autant plus que, pour égayer un peu, j'ai fait placer dessus une grande postiche en vieux Chine, que cela pourrait abîmer. »

Il m'apprit avec beaucoup de tristesse la mort du bâtonnier de Cherbourg : « C'était un vieux routinier », dit-il (probablement pour roublard) et me laissa entendre que sa fin avait été avancée par une vie de déboires, ce qui signifiait de débauches. « Déjà depuis quelque temps je remarquais qu'après le dîner il s'accroupissait dans le salon (sans doute pour s'assoupissait). Les derniers temps, il était tellement changé que, si l'on n'avait pas su que c'était lui, à le voir il était à peine reconnaissant » (pour reconnaissable sans doute).

Compensation heureuse : le premier président de Caen venait de recevoir la « cravache » de commandeur de la Légion d'honneur. « Sûr et certain qu'il a des capacités, mais paraît qu'on la lui a donnée surtout à cause de sa grande « impuissance ». On revenait du reste sur cette décoration dans l'Écho de Paris de la veille, dont le directeur n'avait encore lu que « le premier paraphe » (pour paragraphe). La politique de M. Caillaux y était bien arrangée. « Je trouve du reste qu'ils ont raison, dit-il. Il nous met trop sous la coupole de l'Allemagne » (sous la coupe). Comme ce genre de sujet, traité par un hôtelier, me paraissait ennuyeux, je cessai d'écouter. Je pensais aux images qui m'avaient décidé de retourner à Balbec. Elles étaient bien différentes de celles d'autrefois, la vision que je venais chercher était aussi éclatante que la première était brumeuse ; elles ne devaient pas moins me décevoir. Les images choisies par le souvenir sont aussi arbitraires, aussi étroites, aussi insaisissables, que celles que l'imagination avait formées et la réalité détruites. Il n'y a pas de raison pour qu'en dehors de nous, un lieu réel possède plutôt les tableaux de la mémoire que ceux du rêve. Et puis, une réalité nouvelle nous fera peut-être oublier, détester même les désirs à cause desquels nous étions partis.

Ceux qui m'avaient fait partir pour Balbec tenaient en partie à ce que les Verdurin (des invitations de qui je n'avais jamais profité, et qui seraient certainement heureux de me recevoir si j'allais, à la campagne, m'excuser de n'avoir jamais pu leur faire une visite à Paris, sachant que plusieurs fidèles passeraient les vacances sur cette côte, et ayant, à cause de cela, loué pour toute la saison un des châteaux de M. de Cambremer (la Raspelière), y avaient invité Mme Putbus. Le soir où je l'avais appris (à Paris), j'envoyai, en véritable fou, notre jeune valet de pied s'informer si cette dame emmènerait à Balbec sa camériste. Il était onze heures du soir. Le concierge mit longtemps à ouvrir et, par miracle, n'envoya pas promener mon messager, ne fit pas appeler la police, se contenta de le recevoir très mal, tout en lui fournissant le renseignement désiré. Il dit qu'en effet la première femme de chambre accompagnerait sa maîtresse, d'abord aux eaux en Allemagne, puis à Biarritz, et, pour finir, chez Mme Verdurin. Dès lors j'avais été tranquille et content d'avoir ce pain sur la planche. J'avais pu me dispenser de ces poursuites dans les rues où j'étais dépourvu auprès des beautés rencontrées de cette lettre d'introduction que serait auprès du « Giorgione » d'avoir dîné le soir même, chez les Verdurin, avec sa maîtresse. D'ailleurs elle aurait peut-être meilleure idée de moi encore en sachant que je connaissais, non seulement les bourgeois locataires de la Raspelière mais ses propriétaires, et surtout Saint-Loup qui, ne pouvant me recommander à distance à la femme de chambre (celle-ci ignorant le nom de Robert), avait écrit pour moi une lettre chaleureuse aux Cambremer. Il pensait qu'en dehors de toute l'utilité dont ils me pourraient être, Mme de Cambremer la belle-fille, née Legrandin, m'intéresserait en causant avec moi. « C'est une femme intelligente, m'avait-il assuré. Elle ne te dira pas des choses définitives (les choses « définitives » avaient été substituées aux choses « sublimes » par Robert qui modifiait, tous les cinq ou six ans, quelques-unes de ses expressions favorites tout en conservant les principales), mais c'est une nature, elle a une personnalité, de l'intuition ; elle jette à propos la parole qu'il faut. De temps en temps elle est énervante, elle lance des bêtises pour « faire gratin », ce qui est d'autant plus ridicule que rien n'est moins élégant que les Cambremer, elle n'est pas toujours à la page, mais, somme toute, elle est encore dans les personnes les plus supportables à fréquenter. »

Aussitôt que la recommandation de Robert leur était parvenue, les Cambremer, soit snobisme qui leur faisait désirer d'être indirectement aimables pour Saint-Loup, soit reconnaissance de ce qu'il avait été pour un de leurs neveux à Doncières, et plus probablement surtout par bonté et traditions hospitalières, avaient écrit de longues lettres demandant que j'habitasse chez eux, et, si je préférais être plus indépendant, s'offrant à me chercher un logis. Quand Saint-Loup leur eût objecté que j'habiterais le Grand-Hôtel de Balbec, ils répondirent que, du moins, ils attendaient une visite dès mon arrivée et, si elle tardait trop, ne manqueraient pas de venir me relancer pour m'inviter à leurs garden-parties.

Sans doute rien ne rattachait d'une façon essentielle la femme de chambre de Mme Putbus au pays de Balbec ; elle n'y serait pas pour moi comme la paysanne que, seul sur la route de Méséglise, j'avais si souvent appelée en vain, de toute la force de mon désir.

Mais j'avais depuis longtemps cessé de chercher à extraire d'une femme comme la racine carrée de son inconnu, lequel ne résistait pas souvent à une simple présentation. Du moins à Balbec, où je n'étais pas allé depuis longtemps, j'aurais cet avantage, à défaut du rapport nécessaire qui n'existait pas entre le pays et cette femme, que le sentiment de la réalité n'y serait pas supprimé pour moi par l'habitude, comme à Paris où, soit dans ma propre maison, soit dans une chambre connue, le plaisir auprès d'une femme ne pouvait pas me donner un instant l'illusion, au milieu des choses quotidiennes, qu'il m'ouvrait accès à une nouvelle vie. (Car si l'habitude est une seconde nature, elle nous empêche de connaître la première, dont elle n'a ni les cruautés, ni les enchantements.) Or cette illusion, je l'aurais peut-être dans un pays nouveau où renaît la sensibilité, devant un rayon de soleil, et où justement achèverait de m'exalter la femme de chambre que je désirais : or on verra les circonstances faire non seulement que cette femme ne vint pas à Balbec, mais que je ne redoutai rien tant qu'elle y pût venir, de sorte que ce but principal de mon voyage ne fut ni atteint, ni même poursuivi. Certes Mme Putbus ne devait pas aller aussi tôt dans la saison chez les Verdurin ; mais ces plaisirs qu'on a choisis, peuvent être lointains, si leur venue est assurée, et que dans leur attente on puisse se livrer d'ici là à la paresse de chercher à plaire et à l'impuissance d'aimer. Au reste, à Balbec, je n'allais pas dans un esprit aussi pratique que la première fois ; il y a toujours moins d'égoïsme dans l'imagination pure que dans le souvenir ; et je savais que j'allais précisément me trouver dans un de ces lieux où foisonnent les belles inconnues ; une plage n'en offre pas moins qu'un bal, et je pensais d'avance aux promenades devant l'hôtel, sur la digue, avec ce même genre de plaisir que Mme de Guermantes m'aurait procuré si, au lieu de me faire inviter dans des dîners brillants, elle avait donné plus souvent mon nom pour leurs listes de cavaliers aux maîtresses de maison chez qui l'on dansait. Faire des connaissances féminines à Balbec me serait aussi facile que cela m'avait été malaisé autrefois, car j'y avais maintenant autant de relations et d'appuis que j'en étais dénué à mon premier voyage.

Je fus tiré de ma rêverie par la voix du directeur, dont je n'avais pas écouté les dissertations politiques. Changeant de sujet, il me dit la joie du premier président en apprenant mon arrivée et qu'il viendrait me voir dans ma chambre, le soir même. La pensée de cette visite m'effraya si fort (car je commençais à me sentir fatigué) que je le priai d'y mettre obstacle (ce qu'il me promit) et, pour plus de sûreté, de faire, pour le premier soir, monter la garde à mon étage par ses employés. Il ne paraissait pas les aimer beaucoup. « Je suis tout le temps obligé de courir après eux parce qu'ils manquent trop d'inertie. Si je n'étais pas là ils ne bougeraient pas. Je mettrai le liftier de planton à votre porte. » Je demandai s'il était enfin « chef des chasseurs ». « Il n'est pas encore assez vieux dans la maison, me répondit-il. Il a des camarades plus âgés que lui. Cela ferait crier. En toutes choses il faut des granulations. Je reconnais qu'il a une bonne aptitude (pour attitude) devant son ascenseur. Mais c'est encore un peu jeune pour des situations pareilles. Avec d'autres qui sont trop anciens, cela ferait contraste. Ça manque un peu de sérieux, ce qui est la qualité primitive (sans doute la qualité primordiale, la qualité la plus importante). Il faut qu'il ait un peu plus de plomb dans l'aile (mon interlocuteur voulait dire dans la tête). Du reste, il n'a qu'à se fier à moi. Je m'y connais. Avant de prendre mes galons comme directeur du Grand-Hôtel, j'ai fait mes premières armes sous M. Paillard. » Cette comparaison m'impressionna et je remerciai le directeur d'être venu lui-même jusqu'à Pont-à-Couleuvre. « Oh ! de rien. Cela ne m'a fait perdre qu'un temps infini » (pour infime). Du reste nous étions arrivés.

Bouleversement de toute ma personne. Dès la première nuit, comme je souffrais d'une crise de fatigue cardiaque, tâchant de dompter ma souffrance, je me baissai avec lenteur et prudence pour me déchausser. Mais à peine eus-je touché le premier bouton de ma bottine, ma poitrine s'enfla, remplie d'une présence inconnue, divine, des sanglots me secouèrent, des larmes ruisselèrent de mes yeux. L'être qui venait à mon secours, qui me sauvait de la sécheresse de l'âme, c'était celui qui, plusieurs années auparavant, dans un moment de détresse et de solitude identiques, dans un moment où je n'avais plus rien de moi, était entré, et qui m'avait rendu à moi-même, car il était moi et plus que moi (le contenant qui est plus que le contenu et me l'apportait). Je venais d'apercevoir, dans ma mémoire, penché sur ma fatigue, le visage tendre, préoccupé et déçu de ma grand-mère, telle qu'elle avait été ce premier soir d'arrivée, le visage de ma grand'mère, non pas de celle que je m'étais étonné et reproché de si peu regretter et qui n'avait d'elle que le nom, mais de ma grand'mère véritable dont, pour la première fois depuis les Champs-Élysées où elle avait eu son attaque, je retrouvais dans un souvenir involontaire et complet la réalité vivante. Cette réalité n'existe pas pour nous tant qu'elle n'a pas été recréée par notre pensée (sans cela les hommes qui ont été mêlés à un combat gigantesque seraient tous de grands poètes épiques) ; et ainsi, dans un désir fou de me précipiter dans ses bras, ce n'était qu'à l'instant – plus d'une année après son enterrement, à cause de cet anachronisme qui empêche si souvent le calendrier des faits de coïncider avec celui des sentiments – que je venais d'apprendre qu'elle était morte. J'avais souvent parlé d'elle depuis ce moment-là et aussi pensé à elle, mais sous mes paroles et mes pensées de jeune homme ingrat, égoïste et cruel, il n'y avait jamais rien eu qui ressemblât à ma grand'mère, parce que dans ma légèreté, mon amour du plaisir, mon accoutumance à la voir malade, je ne contenais en moi qu'à l'état virtuel le souvenir de ce qu'elle avait été. À n'importe quel moment que nous la considérions, notre âme totale n'a qu'une valeur presque fictive, malgré le nombreux bilan de ses richesses, car tantôt les unes, tantôt les autres sont indisponibles, qu'il s'agisse d'ailleurs de richesses effectives aussi bien que de celles de l'imagination, et pour moi, par exemple, tout autant que de l'ancien nom de Guermantes, de celles, combien plus graves, du souvenir vrai de ma grand'mère. Car aux troubles de la mémoire sont liées les intermittences du cœur. C'est sans doute l'existence de notre corps, semblable pour nous à un vase où notre spiritualité serait enclose, qui nous induit à supposer que tous nos biens intérieurs, nos joies passées, toutes nos douleurs sont perpétuellement en notre possession. Peut-être est-il aussi inexact de croire qu'elles s'échappent ou reviennent. En tout cas, si elles restent en nous c'est, la plupart du temps, dans un domaine inconnu où elles ne sont de nul service pour nous, et où même les plus usuelles sont refoulées par des souvenirs d'ordre différent et qui excluent toute simultanéité avec elles dans la conscience. Mais si le cadre de sensations où elles sont conservées est ressaisi, elles ont à leur tour ce même pouvoir d'expulser tout ce qui leur est incompatible, d'installer seul en nous, le moi qui les vécut. Or, comme celui que je venais subitement de redevenir n'avait pas existé depuis ce soir lointain où ma grand'mère m'avait déshabillé à mon arrivée à Balbec, ce fut tout naturellement, non pas après la journée actuelle, que ce moi ignorait, mais – comme s'il y avait dans le temps des séries différentes et parallèles – sans solution de continuité, tout de suite après le premier soir d'autrefois que j'adhérai à la minute où ma grand'mère s'était penchée vers moi. Le moi que j'étais alors, et qui avait disparu si longtemps, était de nouveau si près de moi qu'il me semblait encore entendre les paroles qui avaient immédiatement précédé et qui n'étaient pourtant plus qu'un songe, comme un homme mal éveillé croit percevoir tout près de lui les bruits de son rêve qui s'enfuit. Je n'étais plus que cet être qui cherchait à se réfugier dans les bras de sa grand'mère, à effacer les traces de ses peines en lui donnant des baisers, cet être que j'aurais eu à me figurer, quand j'étais tel ou tel de ceux qui s'étaient succédé en moi depuis quelque temps, autant de difficulté que maintenant il m'eût fallu d'efforts, stériles d'ailleurs, pour ressentir les désirs et les joies de l'un de ceux que, pour un temps du moins, je n'étais plus. Je me rappelais comme une heure avant le moment où ma grand'mère s'était penchée ainsi, dans sa robe de chambre, vers mes bottines ; errant dans la rue étouffante de chaleur, devant le pâtissier, j'avais cru que je ne pourrais jamais, dans le besoin que j'avais de l'embrasser, attendre l'heure qu'il me fallait encore passer sans elle. Et maintenant que ce même besoin renaissait, je savais que je pouvais attendre des heures après des heures, qu'elle ne serait plus jamais auprès de moi, je ne faisais que de le découvrir parce que je venais, en la sentant, pour la première fois, vivante, véritable, gonflant mon cœur à le briser, en la retrouvant enfin, d'apprendre que je l'avais perdue pour toujours. Perdue pour toujours ; je ne pouvais comprendre, et je m'exerçais à subir la souffrance de cette contradiction : d'une part, une existence, une tendresse, survivantes en moi telles que je les avais connues, c'est-à-dire faites pour moi, un amour où tout trouvait tellement en moi son complément, son but, sa constante direction, que le génie de grands hommes, tous les génies qui avaient pu exister depuis le commencement du monde n'eussent pas valu pour ma grand'mère un seul de mes défauts ; et d'autre part, aussitôt que j'avais revécu, comme présente, cette félicité, la sentir traversée par la certitude, s'élançant comme une douleur physique à répétition, d'un néant qui avait effacé mon image de cette tendresse, qui avait détruit cette existence, aboli rétrospectivement notre mutuelle prédestination, fait de ma grand'mère, au moment où je la retrouvais comme dans un miroir, une simple étrangère qu'un hasard a fait passer quelques années auprès de moi, comme cela aurait pu être auprès de tout autre, mais pour qui, avant et après, je n'étais rien, je ne serais rien.

 Au lieu des plaisirs que j'avais eus depuis quelque temps, le seul qu'il m'eût été possible de goûter en ce moment c'eût été, retouchant le passé, de diminuer les douleurs que ma grand'mère avait autrefois ressenties. Or, je ne me la rappelais pas seulement dans cette robe de chambre, vêtement approprié, au point d'en devenir presque symbolique, aux fatigues, malsaines sans doute, mais douces aussi, qu'elle prenait pour moi ; peu à peu voici que je me souvenais de toutes les occasions que j'avais saisies, en lui laissant voir, en lui exagérant au besoin mes souffrances, de lui faire une peine que je m'imaginais ensuite effacée par mes baisers, comme si ma tendresse eût été aussi capable que mon bonheur de faire le sien ; et pis que cela, moi qui ne concevais plus de bonheur maintenant qu'à en pouvoir retrouver répandu dans mon souvenir sur les pentes de ce visage modelé et incliné par la tendresse, j'avais mis autrefois une rage insensée à chercher d'en extirper jusqu'aux plus petits plaisirs, tel ce jour où Saint-Loup avait fait la photographie de grand'mère et où, ayant peine à dissimuler à celle-ci la puérilité presque ridicule de la coquetterie qu'elle mettait à poser, avec son chapeau à grands bords, dans un demi-jour seyant, je m'étais laissé aller à murmurer quelques mots impatientés et blessants, qui, je l'avais senti à une contraction de son visage, avaient porté, l'avaient atteinte ; c'était moi qu'ils déchiraient, maintenant qu'était impossible à jamais la consolation de mille baisers.

Mais jamais je ne pourrais plus effacer cette contraction de sa figure, et cette souffrance de son cœur, ou plutôt du mien ; car comme les morts n'existent plus qu'en nous, c'est nous-mêmes que nous frappons sans relâche quand nous nous obstinons à nous souvenir des coups que nous leur avons assénés. Ces douleurs, si cruelles qu'elles fussent, je m'y attachais de toutes mes forces, car je sentais bien qu'elles étaient l'effet du souvenir de ma grand'mère, la preuve que ce souvenir que j'avais était bien présent en moi. Je sentais que je ne me la rappelais vraiment que par la douleur, et j'aurais voulu que s'enfonçassent plus solidement encore en moi ces clous qui y rivaient sa mémoire. Je ne cherchais pas à rendre la souffrance plus douce, à l'embellir, à feindre que ma grand'mère ne fût qu'absente et momentanément invisible, en adressant à sa photographie (celle que Saint-Loup avait faite et que j'avais avec moi) des paroles et des prières comme à un être séparé de nous mais qui, resté individuel, nous connaît et nous reste relié par une indissoluble harmonie. Jamais je ne le fis, car je ne tenais pas seulement à souffrir, mais à respecter l'originalité de ma souffrance telle que je l'avais subie tout d'un coup sans le vouloir, et je voulais continuer à la subir, suivant ses lois à elle, à chaque fois que revenait cette contradiction si étrange de la survivance et du néant entre-croisés en moi. Cette impression douloureuse et actuellement incompréhensible, je savais non certes pas si j'en dégagerais un peu de vérité un jour, mais que si, ce peu de vérité, je pouvais jamais l'extraire, ce ne pourrait être que d'elle, si particulière, si spontanée, qui n'avait été ni tracée par mon intelligence, ni atténuée par ma pusillanimité, mais que la mort elle-même, la brusque révélation de la mort, avait, comme la foudre, creusée en moi, selon un graphique surnaturel et inhumain, un double et mystérieux sillon. (Quant à l'oubli de ma grand'mère où j'avais vécu jusqu'ici, je ne pouvais même pas songer à m'attacher à lui pour en tirer de la vérité ; puisque en lui-même il n'était rien qu'une négation, l'affaiblissement de la pensée incapable de recréer un moment réel de la vie et obligée de lui substituer des images conventionnelles et indifférentes.) Peut-être pourtant, l'instinct de conservation, l'ingéniosité de l'intelligence à nous préserver de la douleur, commençant déjà à construire sur des ruines encore fumantes, à poser les premières assises de son œuvre utile et néfaste, goûtais-je trop la douceur de me rappeler tels et tels jugements de l'être chéri, de me les rappeler comme si elle eût pu les porter encore, comme si elle existait, comme si je continuais d'exister pour elle. Mais dès que je fus arrivé à m'endormir, à cette heure, plus véridique, où mes yeux se fermèrent aux choses du dehors, le monde du sommeil (sur le seuil duquel l'intelligence et la volonté momentanément paralysées ne pouvaient plus me disputer à la cruauté de mes impressions véritables) refléta, réfracta la douloureuse synthèse de la survivance et du néant, dans la profondeur organique et devenue translucide des viscères mystérieusement éclairés. Monde du sommeil, où la connaissance interne, placée sous la dépendance des troubles de nos organes, accélère le rythme du cœur ou de la respiration, parce qu'une même dose d'effroi, de tristesse, de remords agit, avec une puissance centuplée si elle est ainsi injectée dans nos veines ; dès que, pour y parcourir les artères de la cité souterraine, nous nous sommes embarqués sur les flots noirs de notre propre sang comme sur un Léthé intérieur aux sextuples replis, de grandes figures solennelles nous apparaissent, nous abordent et nous quittent, nous laissant en larmes. Je cherchai en vain celle de ma grand'mère dès que j'eus abordé sous les porches sombres ; je savais pourtant qu'elle existait encore, mais d'une vie diminuée, aussi pâle que celle du souvenir ; l'obscurité grandissait, et le vent ; mon père n'arrivait pas qui devait me conduire à elle. Tout d'un coup la respiration me manqua, je sentis mon cœur comme durci, je venais de me rappeler que depuis de longues semaines j'avais oublié d'écrire à ma grand'mère. Que devait-elle penser de moi ? « Mon Dieu, me disais-je, comme elle doit être malheureuse dans cette petite chambre qu'on a louée pour elle, aussi petite que pour une ancienne domestique, où elle est toute seule avec la garde qu'on a placée pour la soigner et où elle ne peut pas bouger, car elle est toujours un peu paralysée et n'a pas voulu une seule fois se lever. Elle doit croire que je l'oublie depuis qu'elle est morte ; comme elle doit se sentir seule et abandonnée ! Oh ! il faut que je coure la voir, je ne peux pas attendre une minute, je ne peux pas attendre que mon père arrive ; mais où est-ce ? comment ai-je pu oublier l'adresse ? pourvu qu'elle me reconnaisse encore ! Comment ai-je pu l'oublier pendant des mois ? Il fait noir, je ne trouverai pas, le vent m'empêche d'avancer ; mais voici mon père qui se promène devant moi ; je lui crie : « Où est grand'mère ? dis-moi l'adresse. Est-elle bien ? Est-ce bien sûr qu'elle ne manque de rien ? – Mais non, me dit mon père, tu peux être tranquille. Sa garde est une personne ordonnée. On envoie de temps en temps une toute petite somme pour qu'on puisse lui acheter le peu qui lui est nécessaire. Elle demande quelquefois ce que tu es devenu. On lui a même dit que tu allais faire un livre. Elle a paru contente. Elle a essuyé une larme. » Alors je crus me rappeler qu'un peu après sa mort, ma grand'mère m'avait dit en sanglotant d'un air humble, comme une vieille servante chassée, comme une étrangère : « Tu me permettras bien de te voir quelquefois tout de même, ne me laisse pas trop d'années sans me visiter. Songe que tu as été mon petit-fils et que les grand'mères n'oublient pas. » En revoyant le visage si soumis, si malheureux, si doux qu'elle avait, je voulais courir immédiatement et lui dire ce que j'aurais dû lui répondre alors : « Mais, grand'mère, tu me verras autant que tu voudras, je n'ai que toi au monde, je ne te quitterai plus jamais. » Comme mon silence a dû la faire sangloter depuis tant de mois que je n'ai été là où elle est couchée, qu'a-t-elle pu se dire ? Et c'est en sanglotant que moi aussi je dis à mon père : « Vite, vite, son adresse, conduis-moi. » Mais lui : « C'est que... je ne sais si tu pourras la voir. Et puis, tu sais, elle est très faible, très faible, elle n'est plus elle-même, je crois que ce te sera plutôt pénible. Et je ne me rappelle pas le numéro exact de l'avenue. – Mais dis-moi, toi qui sais, ce n'est pas vrai que les morts ne vivent plus. Ce n'est pas vrai tout de même, malgré ce qu'on dit, puisque grand'mère existe encore. » Mon père sourit tristement : « Oh ! bien peu, tu sais, bien peu. Je crois que tu ferais mieux de n'y pas aller. Elle ne manque de rien. On vient tout mettre en ordre. – Mais elle est souvent seule ? – Oui, mais cela vaut mieux pour elle. Il vaut mieux qu'elle ne pense pas, cela ne pourrait que lui faire de la peine. Cela fait souvent de la peine de penser. Du reste, tu sais, elle est très éteinte. Je te laisserai l'indication précise pour que tu puisses y aller ; je ne vois pas ce que tu pourrais y faire et je ne crois pas que la garde te la laisserait voir. – Tu sais bien pourtant que je vivrai toujours près d'elle, cerfs, cerfs, Francis Jammes, fourchette. » Mais déjà j'avais retraversé le fleuve aux ténébreux méandres, j'étais remonté à la surface où s'ouvre le monde des vivants, aussi si je répétais encore : « Francis Jammes, cerfs, cerfs », la suite de ces mots ne m'offrait plus le sens limpide et la logique qu'ils exprimaient si naturellement pour moi il y a un instant encore, et que je ne pouvais plus me rappeler. Je ne comprenais plus même pourquoi le mot Aias, que m'avait dit tout à l'heure mon père, avait immédiatement signifié : « Prends garde d'avoir froid », sans aucun doute possible. J'avais oublié de fermer les volets, et sans doute le grand jour m'avait éveillé. Mais je ne pus supporter d'avoir sous les yeux ces flots de la mer que ma grand'mère pouvait autrefois contempler pendant des heures ; l'image nouvelle de leur beauté indifférente se complétait aussitôt par l'idée qu'elle ne les voyait pas ; j'aurais voulu boucher mes oreilles à leur bruit, car maintenant la plénitude lumineuse de la plage creusait un vide dans mon cœur ; tout semblait me dire comme ces allées et ces pelouses d'un jardin public où je l'avais autrefois perdue, quand j'étais tout enfant : « Nous ne l'avons pas vue », et sous la rotondité du ciel pâle et divin je me sentais oppressé comme sous une immense cloche bleuâtre fermant un horizon où ma grand'mère n'était pas. Pour ne plus rien voir, je me tournai du côté du mur, mais hélas, ce qui était contre moi c'était cette cloison qui servait jadis entre nous deux de messager matinal, cette cloison qui, aussi docile qu'un violon à rendre toutes les nuances d'un sentiment, disait si exactement à ma grand'mère ma crainte à la fois de la réveiller, et, si elle était éveillée déjà, de n'être pas entendu d'elle et qu'elle n'osât bouger, puis aussitôt, comme la réplique d'un second instrument, m'annonçant sa venue et m'invitant au calme. Je n'osais pas approcher de cette cloison plus que d'un piano où ma grand'mère aurait joué et qui vibrerait encore de son toucher. Je savais que je pourrais frapper maintenant, même plus fort, que rien ne pourrait plus la réveiller, que je n'entendrais aucune réponse, que ma grand'mère ne viendrait plus. Et je ne demandais rien de plus à Dieu, s'il existe un paradis, que d'y pouvoir frapper contre cette cloison les trois petits coups que ma grand'mère reconnaîtrait entre mille, et auxquels elle répondrait par ces autres coups qui voulaient dire : « Ne t'agite pas, petite souris, je comprends que tu es impatient, mais je vais venir », et qu'il me laissât rester avec elle toute l'éternité, qui ne serait pas trop longue pour nous deux.

    Le directeur vint me demander si je ne voulais pas descendre. À tout hasard il avait veillé à mon « placement » dans la salle à manger. Comme il ne m'avait pas vu, il avait craint que je ne fusse repris de mes étouffements d'autrefois. Il espérait que ce ne serait qu'un tout petit « maux de gorge » et m'assura avoir entendu dire qu'on les calmait à l'aide de ce qu'il appelait : le « calyptus ».

    Il me remit un petit mot d'Albertine. Elle n'avait pas dû venir à Balbec cette année, mais, ayant changé de projets, elle était depuis trois jours, non à Balbec même, mais à dix minutes par le tram, à une station voisine. Craignant que je ne fusse fatigué par le voyage, elle s'était abstenue pour le premier soir, mais me faisait demander quand je pourrais la recevoir. Je m'informai si elle était venue elle-même, non pour la voir, mais pour m'arranger à ne pas la voir. « Mais oui, me répondit le directeur. Mais elle voudrait que ce soit le plus tôt possible, à moins que vous n'ayez pas de raisons tout à fait nécessiteuses. Vous voyez, conclut-il, que tout le monde ici vous désire, en définitif. » Mais moi, je ne voulais voir personne.

    Et pourtant, la veille, à l'arrivée, je m'étais senti repris par le charme indolent de la vie de bains de mer. Le même lift, silencieux, cette fois, par respect, non par dédain, et rouge de plaisir, avait mis en marche l'ascenseur. M'élevant le long de la colonne montante, j'avais retraversé ce qui avait été autrefois pour moi le mystère d'un hôtel inconnu, où quand on arrive, touriste sans protection et sans prestige, chaque habitué qui rentre dans sa chambre, chaque jeune fille qui descend dîner, chaque bonne qui passe dans les couloirs étrangement délinéamentés, et la jeune fille venue d'Amérique avec sa dame de compagnie et qui descend dîner, jettent sur vous un regard où l'on ne lit rien de ce qu'on aurait voulu. Cette fois-ci, au contraire, j'avais éprouvé le plaisir trop reposant de faire la montée d'un hôtel connu, où je me sentais chez moi, où j'avais accompli une fois de plus cette opération toujours à recommencer, plus longue, plus difficile que le retournement de la paupière, et qui consiste à poser sur les choses l'âme qui nous est familière au lieu de la leur qui nous effrayait. Faudrait-il maintenant, m'étais-je dit, ne me doutant pas du brusque changement d'âme qui m'attendait, aller toujours dans d'autres hôtels, où je dînerais pour la première fois, où l'habitude n'aurait pas encore tué, à chaque étage, devant chaque porte, le dragon terrifiant qui semblait veiller sur une existence enchantée, où j'aurais à approcher de ces femmes inconnues que les palaces, les casinos, les plages ne font, à la façon des vastes polypiers, que réunir et faire vivre en commun ?

J'avais ressenti du plaisir même à ce que l'ennuyeux premier président fût si pressé de me voir ; je voyais, pour le premier jour, des vagues, les chaînes de montagne d'azur de la mer, ses glaciers et ses cascades, son élévation et sa majesté négligente – rien qu'à sentir, pour la première fois depuis si longtemps, en me lavant les mains, cette odeur spéciale des savons trop parfumés du Grand-Hôtel – laquelle, semblant appartenir à la fois au moment présent et au séjour passé, flottait entre eux comme le charme réel d'une vie particulière où l'on ne rentre que pour changer de cravates. Les draps du lit, trop fins, trop légers, trop vastes, impossibles à border, à faire tenir, et qui restaient soufflés autour des couvertures en volutes mouvantes, m'eussent attristé autrefois. Ils bercèrent seulement, sur la rondeur incommode et bombée de leurs voiles, le soleil glorieux et plein d'espérances du premier matin. Mais celui-ci n'eut pas le temps de paraître. Dans la nuit même l'atroce et divine présence avait ressuscité. Je priai le directeur de s'en aller, de demander que personne n'entrât. Je lui dis que je resterais couché et repoussai son offre de faire chercher chez le pharmacien l'excellente drogue. Il fut ravi de mon refus car il craignait que des clients ne fussent incommodés par l'odeur du « calyptus ». Ce qui me valut ce compliment : « Vous êtes dans le mouvement » (il voulait dire : « dans le vrai »), et cette recommandation : « Faites attention de ne pas vous salir à la porte, car, rapport aux serrures, je l'ai faite « induire » d'huile ; si un employé se permettait de frapper à votre chambre il serait « roulé » de coups. Et qu'on se le tienne pour dit car je n'aime pas les « répétitions » (évidemment cela signifiait : je n'aime pas répéter deux fois les choses). Seulement, est-ce que vous ne voulez pas pour vous remonter un peu du vin vieux dont j'ai en bas une bourrique (sans doute pour barrique) ? Je ne vous l'apporterai pas sur un plat d'argent comme la tête de Jonathan, et je vous préviens que ce n'est pas du Château-Lafite, mais c'est à peu près équivoque (pour équivalent). Et comme c'est léger, on pourrait vous faire frire une petite sole. » Je refusai le tout, mais fus surpris d'entendre le nom du poisson (la sole) être prononcé comme l'arbre le saule, par un homme qui avait dû en commander tant dans sa vie.

Malgré les promesses du directeur, on m'apporta un peu plus tard la carte cornée de la marquise de Cambremer. Venue pour me voir, la vieille dame avait fait demander si j'étais là, et quand elle avait appris que mon arrivée datait seulement de la veille, et que j'étais souffrant, elle n'avait pas insisté, et (non sans s'arrêter sans doute devant le pharmacien, ou la mercière, chez lesquels le valet de pied, sautant du siège, entrait payer quelque note ou faire des provisions) la marquise était repartie pour Féterne, dans sa vieille calèche à huit ressorts attelée de deux chevaux. Assez souvent d'ailleurs, on entendait le roulement et on admirait l'apparat de celle-ci dans les rues de Balbec et de quelques autres petites localités de la côte, situées entre Balbec et Féterne. Non pas que ces arrêts chez des fournisseurs fussent le but de ces randonnées. Il était au contraire quelque goûter, ou garden-party, chez un hobereau ou un bourgeois fort indignes de la marquise. Mais celle-ci, quoique dominant de très haut, par sa naissance et sa fortune, la petite noblesse des environs, avait, dans sa bonté et sa simplicité parfaites, tellement peur de décevoir quelqu'un qui l'avait invitée, qu'elle se rendait aux plus insignifiantes réunions mondaines du voisinage. Certes, plutôt que de faire tant de chemin pour venir entendre, dans la chaleur d'un petit salon étouffant, une chanteuse généralement sans talent et qu'en sa qualité de grande dame de la région et de musicienne renommée il lui faudrait ensuite féliciter avec exagération, Mme de Cambremer eût préféré aller se promener ou rester dans ses merveilleux jardins de Féterne au bas desquels le flot assoupi d'une petite baie vient mourir au milieu des fleurs. Mais elle savait que sa venue probable avait été annoncée par le maître de maison, que ce fût un noble ou un franc-bourgeois de Maineville-la-Teinturière ou de Chatton-court-l'Orgueilleux. Or, si Mme de Cambremer était sortie ce jour-là sans faire acte de présence à la fête, tel ou tel des invités venu d'une des petites plages qui longent la mer avait pu entendre et voir la calèche de la marquise, ce qui eût ôté l'excuse de n'avoir pu quitter Féterne. D'autre part, ces maîtres de maison avaient beau avoir vu souvent Mme de Cambremer se rendre à des concerts donnés chez des gens où ils considéraient que ce n'était pas sa place d'être, la petite diminution qui, à leurs yeux, était, de ce fait, infligée à la situation de la trop bonne marquise disparaissait aussitôt que c'était eux qui recevaient, et c'est avec fièvre qu'ils se demandaient s'ils l'auraient ou non à leur petit goûter. Quel soulagement à des inquiétudes ressenties depuis plusieurs jours, si, après le premier morceau chanté par la fille des maîtres de la maison ou par quelque amateur en villégiature, un invité annonçait (signe infaillible que la marquise allait venir à la matinée) avoir vu les chevaux de la fameuse calèche arrêtés devant l'horloger ou le droguiste. Alors Mme de Cambremer (qui, en effet, n'allait pas tarder à entrer, suivie de sa belle-fille, des invités en ce moment à demeure chez elle, et qu'elle avait demandé la permission, accordée avec quelle joie, d'amener) reprenait tout son lustre aux yeux des maîtres de maison, pour lesquels la récompense de sa venue espérée avait peut-être été la cause déterminante et inavouée de la décision qu'ils avaient prise il y a un mois : s'infliger les tracas et faire les frais de donner une matinée. Voyant la marquise présente à leur goûter, ils se rappelaient non plus sa complaisance à se rendre à ceux de voisins peu qualifiés, mais l'ancienneté de sa famille, le luxe de son château, l'impolitesse de sa belle-fille née Legrandin qui, par son arrogance, relevait la bonhomie un peu fade de la belle-mère. Déjà ils croyaient lire, au courrier mondain du *Gaulois*, l'entrefilet qu'ils cuisineraient eux-mêmes en famille, toutes portes fermées à clef, sur « le petit coin de Bretagne où l'on s'amuse ferme, la matinée ultra-select où l'on ne s'est séparé qu'après avoir fait promettre aux maîtres de maison de bientôt recommencer ». Chaque jour ils attendaient le journal, anxieux de ne pas avoir encore vu leur matinée y figurer, et craignant de n'avoir eu Mme de Cambremer que pour leurs seuls invités et non pour la multitude des lecteurs. Enfin le jour béni arrivait : « La saison est exceptionnellement brillante cette année à Balbec. La mode est aux petits concerts d'après-midi, etc... » Dieu merci, le nom de Mme de Cambremer avait été bien orthographié et « cité au hasard », mais en tête. Il ne restait plus qu'à paraître ennuyé de cette indiscrétion des journaux qui pouvait amener des brouilles avec les personnes qu'on n'avait pu inviter, et à demander hypocritement, devant Mme de Cambremer, qui avait pu avoir la perfidie d'envoyer cet écho dont la marquise bienveillante et grande dame, disait : « Je comprends que cela vous ennuie, mais pour moi je n'ai été que très heureuse qu'on me sût chez vous. »

Sur la carte qu'on me remit, Mme de Cambremer avait griffonné qu'elle donnait une matinée le surlendemain. Et certes il y a seulement deux jours, si fatigué de vie mondaine que je fusse, c'eût été un vrai plaisir pour moi que de la goûter transplantée dans ces jardins où poussaient en pleine terre, grâce à l'exposition de Féterne, les figuiers, les palmiers, les plants de rosiers, jusque dans la mer souvent d'un calme et d'un bleu méditerranéens et sur laquelle le petit yacht des propriétaires allait, avant le commencement de la fête, chercher, dans les plages de l'autre côté de la baie, les invités les plus importants, servait, avec ses vélums tendus contre le soleil, quand tout le monde était arrivé, de salle à manger pour goûter, et repartait le soir reconduire ceux qu'il avait amenés. Luxe charmant, mais si coûteux que c'était en partie afin de parer aux dépenses qu'il entraînait que Mme de Cambremer avait cherché à augmenter ses revenus de différentes façons, et notamment en louant, pour la première fois, une de ses propriétés, fort différente de Féterne : la Raspelière. Oui, il y a deux jours, combien une telle matinée, peuplée de petits nobles inconnus, dans un cadre nouveau, m'eût changé de la « haute vie » parisienne ! Mais maintenant les plaisirs n'avaient plus aucun sens pour moi. J'écrivis donc à Mme de Cambremer pour m'excuser, de même qu'une heure avant j'avais fait congédier Albertine : le chagrin avait aboli en moi la possibilité du désir aussi complètement qu'une forte fièvre coupe l'appétit... Ma mère devait arriver le lendemain. Il me semblait que j'étais moins indigne de vivre auprès d'elle, que je la comprendrais mieux, maintenant que toute une vie étrangère et dégradante avait fait place à la remontée des souvenirs déchirants qui ceignaient et ennoblissaient mon âme, comme la sienne, de leur couronne d'épines. Je le croyais ; en réalité il y a bien loin des chagrins véritables comme était celui de maman – qui vous ôtent littéralement la vie pour bien longtemps, quelquefois pour toujours, dès qu'on a perdu l'être qu'on aime – à ces autres chagrins, passagers malgré tout, comme devait être le mien, qui s'en vont vite comme ils sont venus tard, qu'on ne connaît que longtemps après l'événement parce qu'on a eu besoin pour les ressentir de les comprendre ; chagrins comme tant de gens en éprouvent, et dont celui qui était actuellement ma torture ne se différenciait que par cette modalité du souvenir involontaire.

 Quant à un chagrin aussi profond que celui de ma mère, je devais le connaître un jour, on le verra dans la suite de ce récit, mais ce n'était pas maintenant, ni ainsi que je me le figurais. Néanmoins, comme un récitant qui devrait connaître son rôle et être à sa place depuis bien longtemps mais qui est arrivé seulement à la dernière seconde et, n'ayant lu qu'une fois ce qu'il a à dire, sait dissimuler assez habilement, quand vient le moment où il doit donner la réplique, pour que personne ne puisse s'apercevoir de son retard, mon chagrin tout nouveau me permit, quand ma mère arriva, de lui parler comme s'il avait toujours été le même. Elle crut seulement que la vue de ces lieux où j'avais été avec ma grand-mère (et ce n'était d'ailleurs pas cela) l'avait réveillé. Pour la première fois alors, et parce que j'avais une douleur qui n'était rien à côté de la sienne, mais qui m'ouvrait les yeux, je me rendis compte avec épouvante de ce qu'elle pouvait souffrir. Pour la première fois je compris que ce regard fixe et sans pleurs (ce qui faisait que Françoise la plaignait peu) qu'elle avait depuis la mort de ma grand-mère était arrêté sur cette incompréhensible contradiction du souvenir et du néant. D'ailleurs, quoique toujours dans ses voiles noirs, plus habillée dans ce pays nouveau, j'étais plus frappé de la transformation qui s'était accomplie en elle. Ce n'est pas assez de dire qu'elle avait perdu toute gaîté ; fondue, figée en une sorte d'image implorante, elle semblait avoir peur d'offenser d'un mouvement trop brusque, d'un son de voix trop haut, la présence douloureuse qui ne la quittait pas. Mais surtout, dès que je la vis entrer, dans son manteau de crêpe, je m'aperçus – ce qui m'avait échappé à Paris – que ce n'était plus ma mère que j'avais sous les yeux, mais ma grand-mère. Comme dans les familles royales et ducales, à la mort du chef le fils prend son titre et, de duc d'Orléans, de prince de Tarente ou de prince des Laumes, devient roi de France, duc de la Trémoïlle, duc de Guermantes, ainsi souvent, par un avènement d'un autre ordre et de plus profonde origine, le mort saisit le vif qui devient son successeur ressemblant, le continuateur de sa vie interrompue. Peut-être le grand chagrin qui suit, chez une fille telle qu'était maman, la mort de sa mère, ne fait-il que briser plus tôt la chrysalide, hâter la métamorphose et l'apparition d'un être qu'on porte en soi et qui, sans cette crise qui fait brûler les étapes et sauter d'un seul coup des périodes, ne fût survenu que plus lentement. Peut-être dans le regret de celle qui n'est plus y a-t-il une espèce de suggestion qui finit par amener sur nos traits des similitudes que nous avions d'ailleurs en puissance, et y a-t-il surtout arrêt de notre activité plus particulièrement individuelle (chez ma mère, de son bon sens, de la gaîté moqueuse qu'elle tenait de son père), que nous ne craignions pas, tant que vivait l'être bien-aimé, d'exercer, fût-ce à ses dépens, et qui contre-balançait le caractère que nous tenions exclusivement de lui. Une fois qu'elle est morte, nous aurions scrupule à être autre, nous n'admirons plus que ce qu'elle était, ce que nous étions déjà, mais mêlé à autre chose, et ce que nous allons être désormais uniquement. C'est dans ce sens-là (et non dans celui si vague, si faux où on l'entend généralement) qu'on peut dire que la mort n'est pas inutile, que le mort continue à agir sur nous. Il agit même plus qu'un vivant parce que, la véritable réalité n'étant dégagée que par l'esprit, étant l'objet d'une opération spirituelle, nous ne connaissons vraiment que ce que nous sommes obligés de recréer par la pensée, ce que nous cache la vie de tous les jours... Enfin dans ce culte du regret pour nos morts, nous vouons une idolâtrie à ce qu'ils ont aimé. Non seulement ma mère ne pouvait se séparer du sac de ma grand'mère, devenu plus précieux que s'il eût été de saphirs et de diamants, de son manchon, de tous ces vêtements qui accentuaient encore la ressemblance d'aspect entre elles deux, mais même des volumes de Mme de Sévigné que ma grand'mère avait toujours avec elle, exemplaires que ma mère n'eût pas changés contre le manuscrit même des lettres. Elle plaisantait autrefois ma grand'mère qui ne lui écrivait jamais une fois sans citer une phrase de Mme de Sévigné ou de Mme de Beausergent. Dans chacune des trois lettres que je reçus de maman avant son arrivée à Balbec, elle me cita Mme de Sévigné comme si ces trois lettres eussent été non pas adressées par elle à moi, mais par ma grand'mère adressées à elle. Elle voulut descendre sur la digue voir cette plage dont ma grand'mère lui parlait tous les jours en lui écrivant. Tenant à la main l'« en tous cas » de sa mère, je la vis de la fenêtre s'avancer toute noire, à pas timides, pieux, sur le sable que des pieds chéris avaient foulé avant elle, et elle avait l'air d'aller à la recherche d'une morte que les flots devaient ramener. Pour ne pas la laisser dîner seule, je dus descendre avec elle. Le premier président et la veuve du bâtonnier se firent présenter à elle. Et tout ce qui avait rapport à ma grand'mère lui était si sensible qu'elle fut touchée infiniment, garda toujours le souvenir et la reconnaissance de ce que lui dit le premier président, comme elle souffrit avec indignation de ce qu'au contraire la femme du bâtonnier n'eût pas une parole de souvenir pour la morte. En réalité, le premier président ne se souciait pas plus d'elle que la femme du bâtonnier. Les paroles émues de l'un et le silence de l'autre, bien que ma mère mît entre eux une telle différence, n'étaient qu'une façon diverse d'exprimer cette indifférence que nous inspirent les morts. Mais je crois que ma mère trouva surtout de la douceur dans les paroles où, malgré moi, je laissai passer un peu de ma souffrance. Elle ne pouvait que rendre maman heureuse (malgré toute la tendresse qu'elle avait pour moi), comme tout ce qui assurait à ma grand'mère une survivance dans les cœurs. Tous les jours suivants ma mère descendit s'asseoir sur la plage, pour faire exactement ce que sa mère avait fait, et elle lisait ses deux livres préférés, les *Mémoires* de Mme de Beausergent et les *Lettres* de Mme de Sévigné. Elle, et aucun de nous, n'avait pu supporter qu'on appelât cette dernière la « spirituelle marquise », pas plus que La Fontaine « le Bonhomme ». Mais quand elle lisait dans les lettres ces mots : « ma fille », elle croyait entendre sa mère lui parler.

Elle eut la mauvaise chance, dans un de ces pèlerinages où elle ne voulait pas être troublée, de rencontrer sur la plage une dame de Combray, suivie de ses filles. Je crois que son nom était Mme Poussin. Mais nous ne l'appelions jamais entre nous que « Tu m'en diras des nouvelles », car c'est par cette phrase perpétuellement répétée qu'elle avertissait ses filles des maux qu'elles se préparaient, par exemple en disant à l'une qui se frottait les yeux : « Quand tu auras une bonne ophtalmie, tu m'en diras des nouvelles. » Elle adressa de loin à maman de longs saluts éplorés, non en signe de condoléance, mais par genre d'éducation. Elle eût fait de même si nous n'eussions pas perdu ma grand'mère et n'eussions eu que des raisons d'être heureux. Vivant assez retirée à Combray, dans un immense jardin, elle ne trouvait jamais rien assez doux et faisait subir des adoucissements aux mots et aux noms mêmes de la langue française. Elle trouvait trop dur d'appeler « cuiller » la pièce d'argenterie qui versait ses sirops, et disait en conséquence « cueiller » ; elle eût eu peur de brusquer le doux chantre de Télémaque en l'appelant rudement Fénelon – comme je faisais moi-même en connaissance de cause, ayant pour ami le plus cher l'être le plus intelligent, bon et brave, inoubliable à tous ceux qui l'ont connu, Bertrand de Fénelon – et elle ne disait jamais que « Fénélon » trouvant que l'accent aigu ajoutait quelque mollesse. Le gendre, moins doux, de cette Mme Poussin, et duquel j'ai oublié le nom, étant notaire à Combray, emporta la caisse et fit perdre à mon oncle, notamment, une assez forte somme. Mais la plupart des gens de Combray étaient si bien avec les autres membres de la famille qu'il n'en résulta aucun froid et qu'on se contenta de plaindre Mme Poussin. Elle ne recevait pas, mais chaque fois qu'on passait devant sa grille on s'arrêtait à admirer ses admirables ombrages, sans pouvoir distinguer autre chose. Elle ne nous gêna guère à Balbec où je ne la rencontrai qu'une fois, à un moment où elle disait à sa fille en train de se ronger les ongles : « Quand tu auras un bon panaris, tu m'en diras des nouvelles. »

Pendant que maman lisait sur la plage, je restais seul dans ma chambre. Je me rappelais les derniers temps de la vie de ma grand'mère et tout ce qui se rapportait à eux, la porte de l'escalier qui était maintenue ouverte quand nous étions sortis pour sa dernière promenade. En contraste avec tout cela, le reste du monde semblait à peine réel et ma souffrance l'empoisonnait tout entier. Enfin ma mère exigea que je sortisse. Mais, à chaque pas, quelque aspect oublié du Casino, de la rue où en l'attendant, le premier soir, j'étais allé jusqu'au monument de Duguay-Trouin, m'empêchait, comme un vent contre lequel on ne peut lutter, d'aller plus avant ; je baissais les yeux pour ne pas voir. Et après avoir repris quelque force, je revenais vers l'hôtel, vers l'hôtel où je savais qu'il était désormais impossible que, si longtemps dussé-je attendre, je retrouvasse ma grand'mère, que j'avais retrouvée autrefois, le premier soir d'arrivée. Comme c'était la première fois que je sortais, beaucoup de domestiques que je n'avais pas encore vus me regardèrent curieusement. Sur le seuil même de l'hôtel, un jeune chasseur ôta sa casquette pour me saluer et la remit prestement. Je crus qu'Aimé lui avait, selon son expression, « passé la consigne » d'avoir des égards pour moi. Mais je vis au même moment que, pour une autre personne qui rentrait, il l'enleva de nouveau. La vérité était que, dans la vie, ce jeune homme ne savait qu'ôter et remettre sa casquette, et le faisait parfaitement bien. Ayant compris qu'il était incapable d'autre chose et qu'il excellait dans celle-là, il l'accomplissait le plus grand nombre de fois qu'il pouvait par jour, ce qui lui valait de la part des clients une sympathie discrète mais générale, une grande sympathie aussi de la part du concierge à qui revenait la tâche d'engager les chasseurs et qui, jusqu'à cet oiseau rare, n'avait pas pu en trouver un qui ne se fît renvoyer en moins de huit jours, au grand étonnement d'Aimé qui disait : « Pourtant, dans ce métier-là, on ne leur demande guère que d'être poli, ça ne devrait pas être si difficile. » Le directeur tenait aussi à ce qu'ils eussent ce qu'il appelait une belle « présence », voulant dire qu'ils restassent là, ou plutôt ayant mal retenu le mot prestance. L'aspect de la pelouse qui s'étendait derrière l'hôtel avait été modifié par la création de quelques plates-bandes fleuries et l'enlèvement non seulement d'un arbuste exotique, mais du chasseur qui, la première année, décorait extérieurement l'entrée par la tige souple de sa taille et la coloration curieuse de sa chevelure. Il avait suivi une comtesse polonaise qui l'avait pris comme secrétaire, imitant en cela ses deux aînés et sa sœur dactylographe, arrachés à l'hôtel par des personnalités de pays et de sexe divers, qui s'étaient éprises de leur charme. Seul demeurait leur cadet, dont personne ne voulait parce qu'il louchait. Il était fort heureux quand la comtesse polonaise et les protecteurs des deux autres venaient passer quelque temps à l'hôtel de Balbec. Car, malgré qu'il enviât ses frères, il les aimait et pouvait ainsi, pendant quelques semaines, cultiver des sentiments de famille. L'abbesse de Fontevrault n'avait-elle pas l'habitude, quittant pour cela ses moinesses, de venir partager l'hospitalité qu'offrait Louis XIV à cette autre Mortemart, sa maîtresse, Mme de Montespan ? Pour lui, c'était la première année qu'il était à Balbec ; il ne me connaissait pas encore, mais ayant entendu ses camarades plus anciens faire suivre, quand ils me parlaient, le mot de Monsieur de mon nom, il les imita dès la première fois avec l'air de satisfaction, soit de manifester son instruction relativement à une personnalité qu'il jugeait connue, soit de se conformer à un usage qu'il ignorait il y a cinq minutes, mais auquel il lui semblait qu'il était indispensable de ne pas manquer. Je comprenais très bien le charme que ce grand palace pouvait offrir à certaines personnes. Il était dressé comme un théâtre, et une nombreuse figuration l'animait jusque dans les plinthes. Bien que le client ne fût qu'une sorte de spectateur, il était mêlé perpétuellement au spectacle, non même comme dans ces théâtres où les acteurs jouent une scène dans la salle, mais comme si la vie du spectateur se déroulait au milieu des somptuosités de la scène. Le joueur de tennis pouvait rentrer en veston de flanelle blanche, le concierge s'était mis en habit bleu galonné d'argent pour lui donner ses lettres. Si ce joueur de tennis ne voulait pas monter à pied, il n'était pas moins mêlé aux acteurs en ayant à côté de lui pour faire monter l'ascenseur le lift aussi richement costumé. Les couloirs des étages dérobaient une fuite de caméristes et de couturières, belles sur la mer et jusqu'aux petites chambres desquelles les amateurs de la beauté féminine ancillaire arrivaient par de savants détours. En bas, c'était l'élément masculin qui dominait et faisait de cet hôtel, à cause de l'extrême et oisive jeunesse des serviteurs, comme une sorte de tragédie judéo-chrétienne ayant pris corps et perpétuellement représentée. Aussi ne pouvais-je m'empêcher de me dire à moi-même, en les voyant, non certes les vers de Racine qui m'étaient venus à l'esprit chez la princesse de Guermantes tandis que M. de Vaugoubert regardait de jeunes secrétaires d'ambassade saluant M. de Charlus, mais d'autres vers de Racine, cette fois-ci non plus d'*Esther*, mais d'*Athalie* ; car dès le hall, ce qu'au XVII° siècle on appelait les Portiques, « un peuple florissant » de jeunes chasseurs se tenait, surtout à l'heure du goûter, comme les jeunes Israélites des chœurs de Racine. Mais je ne crois pas qu'un seul eût pu fournir même la vague réponse que Joas trouve pour Athalie quand celle-ci demande au prince enfant : « Quel est donc votre emploi ? » car ils n'en avaient aucun. Tout au plus, si l'on avait demandé à n'importe lequel d'entre eux, comme la nouvelle Reine : « Mais tout ce peuple enfermé dans ce lieu, à quoi s'occupe-t-il ? », aurait-il pu dire : « Je vois l'ordre pompeux de ces cérémonies et j'y contribue. » Parfois un des jeunes figurants allait vers quelque personnage plus important, puis cette jeune beauté rentrait dans le chœur, et, à moins que ce ne fût l'instant d'une détente contemplative, tous entrelaçaient leurs évolutions inutiles, respectueuses, décoratives et quotidiennes. Car, sauf leur « jour de sortie », « loin du monde élevés » et ne franchissant pas le parvis, ils menaient la même existence ecclésiastique que les lévites dans *Athalie*, et devant cette « troupe jeune et fidèle » jouant aux pieds des degrés couverts de tapis magnifiques, je pouvais me demander si je pénétrais dans le grand hôtel de Balbec ou dans le temple de Salomon.

 Je remontais directement à ma chambre. Mes pensées étaient habituellement attachées aux derniers jours de la maladie de ma grand'mère, à ces souffrances que je revivais, en les accroissant de cet élément, plus difficile encore à supporter que la souffrance même des autres et auxquelles il est ajouté par notre cruelle pitié ; quand nous croyons seulement recréer les douleurs d'un être cher, notre pitié les exagère ; mais peut-être est-ce elle qui est dans le vrai, plus que la conscience qu'ont de ces douleurs ceux qui les souffrent, et auxquels est cachée cette tristesse de leur vie, que la pitié, elle, voit, dont elle se désespère. Toutefois ma pitié eût dans un élan nouveau dépassé les souffrances de ma grand'mère si j'avais su alors ce que j'ignorai longtemps, que ma grand'mère, la veille de sa mort, dans un moment de conscience et s'assurant que je n'étais pas là, avait pris la main de maman et, après y avoir collé ses lèvres fiévreuses, lui avait dit : « Adieu, ma fille, adieu pour toujours. » Et c'est peut-être aussi ce souvenir-là que ma mère n'a plus jamais cessé de regarder si fixement. Puis les doux souvenirs me revenaient. Elle était ma grand'mère et j'étais son petit-fils. Les expressions de son visage semblaient écrites dans une langue qui n'était que pour moi ; elle était tout dans ma vie, les autres n'existaient que relativement à elle, au jugement qu'elle me donnerait sur eux ; mais non, nos rapports ont été trop fugitifs pour n'avoir pas été accidentels. Elle ne me connaît plus, je ne la reverrai jamais. Nous n'avions pas été créés uniquement l'un pour l'autre, c'était une étrangère. Cette étrangère, j'étais en train d'en regarder la photographie par Saint-Loup. Maman, qui avait rencontré Albertine, avait insisté pour que je la visse, à cause des choses gentilles qu'elle lui avait dites sur grand'mère et sur moi. Je lui avais donc donné rendez-vous. Je prévins le directeur pour qu'il la fît attendre au salon. Il me dit qu'il la connaissait depuis bien longtemps, elle et ses amies, bien avant qu'elles eussent atteint « l'âge de la pureté », mais qu'il leur en voulait de choses qu'elles avaient dites de l'hôtel. Il faut qu'elles ne soient pas bien « illustrées » pour causer ainsi. À moins qu'on ne les ait calomniées. Je compris aisément que pureté était dit pour « puberté ». En attendant l'heure d'aller retrouver Albertine, je tenais mes yeux fixés, comme sur un dessin qu'on finit par ne plus voir à force de l'avoir regardé, sur la photographie que Saint-Loup avait faite, quand tout d'un coup, je pensai de nouveau : « C'est grand'mère, je suis son petit-fils », comme un amnésique retrouve son nom, comme un malade change de personnalité. Françoise entra me dire qu'Albertine était là, et voyant la photographie : « Pauvre Madame, c'est bien elle, jusqu'à son bouton de beauté sur la joue ; ce jour que le marquis l'a photographiée, elle avait été bien malade, elle s'était deux fois trouvée mal. « Surtout, Françoise, qu'elle m'avait dit, il ne faut pas que mon petit-fils le sache. » Et elle le cachait bien, elle était toujours gaie en société. Seule, par exemple, je trouvais qu'elle avait l'air par moments d'avoir l'esprit un peu monotone. Mais ça passait vite. Et puis elle me dit comme ça : « Si jamais il m'arrivait quelque chose, il faudrait qu'il ait un portrait de moi. Je n'en ai jamais fait faire un seul. » Alors elle m'envoya dire à M. le marquis, en lui recommandant de ne pas raconter à Monsieur que c'était elle qui l'avait demandé, s'il ne pourrait pas lui tirer sa photographie. Mais quand je suis revenue lui dire que oui, elle ne voulait plus parce qu'elle se trouvait trop mauvaise figure. « C'est pire encore, qu'elle me dit, que pas de photographie du tout. » Mais comme elle n'était pas bête, elle finit pas s'arranger si bien, en mettant un grand chapeau rabattu, qu'il n'y paraissait plus quand elle n'était pas au grand jour. Elle en était bien contente de sa photographie, parce qu'en ce moment-là elle ne croyait pas qu'elle reviendrait de Balbec. J'avais beau lui dire : « Madame, il ne faut pas causer comme ça, j'aime pas entendre Madame causer comme ça », c'était dans son idée. Et dame, il y avait plusieurs jours qu'elle ne pouvait pas manger. C'est pour cela qu'elle poussait Monsieur à aller dîner très loin avec M. le marquis. Alors au lieu d'aller à table elle faisait semblant de lire et, dès que la voiture du marquis était partie, elle montait se coucher. Des jours elle voulait prévenir Madame d'arriver pour la voir encore. Et puis elle avait peur de la surprendre, comme elle ne lui avait rien dit. « Il vaut mieux qu'elle reste avec son mari, voyez-vous Françoise. » Françoise, me regardant, me demanda tout à coup si je me « sentais indisposé ». Je lui dis que non ; et elle : « Et puis vous me ficelez là à causer avec vous. Votre visite est peut-être déjà arrivée. Il faut que je descende. Ce n'est pas une personne pour ici. Et avec une allant vite comme elle, elle pourrait être repartie. Elle n'aime pas attendre. Ah ! maintenant, Mademoiselle Albertine, c'est quelqu'un. – Vous vous trompez, Françoise, elle est assez bien, trop bien pour ici. Mais allez la prévenir que je ne pourrai pas la voir aujourd'hui. »

Quelles déclamations apitoyées j'aurais éveillées en Françoise si elle m'avait vu pleurer. Soigneusement je me cachai. Sans cela j'aurais eu sa sympathie. Mais je lui donnai la mienne. Nous ne nous mettons pas assez dans le cœur de ces pauvres femmes de chambre qui ne peuvent pas nous voir pleurer, comme si pleurer nous faisait mal ; ou peut-être leur faisait mal, Françoise m'ayant dit quand j'étais petit : « Ne pleurez pas comme cela, je n'aime pas vous voir pleurer comme cela. » Nous n'aimons pas les grandes phrases, les attestations, nous avons tort, nous fermons ainsi notre cœur au pathétique des campagnes, à la légende que la pauvre servante, renvoyée, peut-être injustement, pour vol, toute pâle, devenue subitement plus humble comme si c'était un crime d'être accusée, déroule en invoquant l'honnêteté de son père, les principes de sa mère, les conseils de l'aïeule. Certes ces mêmes domestiques qui ne peuvent supporter nos larmes nous feront prendre sans scrupule une fluxion de poitrine parce que la femme de chambre d'au-dessous aime les courants d'air et que ce ne serait pas poli de les supprimer. Car il faut que ceux-là mêmes qui ont raison, comme Françoise, aient tort aussi, pour faire de la Justice une chose impossible. Même les humbles plaisirs des servantes provoquent ou le refus ou la raillerie de leurs maîtres. Car c'est toujours un rien, mais niaisement sentimental, anti-hygiénique. Aussi peuvent-elles dire : « Comment, moi qui ne demande que cela dans l'année, on ne me l'accorde pas. » Et pourtant les maîtres accorderont beaucoup plus, qui ne fût pas stupide et dangereux pour elles – ou pour eux. Certes, à l'humilité de la pauvre femme de chambre, tremblante, prête à avouer ce qu'elle n'a pas commis, disant « je partirai ce soir s'il le faut », on ne peut pas résister. Mais il faut savoir aussi ne pas rester insensibles, malgré la banalité solennelle et menaçante des choses qu'elle dit, son héritage maternel et la dignité du « clos », devant une vieille cuisinière drapée dans une vie et une ascendance d'honneur, tenant le balai comme un sceptre, poussant son rôle au tragique, l'entrecoupant de pleurs, se redressant avec majesté. Ce jour-là je me rappelai ou j'imaginai de telles scènes, je les rapportai à notre vieille servante, et, depuis lors, malgré tout le mal qu'elle put faire à Albertine, j'aimai Françoise d'une affection, intermittente il est vrai, mais du genre le plus fort, celui qui a pour base la pitié.

 Certes, je souffris toute la journée en restant devant la photographie de ma grand'mère. Elle me torturait. Moins pourtant que ne fit le soir la visite du directeur. Comme je lui parlais de ma grand'mère et qu'il me renouvelait ses condoléances, je l'entendis me dire (car il aimait employer les mots qu'il prononçait mal) : « C'est comme le jour où Madame votre grand'mère avait eu cette symecope, je voulais vous en avertir, parce qu'à cause de la clientèle, n'est-ce pas, cela aurait pu faire du tort à la maison. Il aurait mieux valu qu'elle parte le soir même. Mais elle me supplia de ne rien dire et me promit qu'elle n'aurait plus de symecope, ou qu'à la première elle partirait. Le chef de l'étage m'a pourtant rendu compte qu'elle en a eu une autre. Mais, dame, vous étiez de vieux clients qu'on cherchait à contenter, et du moment que personne ne s'est plaint. » Ainsi ma grand'mère avait des syncopes et me les avait cachées. Peut-être au moment où j'étais le moins gentil pour elle, où elle était obligée, tout en souffrant, de faire attention à être de bonne humeur pour ne pas m'irriter et à paraître bien portante pour ne pas être mise à la porte de l'hôtel. « Simecope » c'est un mot que, prononcé ainsi, je n'aurais jamais imaginé, qui m'aurait peut-être, s'appliquant à d'autres, paru ridicule, mais qui dans son étrange nouveauté sonore, pareille à celle d'une dissonance originale, resta longtemps ce qui était capable d'éveiller en moi les sensations les plus douloureuses.

 Le lendemain j'allai, à la demande de maman, m'étendre un peu sur le sable, ou plutôt dans les dunes, là où on est caché par leurs replis, et où je savais qu'Albertine et ses amies ne pourraient pas me trouver. Mes paupières, abaissées, ne laissaient passer qu'une seule lumière, toute rose, celle des parois intérieures des yeux. Puis elles se fermèrent tout à fait. Alors ma grand'mère m'apparut assise dans un fauteuil. Si faible, elle avait l'air de vivre moins qu'une autre personne. Pourtant je l'entendais respirer ; parfois un signe montrait qu'elle avait compris ce que nous disions, mon père et moi. Mais j'avais beau l'embrasser, je ne pouvais pas arriver à éveiller un regard d'affection dans ses yeux, un peu de couleur sur ses joues. Absente d'elle-même, elle avait l'air de ne pas m'aimer, de ne pas me connaître, peut-être de ne pas me voir. Je ne pouvais deviner le secret de son indifférence, de son abattement, de son mécontentement silencieux. J'entraînai mon père à l'écart. « Tu vois tout de même, lui dis-je, il n'y a pas à dire, elle a saisi exactement chaque chose. C'est l'illusion complète de la vie. Si on pouvait faire venir ton cousin qui prétend que les morts ne vivent pas ! Voilà plus d'un an qu'elle est morte et, en somme, elle vit toujours. Mais pourquoi ne veut-elle pas m'embrasser ? – Regarde, sa pauvre tête retombe. – Mais elle voudrait aller aux Champs-Élysées tantôt. – C'est de la folie ! – Vraiment, tu crois que cela pourrait lui faire mal, qu'elle pourrait mourir davantage ? Il n'est pas possible qu'elle ne m'aime plus. J'aurai beau l'embrasser, est-ce qu'elle ne me sourira plus jamais ? – Que veux-tu, les morts sont les morts. »

Quelques jours plus tard la photographie qu'avait faite Saint-Loup m'était douce à regarder ; elle ne réveillait pas le souvenir de ce que m'avait dit Françoise parce qu'il ne m'avait plus quitté et je m'habituais à lui. Mais, en regard de l'idée que je me faisais de son état si grave, si douloureux ce jour-là, la photographie, profitant encore des ruses qu'avait eues ma grand'mère et qui réussissaient à me tromper même depuis qu'elles m'avaient été dévoilées, me la montrait si élégante, si insouciante, sous le chapeau qui cachait un peu son visage, que je la voyais moins malheureuse et mieux portante que je ne l'avais imaginée. Et pourtant ses joues, ayant à son insu une expression à elles, quelque chose de plombé, de hagard, comme le regard d'une bête qui se sentirait déjà choisie et désignée, ma grand'mère avait un air de condamnée à mort, un air involontairement sombre, inconsciemment tragique, qui m'échappait mais qui empêchait maman de regarder jamais cette photographie, cette photographie qui lui paraissait, moins une photographie de sa mère que de la maladie de celle-ci, d'une insulte que cette maladie faisait au visage brutalement souffleté de grand'mère.

Puis un jour, je me décidai à faire dire à Albertine que je la recevrais prochainement. C'est qu'un matin de grande chaleur prématurée, les mille cris des enfants qui jouaient, des baigneurs plaisantant, des marchands de journaux, m'avaient décrit en traits de feu, en flammèches entrelacées, la plage ardente que les petites vagues venaient une à une arroser de leur fraîcheur ; alors avait commencé le concert symphonique mêlé au clapotement de l'eau, dans lequel les violons vibraient comme un essaim d'abeilles égaré sur la mer. Aussitôt j'avais désiré de réentendre le rire d'Albertine, de revoir ses amies, ces jeunes filles se détachant sur les flots, et restées dans mon souvenir le charme inséparable, la flore caractéristique de Balbec ; et j'avais résolu d'envoyer par Françoise un mot à Albertine, pour la semaine prochaine, tandis que, montant doucement, la mer, à chaque déferlement de lame, recouvrait complètement de coulées de cristal la mélodie dont les phrases apparaissaient séparées les unes des autres, comme ces anges luthiers qui, au faîte de la cathédrale italienne, s'élèvent entre les crêtes de porphyre bleu et de jaspe écumant. Mais le jour où Albertine vint, le temps s'était de nouveau gâté et rafraîchi, et d'ailleurs je n'eus pas l'occasion d'entendre son rire ; elle était de fort mauvaise humeur. « Balbec est assommant cette année, me dit-elle. Je tâcherai de ne pas rester longtemps. Vous savez que je suis ici depuis Pâques, cela fait plus d'un mois. Il n'y a personne. Si vous croyez que c'est folichon. » Malgré la pluie récente et le ciel changeant à toute minute, après avoir accompagné Albertine jusqu'à Egreville, car Albertine faisait, selon son expression, la « navette » entre cette petite plage, où était la villa de Mme Bontemps, et Incarville où elle avait été « prise en pension » par les parents de Rosemonde, je partis me promener seul vers cette grande route que prenait la voiture de Mme de Villeparisis quand nous allions nous promener avec ma grand'mère ; des flaques d'eau, que le soleil qui brillait n'avait pas séchées, faisaient du sol un vrai marécage, et je pensais à ma grand'mère qui jadis ne pouvait marcher deux pas sans se crotter. Mais, dès que je fus arrivé à la route, ce fut un éblouissement. Là où je n'avais vu, avec ma grand'mère, au mois d'août, que les feuilles et comme l'emplacement des pommiers, à perte de vue ils étaient en pleine floraison, d'un luxe inouï, les pieds dans la boue et en toilette de bal, ne prenant pas de précautions pour ne pas gâter le plus merveilleux satin rose qu'on eût jamais vu et que faisait briller le soleil ; l'horizon lointain de la mer fournissait aux pommiers comme un arrière-plan d'estampe japonaise ; si je levais la tête pour regarder le ciel entre les fleurs, qui faisaient paraître son bleu rasséréné, presque violent, elles semblaient s'écarter pour montrer la profondeur de ce paradis. Sous cet azur, une brise légère mais froide faisait trembler légèrement les bouquets rougissants. Des mésanges bleues venaient se poser sur les branches et sautaient entre les fleurs, indulgentes, comme si c'eût été un amateur d'exotisme et de couleurs qui avait artificiellement créé cette beauté vivante. Mais elle touchait jusqu'aux larmes parce que, si loin qu'on allât dans ses effets d'art raffiné, on sentait qu'elle était naturelle, que ces pommiers étaient là en pleine campagne comme des paysans, sur une grande route de France. Puis aux rayons du soleil succédèrent subitement ceux de la pluie ; ils zébrèrent tout l'horizon, enserrèrent la file des pommiers dans leur réseau gris. Mais ceux-ci continuaient à dresser leur beauté, fleurie et rose, dans le vent devenu glacial sous l'averse qui tombait : c'était une journée de printemps.

Chapitre deuxième

Les mystères d'Albertine. – Les jeunes filles qu'elle voit dans la glace. – La dame inconnue. – Le liftier. – Madame de Cambremer. – Les plaisirs de M. Nissim Bernard. – Première esquisse du caractère étrange de Morel. – M. de Charlus dîne chez les Verdurin.

Dans ma crainte que le plaisir trouvé dans cette promenade solitaire n'affaiblît en moi le souvenir de ma grand'mère, je cherchais à le raviver en pensant à telle grande souffrance morale qu'elle avait eue ; à mon appel cette souffrance essayait de se construire dans mon cœur, elle y élançait ses piliers immenses ; mais mon cœur, sans doute, était trop petit pour elle, je n'avais la force de porter une douleur si grande, mon attention se dérobait au moment où elle se reformait tout entière, et ses arches s'effondraient avant de s'être rejointes, comme avant d'avoir parfait leur voûte s'écroulent les vagues. Cependant, rien que par mes rêves quand j'étais endormi, j'aurais pu apprendre que mon chagrin de la mort de ma grand'mère diminuait, car elle y apparaissait moins opprimée par l'idée que je me faisais de son néant. Je la voyais toujours malade, mais en voie de se rétablir, je la trouvais mieux. Et si elle faisait allusion à ce qu'elle avait souffert, je lui fermais la bouche avec mes baisers et je l'assurais qu'elle était maintenant guérie pour toujours. J'aurais voulu faire constater aux sceptiques que la mort est vraiment une maladie dont on revient. Seulement je ne trouvais plus chez ma grand'mère la riche spontanéité d'autrefois. Ses paroles n'étaient qu'une réponse affaiblie, docile, presque un simple écho de mes paroles ; elle n'était plus que le reflet de ma propre pensée.

Incapable comme je l'étais encore d'éprouver à nouveau un désir physique, Albertine recommençait cependant à m'inspirer comme un désir de bonheur. Certains rêves de tendresse partagée, toujours flottants en nous, s'allient volontiers, par une sorte d'affinité, au souvenir (à condition que celui-ci soit déjà devenu un peu vague) d'une femme avec qui nous avons eu du plaisir. Ce sentiment me rappelait des aspects du visage d'Albertine, plus doux, moins gais, assez différents de ceux que m'eût évoqués le désir physique ; et comme il était aussi moins pressant que ne l'était ce dernier, j'en eusse volontiers ajourné la réalisation à l'hiver suivant sans chercher à revoir Albertine à Balbec avant son départ. Mais, même au milieu d'un chagrin encore vif, le désir physique renaît. De mon lit où on me faisait rester longtemps tous les jours à me reposer, je souhaitais qu'Albertine vînt recommencer nos jeux d'autrefois. Ne voit-on pas, dans la chambre même où ils ont perdu un enfant, des époux, bientôt de nouveau entrelacés, donner un frère au petit mort ? J'essayais de me distraire de ce désir en allant jusqu'à la fenêtre regarder la mer de ce jour-là. Comme la première année, les mers, d'un jour à l'autre, étaient rarement les mêmes. Mais d'ailleurs elles ne ressemblaient guère à celles de cette première année, soit parce que maintenant c'était le printemps avec ses orages, soit parce que, même si j'étais venu à la même date que la première fois, des temps différents, plus changeants, auraient pu déconseiller cette côte à certaines mers indolentes, vaporeuses et fragiles que j'avais vues pendant des jours ardents dormir sur la plage en soulevant imperceptiblement leur sein bleuâtre, d'une molle palpitation, soit surtout parce que mes yeux, instruits par Elstir à retenir précisément les éléments que j'écartais volontairement jadis, contemplaient longuement ce que la première année ils ne savaient pas voir. Cette opposition qui alors me frappait tant entre les promenades agrestes que je faisais avec Mme de Villeparisis et ce voisinage fluide, inaccessible et mythologique, de l'Océan éternel n'existait plus pour moi. Et certains jours la mer me semblait, au contraire, maintenant presque rurale elle-même. Les jours, assez rares, de vrai beau temps, la chaleur avait tracé sur les eaux, comme à travers champs, une route poussiéreuse et blanche derrière laquelle la fine pointe d'un bateau de pêche dépassait comme un clocher villageois. Un remorqueur, dont on ne voyait que la cheminée, fumait au loin comme une usine écartée, tandis que seul à l'horizon un carré blanc et bombé, peint sans doute par une voile, mais qui semblait compact et comme calcaire, faisait penser à l'angle ensoleillé de quelque bâtiment isolé, hôpital ou école. Et les nuages et le vent, les jours où il s'en ajoutait au soleil, parachevaient sinon l'erreur du jugement, du moins l'illusion du premier regard, la suggestion qu'il éveille dans l'imagination. Car l'alternance d'espaces de couleurs nettement tranchées, comme celles qui résultent, dans la campagne, de la contiguïté de cultures différentes, les inégalités âpres, jaunes, et comme boueuses de la surface marine, les levées, les talus qui dérobaient à la vue une barque où une équipe d'agiles matelots semblait moissonner, tout cela, par les jours orageux, faisait de l'océan quelque chose d'aussi varié, d'aussi consistant, d'aussi accidenté, d'aussi populeux, d'aussi civilisé que la terre carrossable sur laquelle j'allais autrefois et ne devais pas tarder à faire des promenades. Et une fois, ne pouvant plus résister à mon désir, au lieu de me recoucher, je m'habillai et partis chercher Albertine à Incarville. Je lui demanderais de m'accompagner jusqu'à Douville où j'irais faire à Féterne une visite à Mme de Cambremer, et à la Raspelière une visite à Mme Verdurin. Albertine m'attendrait pendant ce temps-là sur la plage et nous reviendrions ensemble dans la nuit. J'allai prendre le petit chemin de fer d'intérêt local dont j'avais, par Albertine et ses amies, appris autrefois tous les surnoms dans la région, où on l'appelait tantôt le *Tortillard* à cause de ses innombrables détours, le *Tacot* parce qu'il n'avançait pas, le *Transatlantique* à cause d'une effroyable sirène qu'il possédait pour que se garassent les passants, le *Decauville* et le *Funi*, bien que ce ne fût nullement un funiculaire mais parce qu'il grimpait sur la falaise, ni même à proprement parler un Decauville mais parce qu'il avait une voie de 60, le B. A. G. parce qu'il allait de Balbec à Grallevast en passant par Angerville, le Tram et le T. S. N. parce qu'il faisait partie de la ligne des tramways du Sud de la Normandie. Je m'installai dans un wagon où j'étais seul ; il faisait un soleil splendide, on étouffait ; je baissai le store bleu qui ne laissa passer qu'une raie de soleil. Mais aussitôt je vis ma grand'mère, telle qu'elle était assise dans le train à notre départ de Paris à Balbec, quand, dans la souffrance de me voir prendre de la bière, elle avait préféré ne pas regarder, fermer les yeux et faire semblant de dormir. Moi qui ne pouvais supporter autrefois la souffrance qu'elle avait quand mon grand-père prenait du cognac, je lui avais infligé celle, non pas même seulement de me voir prendre, sur l'invitation d'un autre, une boisson qu'elle croyait funeste pour moi, mais je l'avais forcée à me laisser libre de m'en gorger à ma guise ; bien plus, par mes colères, mes crises d'étouffement, je l'avais forcée à m'y aider, à me le conseiller, dans une résignation suprême dont j'avais devant ma mémoire l'image muette, désespérée, aux yeux clos pour ne pas voir. Un tel souvenir, comme un coup de baguette, m'avait de nouveau rendu l'âme que j'étais en train de perdre depuis quelque temps ; qu'est-ce que j'aurais pu faire de Rosemonde quand mes lèvres tout entières étaient parcourues seulement par le désir désespéré d'embrasser une morte ? qu'aurais-je pu dire aux Cambremer et aux Verdurin quand mon cœur battait si fort parce que s'y reformait à tout moment la douleur que ma grand'mère avait soufferte ? Je ne pus rester dans ce wagon. Dès que le train s'arrêta à Maineville-la-Teinturière, renonçant à mes projets, je descendis, je rejoignis la falaise et j'en suivis les chemins sinueux. Maineville avait acquis depuis quelque temps une importance considérable et une réputation particulière, parce qu'un directeur de nombreux casinos, marchand de bien-être, avait fait construire non loin de là, avec un luxe de mauvais goût capable de rivaliser avec celui d'un palace, un établissement, sur lequel nous reviendrons, et qui était, à franc parler, la première maison publique pour gens chics qu'on eût eu l'idée de construire sur les côtes de France. C'était la seule. Chaque port a bien la sienne, mais bonne seulement pour les marins et pour les amateurs de pittoresque que cela amuse de voir, tout près de l'église immémoriale, la patronne presque aussi vieille, vénérable et moussue, se tenir devant sa porte mal famée en attendant le retour des bateaux de pêche.

M'écartant de l'éblouissante maison de « plaisir », insolemment dressée là malgré les protestations des familles inutilement adressées au maire, je rejoignis la falaise et j'en suivis les chemins sinueux dans la direction de Balbec. J'entendis sans y répondre l'appel des aubépines. Voisines moins cossues des fleurs de pommiers, elles les trouvaient bien lourdes, tout en reconnaissant le teint frais qu'ont les filles, aux pétales rosés, de ces gros fabricants de cidre.

Elles savaient que, moins richement dotées, on les recherchait cependant davantage et qu'il leur suffisait, pour plaire, d'une blancheur chiffonnée.

Quand je rentrai, le concierge de l'hôtel me remit une lettre de deuil où faisaient part le marquis et la marquise de Gonneville, le vicomte et la vicomtesse d'Amfreville, le comte et la comtesse de Berneville, le marquis et la marquise de Graincourt, le comte d'Amenoncourt, la comtesse de Maineville, le comte et la comtesse de Franquetot, la comtesse de Chaverny née d'Aigleville, et de laquelle je compris enfin pourquoi elle m'était envoyée quand je reconnus les noms de la marquise de Cambremer née du Mesnil La Guichard, du marquis et de la marquise de Cambremer, et que je vis que la morte, une cousine des Cambremer, s'appelait Éléonore-Euphrasie-Humbertine de Cambremer, comtesse de Criquetot. Dans toute l'étendue de cette famille provinciale, dont le dénombrement remplissait des lignes fines et serrées, pas un bourgeois, et d'ailleurs pas un titre connu, mais tout le ban et l'arrière-ban des nobles de la région qui faisaient chanter leurs noms – ceux de tous les lieux intéressants du pays – aux joyeuses finales en *ville*, en *court*, parfois plus sourdes (en *tot*). Habillés des tuiles de leur château ou du crépi de leur église, la tête branlant dépassant à peine la voûte ou le corps de logis, et seulement pour se coiffer du lanternon normand ou des colombages du toit en poivrière, ils avaient l'air d'avoir sonné le rassemblement de tous les jolis villages échelonnés ou dispersés à cinquante lieues à la ronde et de les avoir disposés en formation serrée, sans une lacune, sans un intrus, dans le damier compact et rectangulaire de l'aristocratique lettre bordée de noir.

Ma mère était remontée dans sa chambre, méditant cette phrase de M*me* de Sévigné : « Je ne vois aucun de ceux qui veulent me divertir de vous ; en paroles couvertes c'est qu'ils veulent m'empêcher de penser à vous et cela m'offense », parce que le premier président lui avait dit qu'elle devrait se distraire. À moi il chuchota : « C'est la princesse de Parme. » Ma peur se dissipa en voyant que la femme que me montrait le magistrat n'avait aucun rapport avec Son Altesse Royale. Mais comme elle avait fait retenir une chambre pour passer la nuit en revenant de chez M*me* de Luxembourg, la nouvelle eut pour effet sur beaucoup de leur faire prendre toute nouvelle dame arrivée pour la princesse de Parme – et pour moi, de me faire monter m'enfermer dans mon grenier.

Je n'aurais pas voulu y rester seul. Il était à peine quatre heures. Je demandai à Françoise d'aller chercher Albertine pour qu'elle vînt passer la fin de l'après-midi avec moi.

Je crois que je mentirais en disant que commença déjà la douloureuse et perpétuelle méfiance que devait m'inspirer Albertine, à plus forte raison le caractère particulier, surtout gomorrhéen, que devait revêtir cette méfiance. Certes, dès ce jour-là – mais ce n'était pas le premier – mon attente fut un peu anxieuse. Françoise, une fois partie, resta si longtemps que je commençai à désespérer. Je n'avais pas allumé de lampe. Il ne faisait plus guère jour. Le vent faisait claquer le drapeau du Casino. Et, plus débile encore dans le silence de la grève, sur laquelle la mer montait, et comme une voix qui aurait traduit et accru le vague énervant de cette heure inquiète et fausse, un petit orgue de Barbarie arrêté devant l'hôtel jouait des valses viennoises. Enfin Françoise arriva, mais seule. « Je suis été aussi vite que j'ai pu mais elle ne voulait pas venir à cause qu'elle ne se trouvait pas assez coiffée. Si elle n'est pas restée une heure d'horloge à se pommader, elle n'est pas restée cinq minutes. Ça va être une vraie parfumerie ici. Elle vient, elle est restée en arrière pour s'arranger devant la glace. Je croyais la trouver là. » Le temps fut long encore avant qu'Albertine arrivât. Mais la gaieté, la gentillesse qu'elle eut cette fois dissipèrent ma tristesse. Elle m'annonça (contrairement à ce qu'elle avait dit l'autre jour) qu'elle resterait la saison entière, et me demanda si nous ne pourrions pas, comme la première année, nous voir tous les jours. Je lui dis qu'en ce moment j'étais trop triste et que je la ferais plutôt chercher de temps en temps, au dernier moment, comme à Paris. « Si jamais vous vous sentez de la peine ou que le cœur vous en dise, n'hésitez pas, me dit-elle, faites-moi chercher, je viendrai en vitesse, et si vous ne craignez pas que cela fasse scandale dans l'hôtel, je resterai aussi longtemps que vous voudrez. » Françoise avait, en la ramenant, eu l'air heureuse comme chaque fois qu'elle avait pris une peine pour moi et avait réussi à me faire plaisir. Mais Albertine elle-même n'était pour rien dans cette joie et, dès le lendemain, Françoise devait me dire ces paroles profondes : « Monsieur ne devrait pas voir cette demoiselle. Je vois bien le genre de caractère qu'elle a, elle vous fera des chagrins. » En reconduisant Albertine, je vis, par la salle à manger éclairée, la princesse de Parme. Je ne fis que la regarder en m'arrangeant à n'être pas vu. Mais j'avoue que je trouvai une certaine grandeur dans la royale politesse qui m'avait fait sourire chez les Guermantes. C'est un principe que les souverains sont partout chez eux, et le protocole le traduit en usages morts et sans valeur, comme celui qui veut que le maître de la maison tienne à la main son chapeau, dans sa propre demeure, pour montrer qu'il n'est plus chez lui mais chez le Prince. Or cette idée, la princesse de Parme ne se la formulait peut-être pas, mais elle en était tellement imbue que tous ses actes, spontanément inventés pour les circonstances, la traduisaient. Quand elle se leva de table elle remit un gros pourboire à Aimé comme s'il avait été là uniquement pour elle et si elle récompensait, en quittant un château, un maître d'hôtel affecté à son service. Elle ne se contenta d'ailleurs pas du pourboire, mais avec un gracieux sourire lui adressa quelques paroles aimables et flatteuses, dont sa mère l'avait munie. Un peu plus, elle lui aurait dit qu'autant l'hôtel était bien tenu, autant était florissante la Normandie, et qu'à tous les pays du monde elle préférait la France. Une autre pièce glissa des mains de la princesse pour le sommelier qu'elle avait fait appeler et à qui elle tint à exprimer sa satisfaction comme un général qui vient de passer une revue. Le lift était, à ce moment, venu lui donner une réponse ; il eut aussi un mot, un sourire et un pourboire, tout cela mêlé de paroles encourageantes et humbles destinées à leur prouver qu'elle n'était pas plus que l'un d'eux. Comme Aimé, le sommelier, le lift et les autres crurent qu'il serait impoli de ne pas sourire jusqu'aux oreilles à une personne qui leur souriait, elle fut bientôt entourée d'un groupe de domestiques avec qui elle causa bienveillamment ; ces façons étant inaccoutumées dans les palaces, les personnes qui passaient sur la place, ignorant son nom, crurent qu'ils voyaient une habituée de Balbec, qui, à cause d'une extraction médiocre ou dans un intérêt professionnel (c'était peut-être la femme d'un placier en Champagne), était moins différente de la domesticité que les clients vraiment chics. Pour moi je pensai au palais de Parme, aux conseils moitié religieux, moitié politiques donnés à cette princesse, laquelle agissait avec le peuple comme si elle avait dû se le concilier pour régner un jour, bien plus, comme si elle régnait déjà.

Je remontais dans ma chambre, mais je n'y étais pas seul. J'entendais quelqu'un jouer avec moelleux des morceaux de Schumann. Certes il arrive que les gens, même ceux que nous aimons le mieux, se saturent de la tristesse ou de l'agacement qui émane de nous. Il y a pourtant quelque chose qui est capable d'un pouvoir d'exaspérer où n'atteindra jamais une personne : c'est un piano.

Albertine m'avait fait prendre en note les dates où elle devait s'absenter et aller chez des amies pour quelques jours, et m'avait fait inscrire aussi leur adresse pour si j'avais besoin d'elle un de ces soirs-là, car aucune n'habitait bien loin. Cela fit que, pour la trouver, de jeune fille en jeune fille, se nouèrent tout naturellement autour d'elle des liens de fleurs. J'ose avouer que beaucoup de ses amies – je ne l'aimais pas encore – me donnèrent, sur une plage ou une autre, des instants de plaisir. Ces jeunes camarades bienveillantes ne me semblaient pas très nombreuses. Mais dernièrement j'y ai repensé, leurs noms me sont revenus. Je comptai que, dans cette seule saison, douze me donnèrent leurs frêles faveurs. Un nom me revint ensuite, ce qui fit treize. J'eus alors comme une cruauté enfantine de rester sur ce nombre. Hélas, je songeais que j'avais oublié la première, Albertine qui n'était plus et qui fit la quatorzième.

J'avais, pour reprendre le fil du récit, inscrit les noms et les adresses des jeunes filles chez qui je la trouverais tel jour où elle ne serait pas à Incarville, mais de ces jours-là j'avais pensé que je profiterais plutôt pour aller chez M*me* Verdurin. D'ailleurs nos désirs pour différentes femmes n'ont pas toujours la même force. Tel soir nous ne pouvons nous passer d'une qui, après cela, pendant un mois ou deux, ne nous troublera guère. Et puis les causes d'alternance, que ce n'est pas le lieu d'étudier ici, après les grandes fatigues charnelles, font que la femme dont l'image hante notre sénilité momentanée est une femme qu'on ne ferait presque que baiser sur le front. Quant à Albertine, je la voyais rarement, et seulement les soirs, fort espacés, où je ne pouvais me passer d'elle. Si un tel désir me saisissait quand elle était trop loin de Balbec pour que Françoise pût aller jusque-là, j'envoyais le lift à Egreville, à la Sogne, à Saint-Frichoux, en lui demandant de terminer son travail un peu plus tôt. Il entrait dans ma chambre, mais en laissait la porte ouverte car, bien qu'il fît avec conscience son « boulot », lequel était fort dur, consistant, dès cinq heures du matin, en nombreux nettoyages, il ne pouvait se résoudre à l'effort de fermer une porte et, si on lui faisait remarquer qu'elle était ouverte, il revenait en arrière et, aboutissant à son maximum d'effort, la poussait légèrement. Avec l'orgueil démocratique qui le caractérisait et auquel n'atteignent pas dans les carrières libérales les membres de professions un peu nombreuses, avocats, médecins, hommes de lettres appelant seulement un autre avocat, homme de lettres ou médecin : « Mon confrère », lui, usant avec raison d'un terme réservé aux corps restreints, comme les académies par exemple, il me disait, en parlant d'un chasseur qui était lift un jour sur deux : « Je vais voir à me faire remplacer par mon collègue. » Cet orgueil ne l'empêchait pas, dans le but d'améliorer ce qu'il appelait son traitement, d'accepter pour ses courses des rémunérations, qui l'avaient fait prendre en horreur à Françoise : « Oui, la première fois qu'on le voit on lui donnerait le bon Dieu sans confession, mais il y a des jours où il est poli comme une porte de prison. Tout ça c'est des tire-sous. » Cette catégorie où elle avait si souvent fait figurer Eulalie et où, hélas, pour tous les malheurs que cela devait un jour amener, elle rangeait déjà Albertine, parce qu'elle me voyait souvent demander à maman, pour mon amie peu fortunée, de menus objets, des colifichets, ce que Françoise trouvait inexcusable, parce que Mme Bontemps n'avait qu'une bonne à tout faire. Bien vite, le lift, ayant retiré ce que j'eusse appelé sa livrée et ce qu'il nommait sa tunique, apparaissait en chapeau de paille, avec une canne, soignant sa démarche et le corps redressé, car sa mère lui avait recommandé de ne jamais prendre le genre « ouvrier » ou « chasseur ». De même que, grâce aux livres, la science l'est à un ouvrier qui n'est plus ouvrier quand il a fini son travail, de même, grâce au canotier et à la paire de gants, l'élégance devenait accessible au lift qui, ayant cessé, pour la soirée, de faire monter les clients, se croyait, comme un jeune chirurgien qui a retiré sa blouse, ou le maréchal des logis Saint-Loup sans uniforme, devenu un parfait homme du monde. Il n'était pas d'ailleurs sans ambition, ni talent non plus pour manipuler sa cage et ne pas vous arrêter entre deux étages. Mais son langage était défectueux. Je croyais à son ambition parce qu'il disait en parlant du concierge, duquel il dépendait : « Mon concierge », sur le même ton qu'un homme possédant à Paris ce que le chasseur eût appelé « un hôtel particulier » eût parlé de son portier. Quant au langage du liftier, il est curieux que quelqu'un qui entendait cinquante fois par jour un client appeler : « Ascenseur », ne dît jamais lui-même qu'« accenseur ». Certaines choses étaient extrêmement agaçantes chez ce liftier : quoi que je lui eusse dit il m'interrompait par une locution « Vous pensez ! » ou « Pensez ! » qui semblait signifier ou bien que ma remarque était d'une telle évidence que tout le monde l'eût trouvée, ou bien reporter sur lui le mérite comme si c'était lui qui attirait mon attention là-dessus. « Vous pensez ! » ou « Pensez ! », exclamé avec la plus grande énergie, revenait toutes les deux minutes dans sa bouche, pour des choses dont il ne se fût jamais avisé, ce qui m'irritait tant que je me mettais aussitôt à dire le contraire pour lui montrer qu'il n'y comprenait rien. Mais à ma seconde assertion, bien qu'elle fût inconciliable avec la première, il ne répondait pas moins : « Vous pensez ! », comme si ces mots étaient inévitables. Je lui pardonnais difficilement aussi qu'il employât certains termes de son métier, et qui eussent, à cause de cela, été parfaitement convenables au propre, seulement dans le sens figuré, ce qui leur donnait une intention spirituelle assez bébête, par exemple le verbe pédaler. Jamais il n'en usait quand il avait fait une course à bicyclette. Mais si, à pied, il s'était dépêché pour être à l'heure, pour signifier qu'il avait marché vite il disait : « Vous pensez si on a pédalé ! » Le liftier était plutôt petit, mal bâti et assez laid. Cela n'empêchait pas que chaque fois qu'on lui parlait d'un jeune homme de taille haute, élancée et fine, il disait : « Ah ! oui, je sais, un qui est juste de ma grandeur. » Et un jour que j'attendais une réponse de lui, comme on avait monté l'escalier, au bruit des pas j'avais par impatience ouvert la porte de ma chambre et j'avais vu un chasseur beau comme Endymion, les traits incroyablement parfaits, qui venait pour une dame que je ne connaissais pas. Quand le liftier était rentré, en lui disant avec quelle impatience j'avais attendu sa réponse, je lui avais raconté que j'avais cru qu'il montait mais que c'était un chasseur de l'hôtel de Normandie. « Ah ! oui, je sais lequel, me dit-il, il n'y en a qu'un, un garçon de ma taille. Comme figure aussi il me ressemble tellement qu'on pourrait nous prendre l'un pour l'autre, on dirait tout à fait mon frangin. » Enfin il voulait paraître avoir tout compris dès la première seconde, ce qui faisait que, dès qu'on lui recommandait quelque chose, il disait : « Oui, oui, oui, oui, oui, je comprends très bien », avec une netteté et un ton intelligent qui me firent quelque temps illusion ; mais les personnes, au fur et à mesure qu'on les connaît, sont comme un métal plongé dans un mélange altérant, et on les voit peu à peu perdre leurs qualités (comme parfois leurs défauts). Avant de lui faire mes recommandations, je vis qu'il avait laissé la porte ouverte ; je le lui fis remarquer, j'avais peur qu'on ne nous entendît ; il condescendit à mon désir et revint ayant diminué l'ouverture. « C'est pour vous faire plaisir. Mais il n'y a plus personne à l'étage que nous deux. » Aussitôt j'entendis passer une, puis deux, puis trois personnes. Cela m'agaçait à cause de l'indiscrétion possible, mais surtout parce que je voyais que cela ne l'étonnait nullement et que c'était un va-et-vient normal. « Oui, c'est la femme de chambre d'à côté qui va chercher ses affaires. Oh ! c'est sans importance, c'est le sommelier qui remonte ses clefs. Non, non, ce n'est rien, vous pouvez parler, c'est mon collègue qui va prendre son service. » Et comme les raisons que tous les gens avaient de passer ne diminuaient pas mon ennui qu'ils pussent m'entendre, sur mon ordre formel, il alla, non pas fermer la porte, ce qui était au-dessus des forces de ce cycliste qui désirait une « moto », mais la pousser un peu plus. « Comme ça nous sommes bien tranquilles. » Nous l'étions tellement qu'une Américaine entra et se retira en s'excusant de s'être trompée de chambre. « Vous allez me ramener cette jeune fille, lui dis-je, après avoir fait claquer moi-même la porte de toutes mes forces (ce qui amena un autre chasseur s'assurer qu'il n'y avait pas de fenêtre ouverte). Vous vous rappelez bien : Mlle Albertine Simonet. Du reste, c'est sur l'enveloppe. Vous n'avez qu'à lui dire que cela vient de moi. Elle viendra très volontiers, ajoutai-je pour l'encourager et ne pas trop m'humilier. – Vous pensez ! – Mais non, au contraire, ce n'est pas du tout naturel qu'elle vienne volontiers. C'est très incommode de venir de Berneville ici. – Je comprends ! – Vous lui direz de venir avec vous. – Oui, oui, oui, oui, je comprends très bien, répondait-il de ce ton précis et fin qui depuis longtemps avait cessé de me faire « bonne impression » parce que je savais qu'il était presque mécanique et recouvrait sous sa netteté apparente beaucoup de vague et de bêtise. – À quelle heure serez-vous revenu ? – J'ai pas pour bien longtemps, disait le lift qui, poussant à l'extrême la règle édictée par Bélise d'éviter la récidive du pas avec le ne, se contentait toujours d'une seule négative. Je peux très bien y aller. Justement les sorties ont été supprimées ce tantôt parce qu'il y avait un salon de 20 couverts pour le déjeuner. Et c'était mon tour de sortir le tantôt. C'est bien juste si je sors un peu ce soir. Je prends n'avec moi mon vélo. Comme cela je ferai vite. » Et une heure après il arrivait en me disant : « Monsieur a bien attendu, mais cette demoiselle vient n'avec moi. Elle est en bas. – Ah ! merci, le concierge ne sera pas fâché contre moi ? – Monsieur Paul ? Il sait seulement pas où je suis été. Même le chef de la porte n'a rien à dire. » Mais une fois où je lui avais dit : « Il faut absolument que vous la rameniez », il me dit en souriant : « Vous savez que je ne l'ai pas trouvée. Elle n'est pas là. Et j'ai pas pu rester plus longtemps ; j'avais peur d'être comme mon collègue qui a été envoyé de l'hôtel (car le lift qui disait rentrer pour une profession où on entre pour la première fois, « je voudrais bien rentrer dans les postes », pour compensation, ou pour adoucir la chose s'il s'était agi de lui, ou l'insinuer plus douceureusement et perfidement s'il s'agissait d'un autre supprimait l'r et disait : « Je sais qu'il a été envoyé »). Ce n'était pas par méchanceté qu'il souriait, mais à cause de sa timidité. Il croyait diminuer l'importance de sa faute en la prenant en plaisanterie. De même s'il m'avait dit : « Vous savez que je ne l'ai pas trouvée », ce n'est pas qu'il crût qu'en effet je le susse déjà. Au contraire il ne doutait pas que je l'ignorasse, et surtout il s'en effrayait. Aussi disait-il « vous le savez » pour s'éviter à lui-même les affres qu'il traverserait en prononçant les phrases destinées à me l'apprendre. On ne devrait jamais se mettre en colère contre ceux qui, pris en faute par nous, se mettent à ricaner. Ils le font non parce qu'ils se moquent, mais tremblent que nous puissions être mécontents. Témoignons une grande pitié, montrons une grande douceur à ceux qui rient. Pareil à une véritable attaque, le trouble du lift avait amené chez lui non seulement une rougeur apoplectique mais une altération du langage, devenu soudain familier. Il finit par m'expliquer qu'Albertine n'était pas à Egreville, qu'elle devait revenir seulement à 9 heures et que, si des fois, ce qui voulait dire par hasard, elle rentrait plus tôt, on lui ferait la commission, et qu'elle serait en tout cas chez moi avant une heure du matin.

    Ce ne fut pas ce soir-là encore, d'ailleurs, que commença à prendre consistance ma cruelle méfiance. Non, pour le dire tout de suite, et bien que le fait ait eu lieu seulement quelques semaines après, elle naquit d'une remarque de Cottard. Albertine et ses amies avaient voulu ce jour-là m'entraîner au casino d'Incarville et, pour ma chance, je ne les y eusse pas rejointes (voulant aller faire une visite à M*me* Verdurin qui m'avait invité plusieurs fois), si je n'eusse été arrêté à Incarville même par une panne de tram qui allait demander un certain temps de réparation. Marchant de long en large en attendant qu'elle fût finie, je me trouvai tout à coup face à face avec le docteur Cottard venu à Incarville en consultation. J'hésitai presque à lui dire bonjour comme il n'avait répondu à aucune de mes lettres. Mais l'amabilité ne se manifeste pas chez tout le monde de la même façon. N'ayant pas été astreint par l'éducation aux mêmes règles fixes de savoir-vivre que les gens du monde, Cottard était plein de bonnes intentions qu'on ignorait, qu'on niait, jusqu'au jour où il avait l'occasion de les manifester. Il s'excusa, avait bien reçu mes lettres, avait signalé ma présence aux Verdurin, qui avaient grande envie de me voir et chez qui il me conseillait d'aller. Il voulait même m'y emmener le soir même, car il allait reprendre le petit chemin de fer d'intérêt local pour y aller dîner. Comme j'hésitais et qu'il avait encore un peu de temps pour son train, la panne devant être assez longue, je le fis entrer dans le petit Casino, un de ceux qui m'avaient paru si tristes le soir de ma première arrivée, maintenant plein du tumulte des jeunes filles qui, faute de cavaliers, dansaient ensemble. Andrée vint à moi en faisant des glissades, je comptais repartir dans un instant avec Cottard chez les Verdurin, quand je refusai définitivement son offre, pris d'un désir trop vif de rester avec Albertine. C'est que je venais de l'entendre rire. Et ce rire évoquait aussi les roses carnations, les parois parfumées contre lesquelles il semblait qu'il vînt de se frotter et dont, âcre, sensuel et révélateur comme une odeur de géranium, il semblait transporter avec lui quelques particules presque pondérables, irritantes et secrètes.

    Une des jeunes filles que je ne connaissais pas se mit au piano, et Andrée demanda à Albertine de valser avec elle. Heureux, dans ce petit Casino, de penser que j'allais rester avec ces jeunes filles, je fis remarquer à Cottard comme elles dansaient bien. Mais lui, du point de vue spécial du médecin, et avec une mauvaise éducation qui ne tenait pas compte de ce que je connaissais ces jeunes filles, à qui il avait pourtant dû me voir dire bonjour, me répondit : « Oui, mais les parents sont bien imprudents qui laissent leurs filles prendre de pareilles habitudes. Je ne permettrais certainement pas aux miennes de venir ici. Sont-elles jolies au moins ? Je ne distingue pas leurs traits. Tenez, regardez, ajouta-t-il en me montrant Albertine et Andrée qui valsaient lentement, serrées l'une contre l'autre, j'ai oublié mon lorgnon et je ne vois pas bien, mais elles sont certainement au comble de la jouissance. On ne sait pas assez que c'est surtout par les seins que les femmes l'éprouvent. Et, voyez, les leurs se touchent complètement. » En effet, le contact n'avait pas cessé entre ceux d'Andrée et ceux d'Albertine. Je ne sais si elles entendirent ou devinèrent la réflexion de Cottard, mais elles se détachèrent légèrement l'une de l'autre tout en continuant à valser. Andrée dit à ce moment un mot à Albertine et celle-ci rit du même rire pénétrant et profond que j'avais entendu tout à l'heure. Mais le trouble qu'il m'apporta cette fois ne me fut plus que cruel ; Albertine avait l'air d'y montrer, de faire constater à Andrée quelque frémissement voluptueux et secret. Il sonnait comme les premiers ou les derniers accords d'une fête inconnue. Je repartis avec Cottard, distrait en causant avec lui, ne pensant que par instants à la scène que je venais de voir. Ce n'était pas que la conversation de Cottard fût intéressante. Elle était même en ce moment devenue aigre car nous venions d'apercevoir le docteur du Boulbon, qui ne nous vit pas. Il était venu passer quelque temps de l'autre côté de la baie de Balbec, où on le consultait beaucoup. Or, quoique Cottard eût l'habitude de déclarer qu'il ne faisait pas de médecine en vacances, il avait espéré se faire, sur cette côte, une clientèle de choix, à quoi du Boulbon se trouvait mettre obstacle. Certes le médecin de Balbec ne pouvait gêner Cottard. C'était seulement un médecin très consciencieux, qui savait tout et à qui on ne pouvait parler de la moindre démangeaison sans qu'il vous indiquât aussitôt, dans une formule complexe, la pommade, lotion ou liniment qui convenait. Comme disait Marie Gineste dans son joli langage, il savait « charmer » les blessures et les plaies. Mais il n'avait pas d'illustration. Il avait bien causé un petit ennui à Cottard. Celui-ci, depuis qu'il voulait troquer sa chaire contre celle de thérapeutique, s'était fait une spécialité des intoxications. Les intoxications, périlleuse innovation de la médecine, servant à renouveler les étiquettes des pharmaciens dont tout produit est déclaré nullement toxique, au rebours des drogues similaires, et même désintoxiquant. C'est la réclame à la mode ; à peine s'il survit en bas, en lettres illisibles, comme une faible trace d'une mode précédente, l'assurance que le produit a été soigneusement antiseptisé. Les intoxications servent aussi à rassurer le malade, qui apprend avec joie que sa paralysie n'est qu'un malaise toxique. Or un grand-duc étant venu passer quelques jours à Balbec et ayant un œil extrêmement enflé avait fait venir Cottard lequel, en échange de quelques billets de cent francs (le professeur ne se dérangeait pas à moins), avait imputé comme cause à l'inflammation un état toxique et prescrit un régime désintoxiquant. L'œil ne désenflant pas, le grand-duc se rabattit sur le médecin ordinaire de Balbec, lequel en cinq minutes retira un grain de poussière. Le lendemain il n'y paraissait plus. Un rival plus dangereux pourtant était une célébrité des maladies nerveuses. C'était un homme rouge, jovial, à la fois parce que la fréquentation de la déchéance nerveuse ne l'empêchait pas d'être très bien portant, et aussi pour rassurer ses malades par le gros rire de son bonjour et de son au revoir, quitte à aider de ses bras d'athlète à leur passer plus tard la camisole de force. Néanmoins, dès qu'on causait avec lui dans le monde, fût-ce de politique ou de littérature, il vous écoutait avec une bienveillance attentive, d'un air de dire : « De quoi s'agit-il ? », sans se prononcer tout de suite comme s'il s'était agi d'une consultation. Mais enfin celui-là, quelque talent qu'il eût, était un spécialiste. Aussi toute la rage de Cottard était-elle reportée sur du Boulbon. Je quittai du reste bientôt, pour rentrer, le professeur ami des Verdurin, en lui promettant d'aller les voir.

Le mal que m'avaient fait ses paroles concernant Albertine et Andrée était profond, mais les pires souffrances n'en furent pas senties par moi immédiatement, comme il arrive pour ces empoisonnements qui n'agissent qu'au bout d'un certain temps.

Albertine, le soir où le lift était allé la chercher, ne vint pas, malgré les assurances de celui-ci. Certes les charmes d'une personne sont une cause moins fréquente d'amour qu'une phrase du genre de celle-ci : « Non, ce soir je ne serai pas libre. » On ne fait guère attention à cette phrase si on est avec des amis ; on est gai toute la soirée, on ne s'occupe pas d'une certaine image ; pendant ce temps-là elle baigne dans le mélange nécessaire ; en rentrant on trouve le cliché, qui est développé et parfaitement net. On s'aperçoit que la vie n'est plus la vie qu'on aurait quittée pour un rien la veille, parce que, si on continue à ne pas craindre la mort, on n'ose plus penser à la séparation.

Du reste, à partir, non d'une heure du matin (heure que le liftier avait fixée), mais de trois heures, je n'eus plus comme autrefois la souffrance de sentir diminuer mes chances qu'elle apparût. La certitude qu'elle ne viendrait plus m'apporta un calme complet, une fraîcheur ; cette nuit était tout simplement une nuit comme tant d'autres où je ne la voyais pas, c'est de cette idée que je partais. Et dès lors la pensée que je la verrais le lendemain ou d'autres jours, se détachant sur ce néant accepté, devenait douce. Quelquefois, dans ces soirées d'attente, l'angoisse est due à un médicament qu'on a pris. Faussement interprété par celui qui souffre, il croit être anxieux à cause de celle qui ne vient pas. L'amour naît dans ce cas comme certaines maladies nerveuses de l'explication inexacte d'un malaise pénible. Explication qu'il n'est pas utile de rectifier, du moins en ce qui concerne l'amour, sentiment qui (quelle qu'en soit la cause) est toujours erroné.

Le lendemain, quand Albertine m'écrivit qu'elle venait seulement de rentrer à Egreville, n'avait donc pas eu mon mot à temps, et viendrait, si je le permettais, me voir le soir, derrière les mots de sa lettre comme derrière ceux qu'elle m'avait dits une fois au téléphone, je crus sentir la présence de plaisirs, d'êtres, qu'elle m'avait préférés. Encore une fois je fus agité tout entier par la curiosité douloureuse de savoir ce qu'elle avait pu faire, par l'amour latent qu'on porte toujours en soi ; je pus croire un moment qu'il allait m'attacher à Albertine, mais il se contenta de frémir sur place et ses dernières rumeurs s'éteignirent sans qu'il se fût mis en marche.

J'avais mal compris, dans mon premier séjour à Balbec – et peut-être bien Andrée avait fait comme moi – le caractère d'Albertine. J'avais cru que c'était frivolité, mais ne savais si toutes nos supplications ne réussiraient pas à la retenir et lui faire manquer une garden-party, une promenade à ânes, un pique-nique. Dans mon second séjour à Balbec, je soupçonnai que cette frivolité n'était qu'une apparence, la garden-party qu'un paravent, sinon une invention. Il se passait sous des formes diverses la chose suivante (j'entends la chose vue par moi, de mon côté du verre, qui n'était nullement transparent, et sans que je puisse savoir ce qu'il y avait de vrai de l'autre côté). Albertine me faisait les protestations de tendresse les plus passionnées. Elle regardait l'heure parce qu'elle devait aller faire une visite à une dame qui recevait, paraît-il, tous les jours à cinq heures, à Infreville. Tourmenté d'un soupçon et me sentant d'ailleurs souffrant, je demandais à Albertine, je la suppliais de rester avec moi. C'était impossible (et même elle n'avait plus que cinq minutes à rester) parce que cela fâcherait cette dame, peu hospitalière et susceptible, et, disait Albertine, assommante. « Mais on peut bien manquer une visite. – Non, ma tante m'a appris qu'il fallait être polie avant tout. – Mais je vous ai vue si souvent être impolie. – Là, ce n'est pas la même chose, cette dame m'en voudrait et me ferait des histoires avec ma tante. Je ne suis déjà pas si bien que cela avec elle. Elle tient à ce que je sois allée une fois la voir. – Mais puisqu'elle reçoit tous les jours. » Là, Albertine sentant qu'elle s'était « coupée », modifiait la raison. « Bien entendu elle reçoit tous les jours. Mais aujourd'hui j'ai donné rendez-vous chez elle à des amies. Comme cela on s'ennuiera moins. – Alors, Albertine, vous préférez la dame et vos amies à moi, puisque, pour ne pas risquer de faire une visite un peu ennuyeuse, vous préférez de me laisser seul, malade et désolé ? – Cela me serait bien égal que la visite fût ennuyeuse. Mais c'est par dévouement pour elles. Je les ramènerai dans ma carriole. Sans cela elles n'auraient plus aucun moyen de transport. » Je faisais remarquer à Albertine qu'il y avait des trains jusqu'à 10 heures du soir, d'Infreville. « C'est vrai, mais, vous savez, il est possible qu'on nous demande de rester à dîner. Elle est très hospitalière. – Hé bien, vous refuserez. – Je fâcherais encore ma tante. – Du reste, vous pouvez dîner et prendre le train de 10 heures. – C'est un peu juste. – Alors je ne peux jamais aller dîner en ville et revenir par le train. Mais tenez, Albertine, nous allons faire une chose bien simple : je sens que l'air me fera du bien ; puisque vous ne pouvez lâcher la dame, je vais vous accompagner jusqu'à Infreville. Ne craignez rien, je n'irai pas jusqu'à la tour Élisabeth (la villa de la dame), je ne verrai ni la dame, ni vos amies. » Albertine avait l'air d'avoir reçu un coup terrible. Sa parole était entrecoupée. Elle dit que les bains de mer ne lui réussissaient pas. « Si ça vous ennuie que je vous accompagne ? – Mais comment pouvez-vous dire cela, vous savez bien que mon plus grand plaisir est de sortir avec vous. » Un brusque revirement s'était opéré. « Puisque nous allons nous promener ensemble, me dit-elle, pourquoi n'irions-nous pas de l'autre côté de Balbec, nous dînerions ensemble. Ce serait si gentil. Au fond, cette côte-là est bien plus jolie. Je commence à en avoir soupé d'Infreville et du reste, tous ces petits coins vert-épinard. – Mais l'amie de votre tante sera fâchée si vous n'allez pas la voir. – Hé bien, elle se défâchera. – Non, il ne faut pas fâcher les gens. – Mais elle ne s'en apercevra même pas, elle reçoit tous les jours ; que j'y aille demain, après-demain, dans huit jours, dans quinze jours, cela fera toujours l'affaire. – Et vos amies ? – Oh ! elles m'ont assez souvent plaquée. C'est bien mon tour. – Mais du côté que vous me proposez, il n'y a pas de train après neuf heures. – Hé bien, la belle affaire ! neuf heures c'est parfait. Et puis il ne faut jamais se laisser arrêter par les questions du retour. On trouvera toujours une charrette, un vélo, à défaut on a ses jambes. – On trouve toujours, Albertine, comme vous y allez ! Du côté d'Infreville, où les petites stations de bois sont collées les unes à côtés des autres, oui. Mais du côté de... ce n'est pas la même chose. – Même de ce côté-là. Je vous promets de vous ramener sain et sauf. » Je sentais qu'Albertine renonçait pour moi à quelque chose d'arrangé qu'elle ne voulait pas me dire, et qu'il y avait quelqu'un qui serait malheureux comme je l'étais. Voyant que ce qu'elle avait voulu n'était pas possible, puisque je voulais l'accompagner, elle renonçait franchement. Elle savait que ce n'était pas irrémédiable. Car, comme toutes les femmes qui ont plusieurs choses dans leur existence, elle avait ce point d'appui qui ne faiblit jamais : le doute et la jalousie. Certes elle ne cherchait pas à les exciter, au contraire. Mais les amoureux sont si soupçonneux qu'ils flairent tout de suite le mensonge. De sorte qu'Albertine n'était pas mieux qu'une autre, savait par expérience (sans deviner le moins du monde qu'elle le devait à la jalousie) qu'elle était toujours sûre de retrouver les gens qu'elle avait plaqués un soir. La personne inconnue qu'elle lâchait pour moi souffrirait, l'en aimerait davantage (Albertine ne savait pas que c'était pour cela), et, pour ne pas continuer à souffrir, reviendrait de soi-même vers elle, comme j'aurais fait. Mais je ne voulais ni faire de la peine, ni me fatiguer, ni entrer dans la voie terrible des investigations, de la surveillance multiforme, innombrable. « Non, Albertine, je ne veux pas gâter votre plaisir, allez chez votre dame d'Infreville, ou enfin chez la personne dont elle est le porte-nom, cela m'est égal. La vraie raison pour laquelle je ne vais pas avec vous, c'est que vous ne le désirez pas, que la promenade que vous feriez avec moi n'est pas celle que vous vouliez faire, la preuve en est que vous vous êtes contredite plus de cinq fois sans vous en apercevoir. » La pauvre Albertine craignit que ses contradictions, qu'elle n'avait pas aperçues, eussent été plus graves. Ne sachant pas exactement les mensonges qu'elle avait faits : « C'est très possible que je me sois contredite. L'air de la mer m'ôte tout raisonnement. Je dis tout le temps les noms les uns pour les autres. » Et (ce qui me prouva qu'elle n'aurait pas eu besoin, maintenant, de beaucoup de douces affirmations pour que je la crusse) je ressentis la souffrance d'une blessure en entendant cet aveu de ce que je n'avais que faiblement supposé. « Hé bien, c'est entendu, je pars, dit-elle d'un ton tragique, non sans regarder l'heure afin de voir si elle n'était pas en retard pour l'autre, maintenant que je lui fournissais le prétexte de ne pas passer la soirée avec moi. Vous êtes trop méchant. Je change tout pour passer une bonne soirée avec vous et c'est vous qui ne voulez pas, et vous m'accusez de mensonge. Jamais je ne vous avais encore vu si cruel. La mer sera mon tombeau. Je ne vous reverrai jamais. (Mon cœur battit à ces mots, bien que je fusse sûr qu'elle reviendrait le lendemain, ce qui arriva.) Je me noierai, je me jetterai à l'eau. – Comme Sapho. – Encore une insulte de plus ; vous n'avez pas seulement des doutes sur ce que je dis mais sur ce que je fais. – Mais, mon petit, je ne mettais aucune intention, je vous le jure, vous savez que Sapho s'est précipitée dans la mer. – Si, si, vous n'avez aucune confiance en moi. » Elle vit qu'il était moins vingt à la pendule ; elle craignit de rater ce qu'elle avait à faire, et, choisissant l'adieu le plus bref (dont elle s'excusa, du reste, en me venant voir le lendemain ; probablement, ce lendemain-là, l'autre personne n'était pas libre), elle s'enfuit au pas de course en criant : « Adieu pour jamais », d'un air désolé. Et peut-être était-elle désolée. Car sachant ce qu'elle faisait en ce moment mieux que moi, plus sévère et plus indulgente à la fois à elle-même que je n'étais pour elle, peut-être avait-elle tout de même un doute que je ne voudrais plus la recevoir après la façon dont elle m'avait quitté. Or, je crois qu'elle tenait à moi, au point que l'autre personne était plus jalouse que moi-même.

Quelques jours après, à Balbec, comme nous étions dans la salle de danse du Casino, entrèrent la sœur et la cousine de Bloch, devenues l'une et l'autre fort jolies, mais que je ne saluais plus à cause de mes amies, parce que la plus jeune, la cousine, vivait, au su de tout le monde, avec l'actrice dont elle avait fait la connaissance pendant mon premier séjour. Andrée, sur une allusion qu'on fit à mi-voix à cela, me dit : « Oh ! là-dessus je suis comme Albertine, il n'y a rien qui nous fasse horreur à toutes les deux comme cela. » Quant à Albertine, se mettant à causer avec moi sur le canapé où nous étions assis, elle avait tourné le dos aux deux jeunes filles de mauvais genre. Et pourtant j'avais remarqué qu'avant ce mouvement, au moment où étaient apparues Mlle Bloch et sa cousine, avait passé dans les yeux de mon amie cette attention brusque et profonde qui donnait parfois au visage de l'espiègle jeune fille un air sérieux, même grave, et la laissait triste après. Mais Albertine avait aussitôt détourné vers moi ses regards restés pourtant singulièrement immobiles et rêveurs. Mlle Bloch et sa cousine ayant fini par s'en aller après avoir ri très fort et poussé des cris peu convenables, je demandai à Albertine si la petite blonde (celle qui était l'amie de l'actrice) n'était pas la même qui, la veille, avait eu le prix dans la course pour les voitures de fleurs. « Ah ! je ne sais pas, dit Albertine, est-ce qu'il y en a une qui est blonde ? Je vous dirai qu'elles ne m'intéressent pas beaucoup, je ne les ai jamais regardées. Est-ce qu'il y en a une qui est blonde ? » demanda-t-elle d'un air interrogateur et détaché à ses trois amies. S'appliquant à des personnes qu'Albertine rencontrait tous les jours sur la digue, cette ignorance me parut bien excessive pour ne pas être feinte. « Elles n'ont pas l'air de nous regarder beaucoup non plus, dis-je à Albertine, peut-être dans l'hypothèse, que je n'envisageais pourtant pas d'une façon consciente, où Albertine eût aimé les femmes, de lui ôter tout regret en lui montrant qu'elle n'avait pas attiré l'attention de celles-ci, et que d'une façon générale il n'est pas d'usage, même pour les plus vicieuses, de se soucier des jeunes filles qu'elles ne connaissent pas. – Elles ne nous ont pas regardées ? me répondit étourdiment Albertine. Elles n'ont pas fait autre chose tout le temps. – Mais vous ne pouvez pas le savoir, lui dis-je, vous leur tourniez le dos. – Eh bien, et cela ? » me répondit-elle en me montrant, encastrée dans le mur en face de nous, une grande glace que je n'avais pas remarquée, et sur laquelle je comprenais maintenant que mon amie, tout en me parlant, n'avait pas cessé de fixer ses beaux yeux remplis de préoccupation.

 À partir du jour où Cottard fut entré avec moi dans le petit casino d'Incarville, sans partager l'opinion qu'il avait émise, Albertine ne me sembla plus la même ; sa vue me causait de la colère. Moi-même j'avais changé tout autant qu'elle me semblait autre. J'avais cessé de lui vouloir du bien ; en sa présence, hors de sa présence quand cela pouvait lui être répété, je parlais d'elle de la façon la plus blessante. Il y avait des trêves cependant. Un jour j'apprenais qu'Albertine et Andrée avaient accepté toutes deux une invitation chez Elstir. Ne doutant pas que ce fût en considération de ce qu'elles pourraient, pendant le retour, s'amuser, comme des pensionnaires, à contrefaire les jeunes filles qui ont mauvais genre, et y trouver un plaisir inavoué de vierges qui me serrait le cœur, sans m'annoncer, pour les gêner et priver Albertine du plaisir sur lequel elle comptait, j'arrivai à l'improviste chez Elstir. Mais je n'y trouvai qu'Andrée. Albertine avait choisi un autre jour où sa tante devait y aller. Alors je me disais que Cottard avait dû se tromper ; l'impression favorable que m'avait produite la présence d'Andrée sans son amie se prolongeait et entretenait en moi des dispositions plus douces à l'égard d'Albertine. Mais elles ne duraient pas plus longtemps que la fragile bonne santé de ces personnes délicates sujettes à des mieux passagers, et qu'un rien suffit à faire retomber malades. Albertine incitait Andrée à des jeux qui, sans aller bien loin, n'étaient peut-être pas tout à fait innocents ; souffrant de ce soupçon, je finissais par l'éloigner. À peine j'en étais guéri qu'il renaissait sous une autre forme. Je venais de voir Andrée, dans un de ces mouvements gracieux qui lui étaient particuliers, poser câlinement sa tête sur l'épaule d'Albertine, l'embrasser dans le cou en fermant à demi les yeux ; ou bien elles avaient échangé un coup d'œil ; une parole avait échappé à quelqu'un qui les avait vues seules ensemble et allant se baigner, petits riens tels qu'il en flotte d'une façon habituelle dans l'atmosphère ambiante où la plupart des gens les absorbent toute la journée sans que leur santé en souffre ou que leur humeur s'en altère, mais qui sont morbides et générateurs de souffrances nouvelles pour un être prédisposé. Parfois même, sans que j'eusse revu Albertine, sans que personne m'eût parlé d'elle, je retrouvais dans ma mémoire une pose d'Albertine auprès de Gisèle et qui m'avait paru innocente alors ; elle suffisait maintenant pour détruire le calme que j'avais pu retrouver, je n'avais même plus besoin d'aller respirer au dehors des germes dangereux, je m'étais, comme aurait dit Cottard, intoxiqué moi-même. Je pensais alors à tout ce que j'avais appris de l'amour de Swann pour Odette, de la façon dont Swann avait été joué toute sa vie. Au fond, si je veux y penser, l'hypothèse qui me fit peu à peu construire tout le caractère d'Albertine et interpréter douloureusement chaque moment d'une vie que je ne pouvais pas contrôler entière, ce fut le souvenir, l'idée fixe du caractère de Mme Swann, tel qu'on m'avait raconté qu'il était. Ces récits contribuèrent à faire que, dans l'avenir, mon imagination faisait le jeu de supposer qu'Albertine aurait pu, au lieu d'être une jeune fille bonne, avoir la même immoralité, la même faculté de tromperie qu'une ancienne grue, et je pensais à toutes les souffrances qui m'auraient attendu dans ce cas si j'avais jamais dû l'aimer.

 Un jour, devant le Grand-Hôtel où nous étions réunis sur la digue, je venais d'adresser à Albertine les paroles les plus dures et les plus humiliantes, et Rosemonde disait : « Ah ! ce que vous êtes changé tout de même pour elle, autrefois il n'y en avait que pour elle, c'était elle qui tenait la corde, maintenant elle n'est plus bonne à donner à manger aux chiens. » J'étais en train, pour faire ressortir davantage encore mon attitude à l'égard d'Albertine, d'adresser toutes les amabilités possibles à Andrée qui, si elle était atteinte du même vice, me semblait plus excusable parce qu'elle était souffrante et neurasthénique, quand nous vîmes déboucher au petit trot de ses deux chevaux, dans la rue perpendiculaire à la digue à l'angle de laquelle nous nous tenions, la calèche de Mme de Cambremer. Le premier président qui, à ce moment, s'avançait vers nous, s'écarta d'un bond, quand il reconnut la voiture, pour ne pas être vu dans notre société ; puis, quand il pensa que les regards de la marquise allaient pouvoir croiser les siens, s'inclina en lançant un immense coup de chapeau. Mais la voiture, au lieu de continuer, comme il semblait probable, par la rue de la Mer, disparut derrière l'entrée de l'hôtel. Il y avait bien dix minutes de cela lorsque le lift, tout essoufflé, vint me prévenir : « C'est la marquise de Camembert qui vient n'ici pour voir Monsieur. Je suis monté à la chambre, j'ai cherché au salon de lecture, je ne pouvais pas trouver Monsieur. Heureusement que j'ai eu l'idée de regarder sur la plage. » Il finissait à peine son récit que, suivie de sa belle-fille et d'un monsieur très cérémonieux, s'avança vers moi la marquise, arrivant probablement d'une matinée ou d'un thé dans le voisinage et toute voûtée sous le poids moins de la vieillesse que de la foule d'objets de luxe dont elle croyait plus aimable et plus digne de son rang d'être recouverte afin de paraître le plus « habillé » possible aux gens qu'elle venait voir. C'était, en somme, à l'hôtel, ce « débarquage » des Cambremer que ma grand'mère redoutait si fort autrefois quand elle voulait qu'on laissât ignorer à Legrandin que nous irions peut-être à Balbec. Alors maman riait des craintes inspirées par un événement qu'elle jugeait impossible. Voici qu'enfin il se produisait pourtant, mais par d'autres voies et sans que Legrandin y fût pour quelque chose. « Est-ce que je peux rester, si je ne vous dérange pas, me demanda Albertine (dans les yeux de qui restaient, amenées par les choses cruelles que je venais de lui dire, quelques larmes que je remarquai sans paraître les voir, mais non sans en être réjoui), j'aurais quelque chose à vous dire. » Un chapeau à plumes, surmonté lui-même d'une épingle de saphir, était posé n'importe comment sur la perruque de Mme de Cambremer, comme un insigne dont l'exhibition est nécessaire, mais suffisante, la place indifférente, l'élégance conventionnelle, et l'immobilité inutile. Malgré la chaleur, la bonne dame avait revêtu un mantelet de jais pareil à une dalmatique, par-dessus lequel pendait une étole d'hermine dont le port semblait en relation non avec la température et la saison, mais avec le caractère de la cérémonie. Et sur la poitrine de Mme de Cambremer un tortil de baronne relié à une chaînette pendait à la façon d'une croix pectorale. Le Monsieur était un célèbre avocat de Paris, de famille nobiliaire, qui était venu passer trois jours chez les Cambremer. C'était un de ces hommes à qui leur expérience professionnelle consommée fait un peu mépriser leur profession et qui disent par exemple : « Je sais que je plaide bien, aussi cela ne m'amuse plus de plaider », ou : « Cela ne m'intéresse plus d'opérer ; je sais que j'opère bien. » Intelligents, artistes, ils voient autour de leur maturité, fortement rentée par le succès, briller cette « intelligence », cette nature d'« artiste » que leurs confrères leur reconnaissent et qui leur confère un à-peu-près de goût et de discernement. Ils se prennent de passion pour la peinture non d'un grand artiste, mais d'un artiste cependant très distingué, et à l'achat des œuvres duquel ils emploient les gros revenus que leur procure leur carrière. Le Sidaner était l'artiste élu par l'ami des Cambremer, lequel était, du reste, très agréable. Il parlait bien des livres, mais non de ceux des vrais maîtres, de ceux qui se sont maîtrisés. Le seul défaut gênant qu'offrit cet amateur était qu'il employait certaines expressions toutes faites d'une façon constante, par exemple : « en majeure partie », ce qui donnait à ce dont il voulait parler quelque chose d'important et d'incomplet. Mme de Cambremer avait profité, me dit-elle, d'une matinée que des amis à elle avaient donnée ce jour-là à côté de

Balbec, pour venir me voir, comme elle l'avait promis à Robert de Saint-Loup. « Vous savez qu'il doit bientôt venir passer quelques jours dans le pays. Son oncle Charlus y est en villégiature chez sa belle-sœur, la duchesse de Luxembourg, et M. de Saint-Loup profitera de l'occasion pour aller à la fois dire bonjour à sa tante et revoir son ancien régiment, où il est très aimé, très estimé. Nous recevons souvent des officiers qui nous parlent tous de lui avec des éloges infinis. Comme ce serait gentil si vous nous faisiez le plaisir de venir tous les deux à Féterne. » Je lui présentai Albertine et ses amies. Mme de Cambremer nous nomma à sa belle-fille. Celle-ci, qui se montrait glaciale avec les petits nobliaux que le voisinage de Féterne la forçait à fréquenter, si pleine de réserve de crainte de se compromettre, me tendit au contraire la main avec un sourire rayonnant, mise comme elle était en sûreté et en joie devant un ami de Robert de Saint-Loup et que celui-ci, gardant plus de finesse mondaine qu'il ne voulait le laisser voir, lui avait dit très lié avec les Guermantes. Telle, au rebours de sa belle-mère, Mme de Cambremer avait-elle deux politesses infiniment différentes. C'est tout au plus la première, sèche, insupportable, qu'elle m'eût concédée si je l'avais connue par son frère Legrandin. Mais pour un ami des Guermantes elle n'avait pas assez de sourires. La pièce la plus commode de l'hôtel pour recevoir était le salon de lecture, ce lieu jadis si terrible où maintenant j'entrais dix fois par jour, ressortant librement, en maître, comme ces fous peu atteints et depuis si longtemps pensionnaires d'un asile que le médecin leur en a confié la clef. Aussi offris-je à Mme de Cambremer de l'y conduire. Et comme ce salon ne m'inspirait plus de timidité et ne m'offrait plus de charme parce que le visage des choses change pour nous comme celui des personnes, c'est sans trouble que je lui fis cette proposition. Mais elle la refusa, préférant rester dehors, et nous nous assîmes en plein air, sur la terrasse de l'hôtel. J'y trouvai et recueillis un volume de Mme de Sévigné que maman n'avait pas eu le temps d'emporter dans sa fuite précipitée, quand elle avait appris qu'il arrivait des visites pour moi. Autant que ma grand'mère elle redoutait ces invasions d'étrangers et, par peur de ne plus pouvoir s'échapper si elle se laissait cerner, elle se sauvait avec une rapidité qui nous faisait toujours, à mon père et à moi, nous moquer d'elle. Mme de Cambremer tenait à la main, avec la crosse d'une ombrelle, plusieurs sacs brodés, un vide-poche, une bourse en or d'où pendaient des fils de grenats, et un mouchoir en dentelle. Il me semblait qu'il lui eût été plus commode de les poser sur une chaise ; mais je sentais qu'il eût été inconvenant et inutile de lui demander d'abandonner les ornements de sa tournée pastorale et de son sacerdoce mondain. Nous regardions la mer calme où des mouettes éparses flottaient comme des corolles blanches. À cause du niveau de simple « médium » où nous abaisse la conversation mondaine, et aussi notre désir de plaire non à l'aide de nos qualités ignorées de nous-mêmes, mais de ce que nous croyons devoir être prisé par ceux qui sont avec nous, je me mis instinctivement à parler à Mme de Cambremer, née Legrandin, de la façon qu'eut pu faire son frère. « Elles ont, dis-je, en parlant des mouettes, une immobilité et une blancheur de nymphéas. » Et en effet elles avaient l'air d'offrir un but inerte aux petits flots qui les ballottaient au point que ceux-ci, par contraste, semblaient, dans leur poursuite, animés d'une intention, prendre de la vie. La marquise douairière ne se lassait pas de célébrer la superbe vue de la mer que nous avions à Balbec, et m'enviait, elle qui de la Raspelière (qu'elle n'habitait du reste pas cette année) ne voyait les flots que de si loin. Elle avait deux singulières habitudes qui tenaient à la fois à son amour exalté pour les arts (surtout pour la musique) et à son insuffisance dentaire. Chaque fois qu'elle parlait esthétique, ses glandes salivaires, comme celles de certains animaux au moment du rut, entraient dans une phase d'hypersécrétion telle que la bouche édentée de la vieille dame laissait passer, au coin des lèvres légèrement moustachues, quelques gouttes dont ce n'était pas la place. Aussitôt elle les ravalait avec un grand soupir, comme quelqu'un qui reprend sa respiration. Enfin, s'il s'agissait d'une trop grande beauté musicale, dans son enthousiasme elle levait les bras et proférait quelques jugements sommaires, énergiquement mastiqués et au besoin venant du nez. Or je n'avais jamais songé que la vulgaire plage de Balbec pût offrir en effet une « vue de mer », et les simples paroles de Mme de Cambremer changeaient mes idées à cet égard. En revanche, et je le lui dis, j'avais toujours entendu célébrer le coup d'œil unique de la Raspelière, située au faîte de la colline et où, dans un grand salon à deux cheminées, toute une rangée de fenêtres regarde, au bout des jardins, entre les feuillages, la mer jusqu'au delà de Balbec, et l'autre rangée, la vallée. « Comme vous êtes aimable et comme c'est bien dit : la mer entre les feuillages. C'est ravissant, on dirait... un éventail. » Et je sentis à une respiration profonde destinée à rattraper la salive et à assécher la moustache, que le compliment était sincère. Mais la marquise, née Legrandin, resta froide pour témoigner de son dédain non pas pour mes paroles mais pour celles de sa belle-mère. D'ailleurs elle ne méprisait pas seulement l'intelligence de celle-ci, mais déplorait son amabilité, craignant toujours que les gens n'eussent pas une idée suffisante des Cambremer. « Et comme le nom est joli, dis-je. On aimerait savoir l'origine de tous ces noms-là. – Pour celui-là je peux vous le dire, me répondit avec douceur la vieille dame. C'est une demeure de famille, de ma grand'mère Arrachepel, ce n'est pas une famille illustre, mais c'est une bonne et très ancienne famille de province. – Comment, pas illustre ? interrompit sèchement sa belle-fille. Tout un vitrail de la cathédrale de Bayeux est rempli par ses armes, et la principale église d'Avranches contient leurs monuments funéraires. Si ces vieux noms vous amusent, ajouta-t-elle, vous venez un an trop tard. Nous avions fait nommer à la cure de Criquetot, malgré toutes les difficultés qu'il y a à changer de diocèse, le doyen d'un pays où j'ai personnellement des terres, fort loin d'ici, à Combray, où le bon prêtre se sentait devenir neurasthénique. Malheureusement l'air de la mer n'a pas réussi à son grand âge ; sa neurasthénie s'est augmentée et il est retourné à Combray. Mais il s'est amusé, pendant qu'il était notre voisin, à aller consulter toutes les vieilles chartes, et il a fait une petite brochure assez curieuse sur les noms de la région. Cela l'a d'ailleurs mis en goût, car il paraît qu'il occupe ses dernières années à écrire un grand ouvrage sur Combray et ses environs. Je vais vous envoyer sa brochure sur les environs de Féterne. C'est un vrai travail de Bénédictin. Vous y lirez des choses très intéressantes sur notre vieille Raspelière dont ma belle-mère parle beaucoup trop modestement. – En tout cas, cette année, répondit Mme de Cambremer douairière, la Raspelière n'est plus nôtre et ne m'appartient pas. Mais on sent que vous avez une nature de peintre ; vous devriez dessiner, et j'aimerais tant vous montrer Féterne qui est bien mieux que la Raspelière. » Car depuis que les Cambremer avaient loué cette dernière demeure aux Verdurin, sa position dominante avait brusquement cessé de leur apparaître ce qu'elle avait été pour eux pendant tant d'années, c'est-à-dire donnant l'avantage, unique dans le pays, d'avoir vue à la fois sur la mer et sur la vallée, et en revanche leur avait présenté tout à coup – et après coup – l'inconvénient qu'il fallait toujours monter et descendre pour y arriver et en sortir. Bref, on eût cru que si Mme de Cambremer l'avait louée, c'était moins pour accroître ses revenus que pour reposer ses chevaux. Et elle se disait ravie de pouvoir enfin posséder tout le temps la mer de si près, à Féterne, elle qui pendant si longtemps, oubliant les deux mois qu'elle y passait, ne l'avait vue que d'en haut et comme dans un panorama. « Je la découvre à mon âge, disait-elle, et comme j'en jouis ! Ça me fait un bien ! Je louerais la Raspelière pour rien afin d'être contrainte d'habiter Féterne. »

– Pour revenir à des sujets plus intéressants, reprit la sœur de Legrandin qui disait : « Ma mère » à la vieille marquise, mais, avec les années, avait pris des façons insolentes avec elle, vous parliez de nymphéas : je pense que vous connaissez ceux que Claude Monet a peints. Quel génie ! Cela m'intéresse d'autant plus qu'auprès de Combray, cet endroit où je vous ai dit que j'avais des terres... Mais elle préféra ne pas trop parler de Combray. « Ah ! c'est sûrement la série dont nous a parlé Elstir, le plus grand des peintres contemporains, s'écria Albertine qui n'avait rien dit jusque-là. – Ah ! on voit que Mademoiselle aime les arts, s'écria Mme de Cambremer qui, en poussant une respiration profonde, résorba un jet de salive. – Vous me permettrez de lui préférer Le Sidaner, Mademoiselle », dit l'avocat en souriant d'un air connaisseur. Et, comme il avait goûté, ou vu goûter, autrefois certaines « audaces » d'Elstir, il ajouta : « Elstir était doué, il a même fait presque partie de l'avant-garde, mais je ne sais pas pourquoi il a cessé de suivre, il a gâché sa vie. » Mme de Cambremer donna raison à l'avocat en ce qui concernait Elstir, mais, au grand chagrin de son invité, égala Monet à Le Sidaner. On ne peut pas dire qu'elle fût bête ; elle débordait d'une intelligence que je sentais m'être entièrement inutile. Justement, le soleil s'abaissait, les mouettes étaient maintenant jaunes, comme les nymphéas dans une autre toile de cette même série de Monet. Je dis que je la connaissais et (continuant à imiter le langage, du frère, dont je n'avais pas encore osé citer le nom) j'ajoutai qu'il était malheureux qu'elle n'eût pas eu plutôt l'idée de venir la veille, car à la même heure, c'est une lumière de Poussin qu'elle eût pu admirer. Devant un hobereau normand inconnu des Guermantes et qui lui eût dit qu'elle eût dû venir la veille, Mme de Cambremer-Legrandin se fût sans doute redressée d'un air offensé. Mais j'aurais pu être bien plus familier encore qu'elle n'eût été que douceur moelleuse et florissante ; je pouvais, dans la chaleur de cette belle fin d'après-midi, butiner à mon gré dans le gros gâteau de miel que Mme de Cambremer était si rarement et qui remplaça les petits fours que je n'eus pas l'idée d'offrir. Mais le nom de Poussin, sans altérer l'aménité de la femme du monde, souleva les protestations de la dilettante. En entendant ce nom, à six reprises que ne séparait presque aucun intervalle, elle eut ce petit claquement de la langue contre les lèvres qui sert à signifier à un enfant qui est en train de faire une bêtise, à la fois un blâme d'avoir commencé et l'interdiction de poursuivre. « Au nom du ciel, après un peintre comme Monet, qui est tout bonnement un génie, n'allez pas nommer un vieux poncif sans talent comme Poussin. Je vous dirai tout nûment que je le trouve le plus barbifiant des raseurs. Qu'est-ce que vous voulez, je ne peux pourtant pas appeler cela de la peinture. Monet, Degas, Manet, oui, voilà des peintres ! C'est très curieux, ajouta-t-elle, en fixant un regard scrutateur et ravi sur un point vague de l'espace, où elle apercevait sa propre pensée, c'est très curieux, autrefois je préférais Manet. Maintenant, j'admire toujours Manet, c'est entendu, mais je crois que je lui préfère peut-être encore Monet. Ah ! les cathédrales ! » Elle mettait autant de scrupules que de complaisance à me renseigner sur l'évolution qu'avait suivie son goût. Et on sentait que les phases par lesquelles avait passé ce goût n'étaient pas, selon elle, moins importantes que les différentes manières de Monet lui-même. Je n'avais pas, du reste, à être flatté qu'elle me fît confidence de ses admirations, car, même devant la provinciale la plus bornée, elle ne pouvait pas rester cinq minutes sans éprouver le besoin de les confesser. Quand une dame noble d'Avranches, laquelle n'eût pas été capable de distinguer Mozart de Wagner, disait devant Madame de Cambremer : « Nous n'avons pas eu de nouveauté intéressante pendant notre séjour à Paris, nous avons été une fois à l'Opéra-Comique, on donnait *Pelléas et Mélisande*, c'est affreux », Mme de Cambremer non seulement bouillait mais éprouvait le besoin de s'écrier : « Mais au contraire, c'est un petit chef-d'œuvre », et de « discuter ». C'était peut-être une habitude de Combray, prise auprès des sœurs de ma grand'mère qui appelaient cela : « Combattre pour la bonne cause », et qui aimaient les dîners où elles savaient, toutes les semaines, qu'elles auraient à défendre leurs dieux contre des Philistins. Telle Mme de Cambremer aimait à se « fouetter le sang » en se « chamaillant » sur l'art, comme d'autres sur la politique. Elle prenait le parti de Debussy comme elle aurait fait celui d'une de ses amies dont on eût incriminé la conduite. Elle devait pourtant bien comprendre qu'en disant : « Mais non, c'est un petit chef-d'œuvre », elle ne pouvait pas improviser, chez la personne qu'elle remettait à sa place, toute la progression de culture artistique au terme de laquelle elles fussent tombées d'accord sans avoir besoin de discuter. « Il faudra que je demande à Le Sidaner ce qu'il pense de Poussin, me dit l'avocat. C'est un renfermé, un silencieux, mais je saurai bien lui tirer les vers du nez. »

— Du reste, continua Mme de Cambremer, j'ai horreur des couchers de soleil, c'est romantique, c'est opéra. C'est pour cela que je déteste la maison de ma belle-mère, avec ses plantes du Midi. Vous verrez, ça a l'air d'un parc de Monte-Carlo. C'est pour cela que j'aime mieux votre rive. C'est plus triste, plus sincère ; il y a un petit chemin d'où on ne voit pas la mer. Les jours de pluie, il n'y a que de la boue, c'est tout un monde. C'est comme à Venise, je déteste le Grand Canal et je ne connais rien de touchant comme les petites ruelles. Du reste c'est une question d'ambiance.

— Mais, lui dis-je, sentant que la seule manière de réhabiliter Poussin aux yeux de Mme de Cambremer c'était d'apprendre à celle-ci qu'il était redevenu à la mode, M. Degas assure qu'il ne connaît rien de plus beau que les Poussin de Chantilly. — Ouais ? Je ne connais pas ceux de Chantilly, me dit Mme de Cambremer, qui ne voulait pas être d'un autre avis que Degas, mais je peux parler de ceux du Louvre qui sont des horreurs. — Il les admire aussi énormément. — Il faudra que je les revoie. Tout cela est un peu ancien dans ma tête, répondit-elle après un instant de silence et comme si le jugement favorable qu'elle allait certainement bientôt porter sur Poussin devait dépendre, non de la nouvelle que je venais de lui communiquer, mais de l'examen supplémentaire, et cette fois définitif, qu'elle comptait faire subir aux Poussin du Louvre pour avoir la faculté de se déjuger.

Me contentant de ce qui était un commencement de rétractation, puisque, si elle n'admirait pas encore les Poussin, elle s'ajournait pour une seconde délibération, pour ne pas la laisser plus longtemps à la torture je dis à sa belle-mère combien on m'avait parlé des fleurs admirables de Féterne. Modestement elle parla du petit jardin de curé qu'elle avait derrière et où le matin, en poussant une porte, elle allait en robe de chambre donner à manger à ses paons, chercher les œufs pondus, et cueillir des zinnias ou des roses qui, sur le chemin de table, faisant aux œufs à la crème ou aux fritures une bordure de fleurs, lui rappelaient ses allées. « C'est vrai que nous avons beaucoup de roses, me dit-elle, notre roseraie est presque un peu trop près de la maison d'habitation, il y a des jours où cela me fait mal à la tête. C'est plus agréable de la terrasse de la Raspelière où le vent apporte l'odeur des roses, mais déjà moins entêtante. » Je me tournai vers la belle-fille : « C'est tout à fait Pelléas, lui dis-je, pour contenter son goût de modernisme, cette odeur de roses montant jusqu'aux terrasses. Elle est si forte, dans la partition, que, comme j'ai le hay-fever et la rose-fever, elle me faisait éternuer chaque fois que j'entendais cette scène. »

« Quel chef-d'œuvre que *Pelléas* ! s'écria Mᵐᵉ de Cambremer, j'en suis férue » ; et s'approchant de moi avec les gestes d'une femme sauvage qui aurait voulu me faire des agaceries, s'aidant des doigts pour piquer les notes imaginaires, elle se mit à fredonner quelque chose que je supposai être pour elle les adieux de Pelléas, et continua avec une véhémente insistance comme s'il avait été d'importance que Mᵐᵉ de Cambremer me rappelât en ce moment cette scène, ou peut-être plutôt me montrât qu'elle se la rappelait. « Je crois que c'est encore plus beau que *Parsifal*, ajouta-t-elle, parce que dans *Parsifal* il s'ajoute aux plus grandes beautés un certain halo de phrases mélodiques, donc caduques puisque mélodiques. – Je sais que vous êtes une grande musicienne, Madame, dis-je à la douairière. J'aimerais beaucoup vous entendre. » Mᵐᵉ de Cambremer-Legrandin regarda la mer pour ne pas prendre part à la conversation. Considérant que ce qu'aimait sa belle-mère n'était pas de la musique, elle considérait le talent, prétendu selon elle, et des plus remarquables en réalité, qu'on lui reconnaissait comme une virtuosité sans intérêt. Il est vrai que la seule élève encore vivante de Chopin déclarait avec raison que la manière de jouer, le « sentiment », du Maître, ne s'était transmis, à travers elle, qu'à Mᵐᵉ de Cambremer ; mais jouer comme Chopin était loin d'être une référence pour la sœur de Legrandin, laquelle ne méprisait personne autant que le musicien polonais. « Oh ! elles s'envolent, s'écria Albertine en me montrant les mouettes qui, se débarrassant pour un instant de leur incognito de fleurs, montaient toutes ensemble vers le soleil. – Leurs ailes de géants les empêchent de marcher, dit Mᵐᵉ de Cambremer, confondant les mouettes avec les albatros. – Je les aime beaucoup, j'en voyais à Amsterdam, dit Albertine. Elles sentent la mer, elles viennent la humer même à travers les pierres des rues. – Ah ! vous avez été en Hollande, vous connaissez les Ver Meer ? » demanda impérieusement Mᵐᵉ de Cambremer et du ton dont elle aurait dit : « Vous connaissez les Guermantes ? », car le snobisme en changeant d'objet ne change pas d'accent. Albertine répondit non : elle croyait que c'étaient des gens vivants. Mais il n'y parut pas. « Je serais très heureuse de vous faire de la musique, me dit Mᵐᵉ de Cambremer. Mais, vous savez, je ne joue que des choses qui n'intéressent plus votre génération. J'ai été élevée dans le culte de Chopin », dit-elle à voix basse, car elle redoutait sa belle-fille et savait que celle-ci, considérant que Chopin n'était pas de la musique, le bien jouer ou le mal jouer étaient des expressions dénuées de sens. Elle reconnaissait que sa belle-mère avait du mécanisme, perlait les traits. « Jamais on ne me fera dire qu'elle est musicienne », concluait Mᵐᵉ de Cambremer-Legrandin. Parce qu'elle se croyait « avancée » et (en art seulement) « jamais assez à gauche », disait-elle, elle se représentait non seulement que la musique progresse, mais sur une seule ligne, et que Debussy était en quelque sorte un sur-Wagner, encore un peu plus avancé que Wagner. Elle ne se rendait pas compte que si Debussy n'était pas aussi indépendant de Wagner qu'elle-même devait le croire dans quelques années, parce qu'on se sert tout de même des armes conquises pour achever de s'affranchir de celui qu'on a momentanément vaincu, il cherchait cependant, après la satiété qu'on commençait à avoir des œuvres trop complètes, où tout est exprimé, à contenter un besoin contraire. Des théories, bien entendu, étayaient momentanément cette réaction, pareilles à celles qui, en politique, viennent à l'appui des lois contre les congrégations, des guerres en Orient (enseignement contre nature, péril jaune, etc., etc.). On disait qu'à une époque de hâte convenait un art rapide, absolument comme on aurait dit que la guerre future ne pourrait pas durer plus de quinze jours, ou qu'avec les chemins de fer seraient délaissés les petits coins chers aux diligences et que l'auto pourtant devait remettre en honneur. On recommandait de ne pas fatiguer l'attention de l'auditeur, comme si nous ne disposions pas d'attentions différentes dont il dépend précisément de l'artiste d'éveiller les plus hautes. Car ceux qui bâillent de fatigue après dix lignes d'un article médiocre avaient refait tous les ans le voyage de Bayreuth pour entendre la *Tétralogie*. D'ailleurs le jour devait venir où, pour un temps, Debussy serait déclaré aussi fragile que Massenet et les tressautements de Mélisande abaissés au rang de ceux de Manon. Car les théories et les écoles, comme les microbes et les globules, s'entre-dévorent et assurent, par leur lutte, la continuité de la vie. Mais ce temps n'était pas encore venu.

Comme à la Bourse, quand un mouvement de hausse se produit, tout un compartiment de valeurs en profitent, un certain nombre d'auteurs dédaignés bénéficiaient de la réaction, soit parce qu'ils ne méritaient pas ce dédain, soit simplement — ce qui permettait de dire une nouveauté en les prônant — parce qu'ils l'avaient encouru. Et on allait même chercher, dans un passé isolé, quelques talents indépendants sur la réputation de qui ne semblait pas devoir influer le mouvement actuel, mais dont un des maîtres nouveaux passait pour citer le nom avec faveur. Souvent c'était parce qu'un maître, quel qu'il soit, si exclusive que doive être son école, juge d'après son sentiment original, rend justice au talent partout où il se trouve, et même moins qu'au talent, à quelque agréable inspiration qu'il a goûtée autrefois, qui se rattache à un moment aimé de son adolescence. D'autres fois parce que certains artistes d'une autre époque ont, dans un simple morceau, réalisé quelque chose qui ressemble à ce que le maître peu à peu s'est rendu compte que lui-même avait voulu faire. Alors il voit en cet ancien comme un précurseur ; il aime chez lui, sous une tout autre forme, un effort momentanément, partiellement fraternel. Il y a des morceaux de Turner dans l'œuvre de Poussin, une phrase de Flaubert dans Montesquieu. Et quelquefois aussi ce bruit de la prédilection du Maître était le résultat d'une erreur, née on ne sait où et colportée dans l'école. Mais le nom cité bénéficiait alors de la firme sous la protection de laquelle il était entré juste à temps, car s'il y a quelque liberté, un goût vrai, dans le choix du maître, les écoles, elles, ne se dirigent plus que suivant la théorie. C'est ainsi que l'esprit, suivant son cours habituel qui s'avance par digression, en obliquant une fois dans un sens, la fois suivante dans le sens contraire, avait ramené la lumière d'en haut sur un certain nombre d'œuvres auxquelles le besoin de justice, ou de renouvellement, ou le goût de Debussy, ou son caprice, ou quelque propos qu'il n'avait peut-être pas tenu, avaient ajouté celles de Chopin. Prônées par les juges en qui on avait toute confiance, bénéficiant de l'admiration qu'excitait *Pelléas*, elles avaient retrouvé un éclat nouveau, et ceux mêmes qui ne les avaient pas réentendues étaient si désireux de les aimer qu'ils le faisaient malgré eux, quoique avec l'illusion de la liberté. Mais Mme de Cambremer-Legrandin restait une partie de l'année en province. Même à Paris, malade, elle vivait beaucoup dans sa chambre. Il est vrai que l'inconvénient pouvait surtout s'en faire sentir dans le choix des expressions que Mme de Cambremer croyait à la mode et qui eussent convenu plutôt au langage écrit, nuance qu'elle ne discernait pas, car elle les tenait plus de la lecture que de la conversation. Celle-ci n'est pas aussi nécessaire pour la connaissance exacte des opinions que des expressions nouvelles. Pourtant ce rajeunissement des « nocturnes » n'avait pas encore été annoncé par la critique. La nouvelle s'en était transmise seulement par des causeries de « jeunes ». Il restait ignoré de Mme de Cambremer-Legrandin. Je me fis un plaisir de lui apprendre, mais en m'adressant pour cela à sa belle-mère, comme quand, au billard, pour atteindre une boule on joue par la bande, que Chopin, bien loin d'être démodé, était le musicien préféré de Debussy. « Tiens, c'est amusant », me dit en souriant finement la belle-fille, comme si ce n'avait été là qu'un paradoxe lancé par l'auteur de *Pelléas*. Néanmoins il était bien certain maintenant qu'elle n'écouterait plus Chopin qu'avec respect et même avec plaisir. Aussi mes paroles, qui venaient de sonner l'heure de la délivrance pour la douairière, mirent-elles dans sa figure une expression de gratitude pour moi, et surtout de joie. Ses yeux brillèrent comme ceux de Latude dans la pièce appelée *Latude ou Trente-cinq ans de captivité* et sa poitrine huma l'air de la mer avec cette dilatation que Beethoven a si bien marquée dans *Fidelio*, quand ses prisonniers respirent enfin « cet air qui vivifie ». Quant à la douairière, je crus qu'elle allait poser sur ma joue ses lèvres moustachues. « Comment, vous aimez Chopin ? Il aime Chopin, il aime Chopin », s'écria-t-elle dans un nasonnement passionné ; elle aurait dit : « Comment, vous connaissez aussi Mme de Franquetot ? » avec cette différence que mes relations avec Mme de Franquetot lui eussent été profondément indifférentes, tandis que ma connaissance de Chopin la jeta dans une sorte de délire artistique. L'hyper-sécrétion salivaire ne suffit plus. N'ayant même pas essayé de comprendre le rôle de Debussy dans la réinvention de Chopin, elle sentit seulement que mon jugement était favorable. L'enthousiasme musical la saisit. « Élodie ! Élodie ! il aime Chopin » ; ses seins se soulevèrent et elle battit l'air de ses bras. « Ah ! j'avais bien senti que vous étiez musicien, s'écria-t-elle. Je comprends, artiste comme vous êtes, que vous aimiez cela. C'est si beau ! » Et sa voix était aussi caillouteuse que si, pour m'exprimer son ardeur pour Chopin, elle eût, imitant Démosthène, rempli sa bouche avec tous les galets de la plage. Enfin le reflux vint, atteignant jusqu'à la voilette qu'elle n'eut pas le temps de mettre à l'abri et qui fut transpercée, enfin la marquise essuya avec son mouchoir brodé la bave d'écume dont le souvenir de Chopin venait de tremper ses moustaches.

« Mon Dieu, me dit Mme de Cambremer-Legrandin, je crois que ma belle-mère s'attarde un peu trop, elle oublie que nous avons à dîner mon oncle de Ch'nouville. Et puis Cancan n'aime pas attendre. » Cancan me resta incompréhensible, et je pensai qu'il s'agissait peut-être d'un chien. Mais pour les cousins de Ch'nouville, voilà. Avec l'âge s'était amorti chez la jeune marquise le plaisir qu'elle avait à prononcer leur nom de cette manière. Et cependant c'était pour le goûter qu'elle avait jadis décidé son mariage. Dans d'autres groupes mondains, quand on parlait des Chenouville, l'habitude était (du moins chaque fois que la particule était précédée d'un nom finissant par une voyelle, car dans le cas contraire on était bien obligé de prendre appui sur le de; la langue se refusant à prononcer Madam' d' Ch'nonceaux) que ce fût l'e muet de la particule qu'on sacrifiât. On disait : « Monsieur d'Chenouville ». Chez les Cambremer la tradition était inverse, mais aussi impérieuse. C'était l'e muet de Chenouville que, dans tous les cas, on supprimait. Que le nom fût précédé de mon cousin ou de ma cousine, c'était toujours de « Ch'nouville » et jamais de Chenouville. (Pour le père de ces Chenouville on disait notre oncle, car on n'était pas assez gratin à Féterne pour prononcer notre « onk », comme eussent fait les Guermantes, dont le baragouin voulu, supprimant les consonnes et nationalisant les noms étrangers, était aussi difficile à comprendre que le vieux français ou un moderne patois.) Toute personne qui entrait dans la famille recevait aussitôt, sur ce point des Ch'nouville, un avertissement dont Mlle Legrandin-Cambremer n'avait pas eu besoin. Un jour, en visite, entendant une jeune fille dire : « ma tante d'Uzai », « mon onk de Rouan », elle n'avait pas reconnu immédiatement les noms illustres qu'elle avait l'habitude de prononcer : Uzès et Rohan ; elle avait eu l'étonnement, l'embarras et la honte de quelqu'un qui a devant lui à table un instrument nouvellement inventé dont il ne sait pas l'usage et dont il n'ose pas commencer à manger. Mais, la nuit suivante et le lendemain, elle avait répété avec ravissement : « ma tante d'Uzai » avec cette suppression de l's finale, suppression qui l'avait stupéfaite la veille, mais qu'il lui semblait maintenant si vulgaire de ne pas connaître qu'une de ses amies lui ayant parlé d'un buste de la duchesse d'Uzès, Mlle Legrandin lui avait répondu avec mauvaise humeur, et d'un ton hautain : « Vous pourriez au moins prononcer comme il faut : Mame d'Uzai. » Dès lors elle avait compris qu'en vertu de la transmutation des matières consistantes en éléments de plus en plus subtils, la fortune considérable et si honorablement acquise qu'elle tenait de son père, l'éducation complète qu'elle avait reçue, son assiduité à la Sorbonne, tant aux cours de Caro qu'à ceux de Brunetière, et aux concerts Lamoureux, tout cela devait se volatiliser, trouver sa sublimation dernière dans le plaisir de dire un jour : « ma tante d'Uzai ». Il n'excluait pas de son esprit qu'elle continuerait à fréquenter, au moins dans les premiers temps qui suivraient son mariage, non pas certaines amies qu'elle aimait et qu'elle était résignée à sacrifier, mais certaines autres qu'elle n'aimait pas et à qui elle voulait pouvoir dire (puisqu'elle se marierait pour cela) : « Je vais vous présenter à ma tante d'Uzai », et quand elle vit que cette alliance était trop difficile : « Je vais vous présenter à ma tante de Ch'nouville » et : « Je vous ferai dîner avec les Uzai. » Son mariage avec M. de Cambremer avait procuré à Mlle Legrandin l'occasion de dire la première de ces phrases mais non la seconde, le monde que fréquentaient ses beaux-parents n'étant pas celui qu'elle avait cru et duquel elle continuait à rêver. Aussi, après m'avoir dit de Saint-Loup (en adoptant pour cela une expression de Robert, car si, pour causer, j'employais avec elle ces expressions de Legrandin, par une suggestion inverse elle me répondait dans le dialecte de Robert, qu'elle ne savait pas emprunté à Rachel), en rapprochant le pouce de l'index et en fermant à demi les yeux comme si elle regardait quelque chose d'infiniment délicat qu'elle était parvenue à capter : « Il a une jolie qualité d'esprit » ; elle fit son éloge avec tant de chaleur qu'on aurait pu croire qu'elle était amoureuse de lui (on avait d'ailleurs prétendu qu'autrefois, quand il était à Doncières, Robert avait été son amant), en réalité simplement pour que je le lui répétasse et pour aboutir à : « Vous êtes très lié avec la duchesse de Guermantes. Je suis souffrante, je ne sors guère, et je sais qu'elle reste confinée dans un cercle d'amis choisis, ce que je trouve très bien, aussi je la connais très peu, mais je sais que c'est une femme absolument supérieure. » Sachant que Mme de Cambremer la connaissait à peine, et pour me faire aussi petit qu'elle, je glissai sur ce sujet et répondis à la marquise que j'avais connu surtout son frère, M. Legrandin. À ce nom, elle prit le même air évasif que j'avais eu pour Mme de Guermantes, mais en y joignant une expression de mécontentement, car elle pensa que j'avais dit cela pour humilier non pas moi, mais elle. Était-elle rongée par le désespoir d'être née Legrandin ? C'est du moins ce que prétendaient les sœurs et belles-sœurs de son mari, dames nobles de province qui ne connaissaient personne et ne savaient rien, jalousaient l'intelligence de Mme de Cambremer, son instruction, sa fortune, les agréments physiques qu'elle avait eus avant de tomber malade. « Elle ne pense pas à autre chose, c'est cela qui la tue », disaient ces méchantes dès qu'elles parlaient de Mme de Cambremer à n'importe qui, mais de préférence à un roturier, soit, s'il était fat et stupide, pour donner plus de valeur, par cette affirmation de ce qu'a de honteux la roture, à l'amabilité qu'elles marquaient pour lui, soit, s'il était timide et fin et s'appliquait le propos à soi-même, pour avoir le plaisir, tout en le recevant bien, de lui faire indirectement une insolence. Mais si ces dames croyaient dire vrai pour leur belle-sœur, elles se trompaient. Celle-ci souffrait d'autant moins d'être née Legrandin qu'elle en avait perdu le souvenir. Elle fut froissée que je le lui rendisse et se tut comme si elle n'avait pas compris, ne jugeant pas nécessaire d'apporter une précision, ni même une confirmation aux miens.

« Nos parents ne sont pas la principale cause de l'écourtement de notre visite, me dit Mme de Cambremer douairière, qui était probablement plus blasée que sa belle-fille sur le plaisir qu'il y a à dire : « Ch'nouville ». Mais, pour ne pas vous fatiguer de trop de monde, Monsieur, dit-elle en montrant l'avocat, n'a pas osé faire venir jusqu'ici sa femme et son fils. Ils se promènent sur la plage en nous attendant et doivent commencer à s'ennuyer. » Je me les fis désigner exactement et courus les chercher. La femme avait une figure ronde comme certaines fleurs de la famille des renonculacées, et au coin de l'œil un assez large signe végétal. Et les générations des hommes gardant leurs caractères comme une famille de plantes, de même que sur la figure flétrie de la mère, le même signe, qui eût pu aider au classement d'une variété, se gonflait sous l'œil du fils. Mon empressement auprès de sa femme et de son fils toucha l'avocat. Il montra de l'intérêt au sujet de mon séjour à Balbec. « Vous devez vous trouver un peu dépaysé, car il y a ici, en majeure partie, des étrangers. » Et il me regardait tout en me parlant, car n'aimant pas les étrangers, bien que beaucoup fussent de ses clients, il voulait s'assurer que je n'étais pas hostile à sa xénophobie, auquel cas il eût battu en retraite en disant : « Naturellement, Mme X... peut être une femme charmante. C'est une question de principes. » Comme je n'avais, à cette époque, aucune opinion sur les étrangers, je ne témoignai pas de désapprobation, il se sentit en terrain sûr. Il alla jusqu'à me demander de venir un jour chez lui, à Paris, voir sa collection de Le Sidaner, et d'entraîner avec moi les Cambremer, avec lesquels il me croyait évidemment intime. « Je vous inviterai avec Le Sidaner, me dit-il, persuadé que je ne vivrais plus que dans l'attente de ce jour béni. Vous verrez quel homme exquis. Et ses tableaux vous enchanteront. Bien entendu, je ne puis pas rivaliser avec les grands collectionneurs, mais je crois que c'est moi qui ai le plus grand nombre de ses toiles préférées. Cela vous intéressera d'autant plus, venant de Balbec, que ce sont des marines, du moins en majeure partie. » La femme et le fils, pourvus du caractère végétal, écoutaient avec recueillement. On sentait qu'à Paris leur hôtel était une sorte de temple du Le Sidaner. Ces sortes de temples ne sont pas inutiles. Quand le dieu a des doutes sur lui-même, il bouche aisément les fissures de son opinion sur lui-même par les témoignages irrécusables d'êtres qui ont voué leur vie à son œuvre.

Sur un signe de sa belle-fille, Mme de Cambremer allait se lever et me disait : « Puisque vous ne voulez pas vous installer à Féterne, ne voulez-vous pas au moins venir déjeuner, un jour de la semaine, demain par exemple ? » Et, dans sa bienveillance, pour me décider elle ajouta : « Vous retrouverez le comte de Crisenoy » que je n'avais nullement perdu, pour la raison que je ne le connaissais pas. Elle commençait à faire luire à mes yeux d'autres tentations encore, mais elle s'arrêta net. Le premier président, qui, en rentrant, avait appris qu'elle était à l'hôtel, l'avait sournoisement cherchée partout, attendue ensuite et, feignant de la rencontrer par hasard, il vint lui présenter ses hommages. Je compris que Mme de Cambremer ne tenait pas à étendre à lui l'invitation à déjeuner qu'elle venait de m'adresser. Il la connaissait pourtant depuis bien plus longtemps que moi, étant depuis des années un de ces habitués des matinées de Féterne que j'enviais tant durant mon premier séjour à Balbec. Mais l'ancienneté ne fait pas tout pour les gens du monde. Et ils réservent plus volontiers les déjeuners aux relations nouvelles qui piquent encore leur curiosité, surtout quand elles arrivent précédées d'une prestigieuse et chaude recommandation comme celle de Saint-Loup. Mme de Cambremer supputa que le premier président n'avait pas entendu ce qu'elle m'avait dit, mais pour calmer les remords qu'elle éprouvait, elle lui tint les plus aimables propos. Dans l'ensoleillement qui noyait à l'horizon la côte dorée, habituellement invisible, de Rivebelle, nous discernâmes, à peine séparées du lumineux azur, sortant des eaux, roses, argentines, imperceptibles, les petites cloches de l'angélus qui sonnaient aux environs de Féterne. « Ceci est encore assez Pelléas, fis-je remarquer à Mme de Cambremer-Legrandin. Vous savez la scène que je veux dire. – Je crois bien que je sais » ; mais « je ne sais pas du tout » était proclamé par sa voix et son visage, qui ne se moulaient à aucun souvenir, et par son sourire sans appui, en l'air. La douairière ne revenait pas de ce que les cloches portassent jusqu'ici et se leva en pensant à l'heure : « Mais en effet, dis-je, d'habitude, de Balbec, on ne voit pas cette côte, et on ne l'entend pas non plus. Il faut que le temps ait changé et ait doublement élargi l'horizon. À moins qu'elles ne viennent vous chercher puisque je vois qu'elles vous font partir ; elles sont pour vous la cloche du dîner. » Le premier président, peu sensible aux cloches, regardait furtivement la digue qu'il se désolait de voir ce soir aussi dépeuplée. « Vous êtes un vrai poète, me dit Mme de Cambremer. On vous sent si vibrant, si artiste ; venez, je vous jouerai du Chopin », ajouta-t-elle en levant les bras d'un air extasié et en prononçant les mots d'une voix rauque qui avait l'air de déplacer des galets. Puis vint la déglutition de la salive, et la vieille dame essuya instinctivement la légère brosse, dite à l'américaine, de sa moustache avec son mouchoir. Le premier président me rendit sans le vouloir un très grand service en empoignant la marquise par le bras pour la conduire à sa voiture, une certaine dose de vulgarité, de hardiesse et de goût pour l'ostentation dictant une conduite que d'autres hésiteraient à assurer, et qui est loin de déplaire dans le monde. Il en avait d'ailleurs, depuis tant d'années, bien plus l'habitude que moi. Tout en le bénissant je n'osai l'imiter et marchai à côté de Mme de Cambremer-Legrandin, laquelle voulut voir le livre que je tenais à la main. Le nom de Mme de Sévigné lui fit faire la moue ; et, usant d'un mot qu'elle avait lu dans certains journaux, mais qui, parlé et mis au féminin, et appliqué à un écrivain du XVIIe siècle, faisait un effet bizarre, elle me demanda : « La trouvez-vous vraiment talentueuse ? » La marquise donna au valet de pied l'adresse d'un pâtissier où elle avait à s'en aller avant de repartir sur la route, rose de la poussière du soir, où bleuissaient en forme de croupes les falaises échelonnées. Elle demanda à son vieux cocher si un de ses chevaux, qui était frileux, avait eu assez chaud, si le sabot de l'autre ne lui faisait pas mal. « Je vous écrirai pour ce que nous devons convenir, me dit-elle à mi-voix. J'ai vu que vous causiez littérature avec ma belle-fille, elle est adorable », ajouta-t-elle, bien qu'elle ne le pensât pas, mais elle avait pris l'habitude – gardée par bonté – de le dire pour que son fils n'eût pas l'air d'avoir fait un mariage d'argent. « Et puis, ajouta-t-elle dans un dernier mâchonnement enthousiaste, elle est si hartthhisstte ! » Puis elle monta en voiture, balançant la tête, levant la crosse de son ombrelle, et repartit par les rues de Balbec, surchargée des ornements de son sacerdoce, comme un vieil évêque en tournée de confirmation.

« Elle vous a invité à déjeuner, me dit sévèrement le premier président quand la voiture se fut éloignée et que je rentrai avec mes amies. Nous sommes en froid. Elle trouve que je la néglige. Dame, je suis facile à vivre. Qu'on ait besoin de moi, je suis toujours là pour répondre : « Présent. » Mais ils ont voulu jeter le grappin sur moi. Ah ! alors, cela, ajouta-t-il d'un air fin et en levant le doigt comme quelqu'un qui distingue et argumente, je ne permets pas ça. C'est attenter à la liberté de mes vacances. J'ai été obligé de dire : « Halte-là ». Vous paraissez fort bien avec elle. Quand vous aurez mon âge, vous verrez que c'est bien peu de chose, le monde, et vous regretterez d'avoir attaché tant d'importance à ces riens. Allons, je vais faire un tour avant dîner. Adieu les enfants », cria-t-il à la cantonade, comme s'il était déjà éloigné de cinquante pas.

Quand j'eus dit au revoir à Rosemonde et à Gisèle, elles virent avec étonnement Albertine arrêtée qui ne les suivait pas. « Hé bien, Albertine, qu'est-ce que tu fais, tu sais l'heure ? – Rentrez, leur répondit-t-elle avec autorité. J'ai à causer avec lui », ajouta-t-elle en me montrant d'un air soumis. Rosemonde et Gisèle me regardaient, pénétrées pour moi d'un respect nouveau. Je jouissais de sentir que, pour un moment du moins, aux yeux mêmes de Rosemonde et de Gisèle, j'étais pour Albertine quelque chose de plus important que l'heure de rentrer, que ses amies, et pouvais même avoir avec elle de graves secrets auxquels il était impossible qu'on les mêlât. « Est-ce que nous ne te verrons pas ce soir ? – Je ne sais pas, ça dépendra de celui-ci. En tout cas à demain. – Montons dans ma chambre », lui dis-je, quand ses amies se furent éloignées. Nous prîmes l'ascenseur ; elle garda le silence devant le lift. L'habitude d'être obligé de recourir à l'observation personnelle et à la déduction pour connaître les petites affaires des maîtres, ces gens étranges qui causent entre eux et ne leur parlent pas, développe chez les « employés » (comme le lift appelle les domestiques) un plus grand pouvoir de divination que chez les « patrons ». Les organes s'atrophient ou deviennent plus forts ou plus subtils selon que le besoin qu'on a d'eux croît ou diminue. Depuis qu'il existe des chemins de fer, la nécessité de ne pas manquer le train nous a appris à tenir compte des minutes, alors que chez les anciens Romains, dont l'astronomie n'était pas seulement plus sommaire mais aussi la vie moins pressée, la notion, non pas de minutes, mais même d'heures fixes, existait à peine. Aussi le lift avait-il compris et comptait-il raconter à ses camarades que nous étions préoccupés, Albertine et moi. Mais il nous parlait sans arrêter parce qu'il n'avait pas de tact. Cependant je voyais se peindre sur son visage, substitué à l'impression habituelle d'amitié et de joie de me faire monter dans son ascenseur, un air d'abattement et d'inquiétude extraordinaires. Comme j'en ignorais la cause, pour tâcher de l'en distraire, et quoique plus préoccupé d'Albertine, je lui dis que la dame qui venait de partir s'appelait la marquise de Cambremer et non de Camembert. À l'étage devant lequel nous posions alors, j'aperçus, portant un traversin, une femme de chambre affreuse qui me salua avec respect, espérant un pourboire au départ. J'aurais voulu savoir si c'était celle que j'avais tant désirée le soir de ma première arrivée à Balbec, mais je ne pus jamais arriver à une certitude. Le lift me jura, avec la sincérité de la plupart des faux témoins, mais sans quitter son air désespéré, que c'était bien sous le nom de Camembert que la marquise lui avait demandé de l'annoncer. Et, à vrai dire, il était bien naturel qu'il eût entendu un nom qu'il connaissait déjà. Puis, ayant sur la noblesse et la nature des noms avec lesquels se font les titres les notions fort vagues qui sont celles de beaucoup de gens qui ne sont pas liftiers, le nom de Camembert lui avait paru d'autant plus vraisemblable que, ce fromage étant universellement connu, il ne fallait point s'étonner qu'on eût tiré un marquisat d'une renommée aussi glorieuse, à moins que ce ne fût celle du marquisat qui eût donné sa célébrité au fromage. Néanmoins, comme il voyait que je ne voulais pas avoir l'air de m'être trompé et qu'il savait que les maîtres aiment à voir obéis leurs caprices les plus futiles et acceptés leurs mensonges les plus évidents, il me promit, en bon domestique, de dire désormais Cambremer. Il est vrai qu'aucun boutiquier de la ville ni aucun paysan des environs, où le nom et la personne des Cambremer étaient parfaitement connus, n'auraient jamais pu commettre l'erreur du lift. Mais le personnel du « grand hôtel de Balbec » n'était nullement du pays. Il venait de droite ligne, avec tout le matériel, de Biarritz, Nice et Monte-Carlo, une partie ayant été dirigée sur Deauville, une autre sur Dinard et la troisième réservée à Balbec.

    Mais la douleur anxieuse du lift ne fit que grandir. Pour qu'il oubliât ainsi de me témoigner son dévouement par ses habituels sourires, il fallait qu'il lui fût arrivé quelque malheur. Peut-être avait-il été « envoyé ». Je me promis dans ce cas de tâcher d'obtenir qu'il restât, le directeur m'ayant promis de ratifier tout ce que je déciderais concernant son personnel. « Vous pouvez toujours faire ce que vous voulez, je rectifie d'avance. » Tout à coup, comme je venais de quitter l'ascenseur, je compris la détresse, l'air atterré du lift. À cause de la présence d'Albertine je ne lui avais pas donné les cent sous que j'avais l'habitude de lui remettre en montant. Et cet imbécile, au lieu de comprendre que je ne voulais pas faire devant des tiers étalage de pourboires, avait commencé à trembler, supposant que c'était fini une fois pour toutes, que je ne lui donnerais plus jamais rien. Il s'imaginait que j'étais tombé dans la « dèche » (comme eût dit le duc de Guermantes), et sa supposition ne lui inspirait aucune pitié pour moi, mais une terrible déception égoïste. Je me dis que j'étais moins déraisonnable que ne trouvait ma mère quand je n'osais pas ne pas donner un jour la somme exagérée mais fiévreusement attendue que j'avais donnée la veille. Mais aussi la signification donnée jusque-là par moi, et sans aucun doute, à l'air habituel de joie, où je n'hésitais pas à voir un signe d'attachement, me parut d'un sens moins assuré. En voyant le liftier prêt, dans son désespoir, à se jeter des cinq étages, je me demandais si, nos conditions sociales se trouvant respectivement changées, du fait par exemple d'une révolution, au lieu de manœuvrer gentiment pour moi l'ascenseur, le lift, devenu bourgeois, ne m'en eût pas précipité, et s'il n'y a pas, dans certaines classes du peuple, plus de duplicité que dans le monde où, sans doute, l'on réserve pour notre absence les propos désobligeants, mais où l'attitude à notre égard ne serait pas insultante si nous étions malheureux.

  On ne peut pourtant pas dire qu'à l'hôtel de Balbec, le lift fût le plus intéressé. À ce point de vue le personnel se divisait en deux catégories : d'une part ceux qui faisaient des différences entre les clients, plus sensibles au pourboire raisonnable d'un vieux noble (d'ailleurs en mesure de leur éviter 28 jours en les recommandant au général de Beautreillis) qu'aux largesses inconsidérées d'un rasta qui décelait par là même un manque d'usage que, seulement devant lui, on appelait de la bonté. D'autre part ceux pour qui noblesse, intelligence, célébrité, situation, manières, étaient inexistantes, recouvertes par un chiffre. Il n'y avait pour ceux-là qu'une hiérarchie, l'argent qu'on a, ou plutôt celui qu'on donne. Peut-être Aimé lui-même, bien que prétendant, à cause du grand nombre d'hôtels où il avait servi, à un grand savoir mondain, appartenait-il à cette catégorie-là. Tout au plus donnait-il un tour social et de connaissance des familles à ce genre d'appréciation, en disant de la princesse de Luxembourg par exemple : « Il y a beaucoup d'argent là dedans ? » (le point d'interrogation étant afin de se renseigner, ou de contrôler définitivement les renseignements qu'il avait pris, avant de procurer à un client un « chef » pour Paris, ou de lui assurer une table à gauche, à l'entrée, avec vue sur la mer, à Balbec). Malgré cela, sans être dépourvu d'intérêt, il ne l'eût pas exhibé avec le sot désespoir du lift. Au reste, la naïveté de celui-ci simplifiait peut-être les choses. C'est la commodité d'un grand hôtel, d'une maison comme était autrefois celle de Rachel ; c'est que, sans intermédiaires, sur la face jusque-là glacée d'un employé ou d'une femme, la vue d'un billet de cent francs, à plus forte raison de mille, même donné, pour cette fois-là, à un autre, amène un sourire et des offres. Au contraire, dans la politique, dans les relations d'amant à maîtresse, il y a trop de choses placées entre l'argent et la docilité. Tant de choses que ceux-là mêmes chez qui l'argent éveille finalement le sourire sont souvent incapables de suivre le processus interne qui les relie, se croient, sont plus délicats. Et puis cela décante la conversation polie des « Je sais ce qui me reste à faire, demain on me trouvera à la Morgue. » Aussi rencontre-t-on dans la société polie peu de romanciers, de poètes, de tous ces êtres sublimes qui parlent justement de ce qu'il ne faut pas dire.

 Aussitôt seuls et engagés dans le corridor, Albertine me dit : « Qu'est-ce que vous avez contre moi ? » Ma dureté avec elle m'avait-elle été pénible à moi-même ? N'était-elle de ma part qu'une ruse inconsciente se proposant d'amener vis-à-vis de moi mon amie à cette attitude de crainte et de prière qui me permettrait de l'interroger, et peut-être d'apprendre laquelle des deux hypothèses que je formais depuis longtemps sur elle était la vraie ? Toujours est-il que, quand j'entendis sa question, je me sentis soudain heureux comme quelqu'un qui touche à un but longtemps désiré. Avant de lui répondre je la conduisis jusqu'à ma porte. Celle-ci en s'ouvrant fit refluer la lumière rose qui remplissait la chambre et changeait la mousseline blanche des rideaux tendus sur le soir en lampas aurore. J'allai jusqu'à la fenêtre ; les mouettes étaient posées de nouveau sur les flots ; mais maintenant elles étaient roses. Je le fis remarquer à Albertine : « Ne détournez pas la conversation, me dit-elle, soyez franc comme moi. » Je mentis. Je lui déclarai qu'il lui fallait écouter un aveu préalable, celui d'une grande passion que j'avais depuis quelque temps pour Andrée, et je le lui fis avec une simplicité et une franchise dignes du théâtre, mais qu'on n'a guère dans la vie que pour les amours qu'on ne ressent pas. Reprenant le mensonge dont j'avais usé avec Gilberte avant mon premier séjour à Balbec, mais le variant, j'allai, pour me faire mieux croire d'elle quand je lui disais maintenant que je ne l'aimais pas, jusqu'à laisser échapper qu'autrefois j'avais été sur le point d'être amoureux d'elle, mais que trop de temps avait passé, qu'elle n'était plus pour moi qu'une bonne camarade et que, l'eussé-je voulu, il ne m'eût plus été possible d'éprouver de nouveau à son égard des sentiments plus ardents. D'ailleurs, en appuyant ainsi devant Albertine sur ces protestations de froideur pour elle, je ne faisais – à cause d'une circonstance et en vue d'un but particuliers – que rendre plus sensible, marquer avec plus de force, ce rythme binaire qu'adopte l'amour chez tous ceux qui doutent trop d'eux-mêmes pour croire qu'une femme puisse jamais les aimer, et aussi qu'eux-mêmes puissent l'aimer véritablement. Ils se connaissent assez pour savoir qu'auprès des plus différentes, ils éprouvaient les mêmes espoirs, les mêmes angoisses, inventaient les mêmes romans, prononçaient les mêmes paroles, pour s'être rendu ainsi compte que leurs sentiments, leurs actions, ne sont pas en rapport étroit et nécessaire avec la femme aimée, mais passent à côté d'elle, l'éclaboussent, la circonviennent comme le flux qui se jette le long des rochers, et le sentiment de leur propre instabilité augmente encore chez eux la défiance que cette femme, dont ils voudraient tant être aimés, ne les aime pas. Pourquoi le hasard aurait-il fait, puisqu'elle n'est qu'un simple accident placé devant le jaillissement de nos désirs, que nous fussions nous-mêmes le but de ceux qu'elle a ? Aussi, tout en ayant besoin d'épancher vers elle tous ces sentiments, si différents des sentiments simplement humains que notre prochain nous inspire, ces sentiments si spéciaux que sont les sentiments amoureux, après avoir fait un pas en avant, en avouant à celle que nous aimons notre tendresse pour elle, nos espoirs, aussitôt craignant de lui déplaire, confus aussi de sentir que le langage que nous lui avons tenu n'a pas été formé expressément pour elle, qu'il nous a servi, nous servira pour d'autres, que si elle ne nous aime pas elle ne peut pas nous comprendre, et que nous avons parlé alors avec le manque de goût, l'impudeur du pédant adressant à des ignorants des phrases subtiles qui ne sont pas pour eux, cette crainte, cette honte, amènent le contre-rythme, le reflux, le besoin, fût-ce en reculant d'abord, en retirant vivement la sympathie précédemment confessée, de reprendre l'offensive et de ressaisir l'estime, la domination ; le rythme double est perceptible dans les diverses périodes d'un même amour, dans toutes les périodes correspondantes d'amours similaires, chez tous les êtres qui s'analysent mieux qu'ils ne se prisent haut. S'il était pourtant un peu plus vigoureusement accentué qu'il n'est d'habitude, dans ce discours que j'étais en train de faire à Albertine, c'était simplement pour me permettre de passer plus vite et plus énergiquement au rythme opposé que scanderait ma tendresse.

 Comme si Albertine avait dû avoir de la peine à croire ce que je lui disais de mon impossibilité de l'aimer de nouveau, à cause du trop long intervalle, j'étayais ce que j'appelais une bizarrerie de mon caractère d'exemples tirés de personnes avec qui j'avais, par leur faute ou la mienne, laissé passer l'heure de les aimer, sans pouvoir, quelque désir que j'en eusse, la retrouver après. J'avais ainsi l'air à la fois de m'excuser auprès d'elle, comme d'une impolitesse, de cette incapacité de recommencer à l'aimer, et de chercher à lui en faire comprendre les raisons psychologiques comme si elles m'eussent été particulières. Mais en m'expliquant de la sorte, en m'étendant sur le cas de Gilberte, vis-à-vis de laquelle en effet avait été rigoureusement vrai ce qui le devenait si peu, appliqué à Albertine, je ne faisais que rendre mes assertions aussi plausibles que je feignais de croire qu'elles le fussent peu. Sentant qu'Albertine appréciait ce qu'elle croyait mon « franc parler » et reconnaissait dans mes déductions la clarté de l'évidence, je m'excusai du premier, lui disant que je savais bien qu'on déplaisait toujours en disant la vérité et que celle-ci d'ailleurs devait lui paraître incompréhensible. Elle me remercia, au contraire, de ma sincérité et ajouta qu'au surplus elle comprenait à merveille un état d'esprit si fréquent et si naturel.

Cet aveu fait à Albertine d'un sentiment imaginaire pour Andrée, et pour elle-même d'une indifférence que, pour paraître tout à fait sincère et sans exagération, je lui assurai incidemment, comme par un scrupule de politesse, ne pas devoir être prise trop à la lettre, je pus enfin, sans crainte, qu'Albertine y soupçonnât de l'amour, lui parler avec une douceur que je me refusais depuis si longtemps et qui me parut délicieuse. Je caressais presque ma confidente ; en lui parlant de son amie que j'aimais, les larmes me venaient aux yeux. Mais, venant au fait, je lui dis enfin qu'elle savait ce qu'était l'amour, ses susceptibilités, ses souffrances, et que peut-être, en amie déjà ancienne pour moi, elle aurait à cœur de faire cesser les grands chagrins qu'elle me causait, non directement puisque ce n'était pas elle que j'aimais, si j'osais le redire sans la froisser, mais indirectement en m'atteignant dans mon amour pour Andrée. Je m'interrompis pour regarder et montrer à Albertine un grand oiseau solitaire et hâtif qui, loin devant nous, fouettant l'air du battement régulier de ses ailes, passait à toute vitesse au-dessus de la plage tachée çà et là de reflets pareils à des petits morceaux de papier rouge déchirés et la traversait dans toute sa longueur, sans ralentir son allure, sans détourner son attention, sans dévier de son chemin, comme un émissaire qui va porter bien loin un message urgent et capital. « Lui, du moins, va droit au but ! me dit Albertine d'un air de reproche. — Vous me dites cela parce que vous ne savez pas ce que j'aurais voulu vous dire. Mais c'est tellement difficile que j'aime mieux y renoncer ; je suis certain que je vous fâcherais ; alors cela n'aboutira qu'à ceci : je ne serai en rien plus heureux avec celle que j'aime d'amour et j'aurai perdu une bonne camarade. — Mais puisque je vous jure que je ne me fâcherai pas. » Elle avait l'air si doux, si tristement docile et d'attendre de moi son bonheur, que j'avais peine à me contenir et à ne pas embrasser, presque avec le même genre de plaisir que j'aurais eu à embrasser ma mère, ce visage nouveau qui n'offrait plus la mine éveillée et rougissante d'une chatte mutine et perverse au petit nez rose et levé, mais semblait dans la plénitude de sa tristesse accablée, fondu, à larges coulées aplaties et retombantes, dans de la bonté. Faisant abstraction de mon amour comme d'une folie chronique sans rapport avec elle, me mettant à sa place, je m'attendrissais devant cette brave fille habituée à ce qu'on eût pour elle des procédés aimables et loyaux, et que le bon camarade qu'elle avait pu croire que j'étais pour elle poursuivait, depuis des semaines, de persécutions qui étaient enfin arrivées à leur point culminant. C'est parce que je me plaçais à un point de vue purement humain, extérieur à nous deux et d'où mon amour jaloux s'évanouissait, que j'éprouvais pour Albertine cette pitié profonde, qui l'eût moins été si je ne l'avais pas aimée. Du reste, dans cette oscillation rythmée qui va de la déclaration à la brouille (le plus sûr moyen, le plus efficacement dangereux pour former, par mouvements opposés et successifs, un nœud qui ne se défasse pas et nous attache solidement à une personne), au sein du mouvement de retrait qui constitue l'un des deux éléments du rythme, à quoi bon distinguer encore les reflux de la pitié humaine, qui, opposés à l'amour, quoique ayant peut-être inconsciemment la même cause, produisent en tout cas les mêmes effets ? En se rappelant plus tard le total de tout ce qu'on a fait pour une femme, on se rend compte souvent que les actes inspirés par le désir de montrer qu'on aime, de se faire aimer, de gagner des faveurs, ne tiennent guère plus de place que ceux dus au besoin humain de réparer les torts envers l'être qu'on aime, par simple devoir moral, comme si on ne l'aimait pas. « Mais enfin qu'est-ce que j'ai pu faire ? » me demanda Albertine. On frappa ; c'était le lift ; la tante d'Albertine, qui passait devant l'hôtel en voiture, s'était arrêtée à tout hasard pour voir si elle n'y était pas et la ramener. Albertine fit répondre qu'elle ne pouvait pas descendre, qu'on dînât sans l'attendre, qu'elle ne savait pas à quelle heure elle rentrerait. « Mais votre tante sera fâchée ? – Pensez-vous ! Elle comprendra très bien. » Ainsi donc, en ce moment, du moins, tel qu'il n'en reviendrait peut-être pas, un entretien avec moi se trouvait, par suite des circonstances, être aux yeux d'Albertine une chose d'une importance si évidente qu'on dût le faire passer avant tout, et à laquelle, se reportant sans doute instinctivement à une jurisprudence familiale, énumérant telles conjonctures où, quand la carrière de M. Bontemps était en jeu, on n'avait pas regardé à un voyage, mon amie ne doutait pas que sa tante trouvât tout naturel de voir sacrifier l'heure du dîner. Cette heure lointaine qu'elle passait sans moi, chez les siens, Albertine l'ayant fait glisser jusqu'à moi me la donnait ; j'en pouvais user à ma guise. Je finis par oser lui dire ce qu'on m'avait raconté de son genre de vie, et que, malgré le profond dégoût que m'inspiraient les femmes atteintes du même vice, je ne m'en étais pas soucié jusqu'à ce qu'on m'eût nommé sa complice, et qu'elle pouvait comprendre facilement, au point où j'aimais Andrée, quelle douleur j'en avais ressentie. Il eût peut-être été plus habile de dire qu'on m'avait cité aussi d'autres femmes, mais qui m'étaient indifférentes. Mais la brusque et terrible révélation que m'avait faite Cottard était entrée en moi me déchirer, telle quelle, tout entière, mais sans plus. Et de même qu'auparavant je n'aurais jamais eu de moi-même l'idée qu'Albertine aimait Andrée, ou du moins pût avoir des jeux caressants avec elle, si Cottard ne m'avait pas fait remarquer leur pose en valsant, de même je n'avais pas su passer de cette idée à celle, pour moi tellement différente, qu'Albertine pût avoir avec d'autres femmes qu'Andrée des relations dont l'affection n'eût même pas été l'excuse. Albertine, avant même de me jurer que ce n'était pas vrai, manifesta, comme toute personne à qui on vient d'apprendre qu'on a ainsi parlé d'elle, de la colère, du chagrin et, à l'endroit du calomniateur inconnu, la curiosité rageuse de savoir qui il était et le désir d'être confrontée avec lui pour pouvoir le confondre. Mais elle m'assura qu'à moi du moins, elle n'en voulait pas. « Si cela avait été vrai, je vous l'aurais avoué. Mais Andrée et moi nous avons aussi horreur l'une que l'autre de ces choses-là. Nous ne sommes pas arrivées à notre âge sans voir des femmes aux cheveux courts, qui ont des manières d'hommes et le genre que vous dites, et rien ne nous révolte autant. » Albertine ne me donnait que sa parole, une parole péremptoire et non appuyée de preuves. Mais c'est justement ce qui pouvait le mieux me calmer, la jalousie appartenant à cette famille de doutes maladifs que lève bien plus l'énergie d'une affirmation que sa vraisemblance. C'est d'ailleurs le propre de l'amour de nous rendre à la fois plus défiants et plus crédules, de nous faire soupçonner, plus vite que nous n'aurions fait une autre, celle que nous aimons, et d'ajouter foi plus aisément à ses dénégations. Il faut aimer pour prendre souci qu'il n'y ait pas que des honnêtes femmes, autant dire pour s'en aviser, et il faut aimer aussi pour souhaiter, c'est-à-dire pour s'assurer qu'il y en a. Il est humain de chercher la douleur et aussitôt à s'en délivrer. Les propositions qui sont capables d'y réussir nous semblent facilement vraies, on ne chicane pas beaucoup sur un calmant qui agit. Et puis, si multiple que soit l'être que nous aimons, il peut en tout cas nous présenter deux personnalités essentielles, selon qu'il nous apparaît comme nôtre ou comme tournant ses désirs ailleurs que vers nous. La première de ces personnalités possède la puissance particulière qui nous empêche de croire à la réalité de la seconde, le secret spécifique pour apaiser les souffrances que cette dernière a causées. L'être aimé est successivement le mal et le remède qui suspend et aggrave le mal. Sans doute j'avais été depuis longtemps, par la puissance qu'exerçait sur mon imagination et ma faculté d'être ému l'exemple de Swann, préparé à croire vrai ce que je craignais au lieu de ce que j'aurais souhaité. Aussi la douceur apportée par les affirmations d'Albertine faillit-elle en être compromise un moment parce que je me rappelai l'histoire d'Odette. Mais je me dis que, s'il était juste de faire sa part au pire, non seulement quand, pour comprendre les souffrances de Swann, j'avais essayé de me mettre à la place de celui-ci, mais maintenant qu'il s'agissait de moi-même, en cherchant la vérité comme s'il se fût agi d'un autre, il ne fallait cependant pas que, par cruauté pour moi-même, soldat qui choisit le poste non pas où il peut être le plus utile mais où il est le plus exposé, j'aboutisse à l'erreur de tenir une supposition pour plus vraie que les autres, à cause de cela seul qu'elle était la plus douloureuse. N'y avait-il pas un abîme entre Albertine, jeune fille d'assez bonne famille bourgeoise, et Odette, cocotte vendue par sa mère dès son enfance ? La parole de l'une ne pouvait être mise en comparaison avec celle de l'autre. D'ailleurs Albertine n'avait en rien à me mentir le même intérêt qu'Odette à Swann. Et encore à celui-ci Odette avait avoué ce qu'Albertine venait de nier. J'aurais donc commis une faute de raisonnement aussi grave – quoique inverse – que celle qui m'eût incliné vers une hypothèse parce que celle-ci m'eût fait moins souffrir que les autres, en ne tenant pas compte de ces différences de fait dans les situations, et en reconstituant la vie réelle de mon amie uniquement d'après ce que j'avais appris de celle d'Odette. J'avais devant moi une nouvelle Albertine, déjà entrevue plusieurs fois, il est vrai, vers la fin de mon premier séjour à Balbec, franche, bonne, une Albertine qui venait, par affection pour moi, de me pardonner mes soupçons et de tâcher à les dissiper. Elle me fit asseoir à côté d'elle sur mon lit.

Je la remerciai de ce qu'elle m'avait dit, je l'assurai que notre réconciliation était faite et que je ne serais plus jamais dur avec elle. Je dis à Albertine qu'elle devrait tout de même rentrer dîner. Elle me demanda si je n'étais pas bien comme cela. Et attirant ma tête pour une caresse qu'elle ne m'avait encore jamais faite et que je devais peut-être à notre brouille finie, elle passa légèrement sa langue sur mes lèvres, qu'elle essayait d'entr'ouvrir. Pour commencer je ne les desserrai pas. « Quel grand méchant vous faites ! » me dit-elle.

J'aurais dû partir ce soir-là sans jamais la revoir. Je pressentais dès lors que, dans l'amour non partagé – autant dire dans l'amour, car il est des êtres pour qui il n'est pas d'amour partagé – on peut goûter du bonheur seulement ce simulacre qui m'en était donné à un de ces moments uniques dans lesquels la bonté d'une femme, ou son caprice, ou le hasard, appliquent sur nos désirs, en une coïncidence parfaite, les mêmes paroles, les mêmes actions, que si nous étions vraiment aimés. La sagesse eût été de considérer avec curiosité, de posséder avec délices cette petite parcelle de bonheur, à défaut de laquelle je serais mort sans avoir soupçonné ce qu'il peut être pour des cœurs moins difficiles ou plus favorisés ; de supposer qu'elle faisait partie d'un bonheur vaste et durable qui m'apparaissait en ce point seulement ; et, pour que le lendemain n'inflige pas un démenti à cette feinte, de ne pas chercher à demander une faveur de plus après celle qui n'avait été due qu'à l'artifice d'une minute d'exception. J'aurais dû quitter Balbec, m'enfermer dans la solitude, y rester en harmonie avec les dernières vibrations de la voix que j'avais su rendre un instant amoureuse, et de qui je n'aurais plus rien exigé que de ne pas s'adresser davantage à moi ; de peur que, par une parole nouvelle qui n'eût pu désormais être que différente, elle vînt blesser d'une dissonance le silence sensitif où, comme grâce à quelque pédale, aurait pu survivre longtemps en moi la tonalité du bonheur.

Tranquillisé par mon explication avec Albertine, je recommençai à vivre davantage auprès de ma mère. Elle aimait à me parler doucement du temps où ma grand'mère était plus jeune. Craignant que je ne me fisse des reproches sur les tristesses dont j'avais pu assombrir la fin de cette vie, elle revenait volontiers aux années où mes premières études avaient causé à ma grand'mère des satisfactions que jusqu'ici on m'avait toujours cachées. Nous reparlions de Combray. Ma mère me dit que là-bas du moins je lisais, et qu'à Balbec je devrais bien faire de même, si je ne travaillais pas. Je répondis que, pour m'entourer justement des souvenirs de Combray et des jolies assiettes peintes, j'aimerais relire les *Mille et une Nuits*. Comme jadis à Combray, quand elle me donnait des livres pour ma fête, c'est en cachette, pour me faire une surprise, que ma mère me fit venir à la fois les *Mille et une Nuits* de Galland et les *Mille et une Nuits* de Mardrus. Mais, après avoir jeté un coup d'œil sur les deux traductions, ma mère aurait bien voulu que je m'en tinsse à celle de Galland, tout en craignant de m'influencer, à cause du respect qu'elle avait de la liberté intellectuelle, de la peur d'intervenir maladroitement dans la vie de ma pensée, et du sentiment qu'étant une femme, d'une part elle manquait, croyait-elle, de la compétence littéraire qu'il fallait, d'autre part qu'elle ne devait pas juger d'après ce qui la choquait les lectures d'un jeune homme. En tombant sur certains contes, elle avait été révoltée par l'immoralité du sujet et la crudité de l'expression. Mais surtout, conservant précieusement comme des reliques, non pas seulement la broche, l'en-tout-cas, le manteau, le volume de Mme de Sévigné, mais aussi les habitudes de pensée et de langage de sa mère, cherchant en toute occasion quelle opinion celle-ci eût émise, ma mère ne pouvait douter de la condamnation que ma grand'mère eût prononcée contre le livre de Mardrus. Elle se rappelait qu'à Combray, tandis qu'avant de partir marcher du côté de Méséglise je lisais Augustin Thierry, ma grand'mère, contente de mes lectures, de mes promenades, s'indignait pourtant de voir celui dont le nom restait attaché à cet hémistiche : « Puis règne Mérovée » appelé Merowig, refusait de dire Carolingiens pour les Carlovingiens, auxquels elle restait fidèle. Enfin je lui avais raconté ce que ma grand'mère avait pensé des noms grecs que Bloch, d'après Leconte de Lisle, donnait aux dieux d'Homère, allant même, pour les choses les plus simples, à se faire un devoir religieux, en lequel il croyait que consistait le talent littéraire, d'adopter une orthographe grecque. Ayant, par exemple, à dire dans une lettre que le vin qu'on buvait chez lui était un vrai nectar, il écrivait un vrai nektar, avec un k, ce qui lui permettait de ricaner au nom de Lamartine. Or si une Odyssée d'où étaient absents les noms d'Ulysse et de Minerve n'était plus pour elle l'Odyssée, qu'aurait-elle dit en voyant déjà déformé sur la couverture le titre de ses Mille et Une Nuits, en ne retrouvant plus, exactement transcrits comme elle avait été de tout temps habituée à les dire, les noms immortellement familiers de Sheherazade, de Dinarzade, où, débaptisés eux-mêmes, si l'on ose employer le mot pour des contes musulmans, le charmant Calife et les puissants Génies se reconnaissaient à peine, étant appelés l'un le « Khalifat », les autres les « Gennis » ? Pourtant ma mère me remit les deux ouvrages, et je lui dis que je les lirais les jours où je serais trop fatigué pour me promener.

 Ces jours-là n'étaient pas très fréquents d'ailleurs. Nous allions goûter comme autrefois « en bande », Albertine, ses amies et moi, sur la falaise ou à la ferme Marie-Antoinette. Mais il y avait des fois où Albertine me donnait ce grand plaisir. Elle me disait : « Aujourd'hui je veux être un peu seule avec vous, ce sera plus gentil de se voir tous les deux. » Alors elle disait qu'elle avait à faire, que d'ailleurs elle n'avait pas de comptes à rendre, et pour que les autres, si elles allaient tout de même sans nous se promener et goûter, ne pussent pas nous retrouver, nous allions, comme deux amants, tout seuls à Bagatelle ou à la Croix d'Heulan, pendant que la bande, qui n'aurait jamais eu l'idée de nous chercher là et n'y allait jamais, restait indéfiniment, dans l'espoir de nous voir arriver, à Marie-Antoinette. Je me rappelle les temps chauds qu'il faisait alors, où du front des garçons de ferme travaillant au soleil une goutte de sueur tombait verticale, régulière, intermittente, comme la goutte d'eau d'un réservoir, et alternait avec la chute du fruit mûr qui se détachait de l'arbre dans les « clos » voisins ; ils sont restés, aujourd'hui encore, avec ce mystère d'une femme cachée, la part la plus consistante de tout amour qui se présente pour moi. Une femme dont on me parle et à laquelle je ne songerais pas un instant, je dérange tous les rendez-vous de ma semaine pour la connaître, si c'est une semaine où il fait un de ces temps-là, et si je dois la voir dans quelque ferme isolée. J'ai beau savoir que ce genre de temps et de rendez-vous n'est pas d'elle, c'est l'appât, pourtant bien connu de moi, auquel je me laisse prendre et qui suffit pour m'accrocher. Je sais que cette femme, par un temps froid, dans une ville, j'aurais pu la désirer, mais sans accompagnement de sentiment romanesque, sans devenir amoureux ; l'amour n'en est pas moins fort une fois que, grâce à des circonstances, il m'a enchaîné – il est seulement plus mélancolique, comme le deviennent dans la vie nos sentiments pour des personnes, au fur et à mesure que nous nous apercevons davantage de la part de plus en plus petite qu'elles y tiennent et que l'amour nouveau que nous souhaiterions si durable, abrégé en même temps que notre vie même, sera le dernier.

Il y avait encore peu de monde à Balbec, peu de jeunes filles. Quelquefois j'en voyais telle ou telle arrêtée sur la plage, sans agrément, et que pourtant bien des coïncidences semblaient certifier être la même que j'avais été désespéré de ne pouvoir approcher au moment où elle sortait avec ses amies du manège ou de l'école de gymnastique. Si c'était la même (et je me gardais d'en parler à Albertine), la jeune fille que j'avais crue enivrante n'existait pas. Mais je ne pouvais arriver à une certitude, car le visage de ces jeunes filles n'occupait pas sur la plage une grandeur, n'offrait pas une forme permanente, contracté, dilaté, transformé qu'il était par ma propre attente, l'inquiétude de mon désir ou un bien-être qui se suffit à lui-même, les toilettes différentes qu'elles portaient, la rapidité de leur marche ou leur immobilité. De tout près pourtant, deux ou trois me semblaient adorables. Chaque fois que je voyais une de celles-là, j'avais envie de l'emmener dans l'avenue des Tamaris, ou dans les dunes, mieux encore sur la falaise. Mais bien que dans le désir, par comparaison avec l'indifférence, il entre déjà cette audace qu'est un commencement, même unilatéral, de réalisation, tout de même, entre mon désir et l'action que serait ma demande de l'embrasser, il y avait tout le « blanc » indéfini de l'hésitation, de la timidité. Alors j'entrais chez le pâtissier-limonadier, je buvais l'un après l'autre sept à huit verres de porto. Aussitôt, au lieu de l'intervalle impossible à combler entre mon désir et l'action, l'effet de l'alcool traçait une ligne qui les conjoignait tous deux. Plus de place pour l'hésitation ou la crainte. Il me semblait que la jeune fille allait voler jusqu'à moi. J'allais jusqu'à elle, d'eux-mêmes sortaient de mes lèvres : « J'aimerais me promener avec vous. Vous ne voulez pas qu'on aille sur la falaise, on n'y est dérangé par personne derrière le petit bois qui protège du vent la maison démontable actuellement inhabitée ? » Toutes les difficultés de la vie étaient aplanies, il n'y avait plus d'obstacles à l'enlacement de nos deux corps. Plus d'obstacles pour moi du moins. Car ils n'avaient pas été volatilisés pour elle qui n'avait pas bu de porto. L'eût-elle fait, et l'univers eût-il perdu quelque réalité à ses yeux, le rêve longtemps chéri qui lui aurait alors paru soudain réalisable n'eût peut-être pas été du tout de tomber dans mes bras.

Non seulement les jeunes filles étaient peu nombreuses, mais, en cette saison qui n'était pas encore « la saison », elles restaient peu. Je me souviens d'une au teint roux de coleus, aux yeux verts, aux deux joues rousses et dont la figure double et légère ressemblait aux graines ailées de certains arbres. Je ne sais quelle brise l'amena à Balbec et quelle autre la remporta. Ce fut si brusquement que j'en eus pendant plusieurs jours un chagrin que j'osai avouer à Albertine quand je compris qu'elle était partie pour toujours.

Il faut dire que plusieurs étaient ou des jeunes filles que je ne connaissais pas du tout, ou que je n'avais pas vues depuis des années. Souvent, avant de les rencontrer, je leur écrivais. Si leur réponse me faisait croire à un amour possible, quelle joie ! On ne peut pas, au début d'une amitié pour une femme, et même si elle ne doit pas se réaliser par la suite, se séparer de ces premières lettres reçues. On les veut avoir tout le temps auprès de soi, comme de belles fleurs reçues, encore toutes fraîches, et qu'on ne s'interrompt de regarder que pour les respirer de plus près. La phrase qu'on sait par cœur est agréable à relire et, dans celles moins littéralement apprises, on veut vérifier le degré de tendresse d'une expression. A-t-elle écrit : « Votre chère lettre ? » Petite déception dans la douceur qu'on respire, et qui doit être attribuée soit à ce qu'on a lu trop vite, soit à l'écriture illisible de la correspondante ; elle n'a pas mis : « Et votre chère lettre », mais : « En voyant cette lettre ». Mais le reste est si tendre. Oh ! que de pareilles fleurs viennent demain. Puis cela ne suffit plus, il faudrait aux mots écrits confronter les regards, la voix. On prend rendez-vous, et – sans qu'elle ait changé peut-être – là où on croyait, sur la description faite ou le souvenir personnel, rencontrer la fée Viviane, on trouve le Chat botté. On lui donne rendez-vous pour le lendemain quand même, car c'est tout de même elle et ce qu'on désirait, c'est elle. Or ces désirs pour une femme dont on a rêvé ne rendent pas absolument nécessaire la beauté de tel trait précis. Ces désirs sont seulement le désir de tel être ; vagues comme des parfums, comme le styrax était le désir de Prothyraïa, le safran le désir éthéré, les aromates le désir d'Héra, la myrrhe le parfum des mages, la manne le désir de Niké, l'encens le parfum de la mer. Mais ces parfums que chantent les Hymnes orphiques sont bien moins nombreux que les divinités qu'ils chérissent. La myrrhe est le parfum des mages, mais aussi de Protogonos, de Neptune, de Nérée, de Leto ; l'encens est le parfum de la mer, mais aussi de la belle Diké, de Thémis, de Circé, des neuf Muses, d'Éos, de Mnémosyne, du Jour, de Dikaïosunè. Pour le styrax, la manne et les aromates, on n'en finirait pas de dire les divinités qui les inspirent, tant elles sont nombreuses. Amphiétès a tous les parfums excepté l'encens, et Gaïa rejette uniquement les fèves et les aromates. Ainsi en était-il de ces désirs de jeunes filles que j'avais. Moins nombreux qu'elles n'étaient, ils se changeaient en des déceptions et des tristesses assez semblables les unes aux autres. Je n'ai jamais voulu de la myrrhe. Je l'ai réservée pour Jupien et pour la princesse de Guermantes, car elle est le désir de Protogonos « aux deux sexes, ayant le mugissement du taureau, aux nombreuses orgies, mémorable, inénarrable, descendant, joyeux, vers les sacrifices des Orgiophantes ».

Mais bientôt la saison battit son plein ; c'était tous les jours une arrivée nouvelle, et à la fréquence subitement croissante de mes promenades, remplaçant la lecture charmante des *Mille et Une Nuits*, il y avait une cause dépourvue de plaisir et qui les empoisonnait tous. La plage était maintenant peuplée de jeunes filles, et l'idée que m'avait suggérée Cottard m'ayant, non pas fourni de nouveaux soupçons, mais rendu sensible et fragile de ce côté, et prudent à ne pas en laisser se former en moi, dès qu'une jeune femme arrivait à Balbec, je me sentais mal à l'aise, je proposais à Albertine les excursions les plus éloignées, afin qu'elle ne pût faire la connaissance et même, si c'était possible, pût ne pas recevoir la nouvelle venue. Je redoutais naturellement davantage encore celles dont on remarquait le mauvais genre ou connaissait la mauvaise réputation ; je tâchais de persuader à mon amie que cette mauvaise réputation n'était fondée sur rien, était calomnieuse, peut-être sans me l'avouer par une peur, encore inconsciente, qu'elle cherchât à se lier avec la dépravée ou qu'elle regrettât de ne pouvoir la chercher, à cause de moi, ou qu'elle crût, par le nombre des exemples, qu'un vice si répandu n'est pas condamnable. En le niant de chaque coupable je ne tendais pas à moins qu'à prétendre que le saphisme n'existe pas. Albertine adoptait mon incrédulité pour le vice de telle et telle : « Non, je crois que c'est seulement un genre qu'elle cherche à se donner, c'est pour faire du genre. » Mais alors je regrettais presque d'avoir plaidé l'innocence, car il me déplaisait qu'Albertine, si sévère autrefois, pût croire que ce « genre » fût quelque chose d'assez flatteur, d'assez avantageux, pour qu'une femme exempte de ces goûts eût cherché à s'en donner l'apparence. J'aurais voulu qu'aucune femme ne vînt plus à Balbec ; je tremblais en pensant que, comme c'était à peu près l'époque où Mme Putbus devait arriver chez les Verdurin, sa femme de chambre, dont Saint-Loup ne m'avait pas caché les préférences, pourrait venir excursionner jusqu'à la plage, et, si c'était un jour où je n'étais pas auprès d'Albertine, essayer de la corrompre. J'arrivais à me demander, comme Cottard ne m'avait pas caché que les Verdurin tenaient beaucoup à moi, et, tout en ne voulant pas avoir l'air, comme il disait, de me courir après, auraient donné beaucoup pour que j'allasse chez eux, si je ne pourrais pas, moyennant les promesses de leur amener à Paris tous les Guermantes du monde, obtenir de Mme Verdurin que, sous un prétexte quelconque, elle prévînt Mme Putbus qu'il lui était impossible de la garder chez elle et la fît repartir au plus vite. Malgré ces pensées, et comme c'était surtout la présence d'Andrée qui m'inquiétait, l'apaisement que m'avaient procuré les paroles d'Albertine persistait encore un peu ; – je savais d'ailleurs que bientôt j'aurais moins besoin de lui, Andrée devant partir avec Rosemonde et Gisèle presque au moment où tout le monde arrivait, et n'ayant plus à rester auprès d'Albertine que quelques semaines. Pendant celles-ci d'ailleurs, Albertine sembla combiner tout ce qu'elle faisait, tout ce qu'elle disait, en vue de détruire mes soupçons s'il m'en restait, ou de les empêcher de renaître. Elle s'arrangeait à ne jamais rester seule avec Andrée, et insistait, quand nous rentrions, pour que je l'accompagnasse jusqu'à sa porte, pour que je vinsse l'y chercher quand nous devions sortir. Andrée cependant prenait de son côté une peine égale, semblait éviter de voir Albertine. Et cette apparente entente entre elles n'était pas le seul indice qu'Albertine avait dû mettre son amie au courant de notre entretien et lui demander d'avoir la gentillesse de calmer mes absurdes soupçons.

Vers cette époque se produisit au Grand-Hôtel de Balbec un scandale qui ne fut pas pour changer la pente de mes tourments. La sœur de Bloch avait depuis quelque temps, avec une ancienne actrice, des relations secrètes qui bientôt ne leur suffirent plus. Être vues leur semblait ajouter de la perversité à leur plaisir, elles voulaient faire baigner leurs dangereux ébats dans les regards de tous. Cela commença par des caresses, qu'on pouvait en somme attribuer à une intimité amicale, dans le salon de jeu, autour de la table de baccara. Puis elles s'enhardirent. Et enfin un soir, dans un coin pas même obscur de la grande salle de danses, sur un canapé, elles ne se gênèrent pas plus que si elles avaient été dans leur lit. Deux officiers, qui étaient non loin de là avec leurs femmes, se plaignirent au directeur. On crut un moment que leur protestation aurait quelque efficacité. Mais ils avaient contre eux que, venus pour un soir de Netteholme, où ils habitaient, à Balbec, ils ne pouvaient en rien être utiles au directeur. Tandis que, même à son insu, et quelque observation que lui fît le directeur, planait sur Mlle Bloch la protection de M. Nissim Bernard. Il faut dire pourquoi. M. Nissim Bernard pratiquait au plus haut point les vertus de famille. Tous les ans il louait à Balbec une magnifique villa pour son neveu, et aucune invitation n'aurait pu le détourner de rentrer dîner dans son chez lui, qui était en réalité leur chez eux. Mais jamais il ne déjeunait chez lui. Tous les jours il était à midi au Grand-Hôtel. C'est qu'il entretenait, comme d'autres, un rat d'opéra, un « commis », assez pareil à ces chasseurs dont nous avons parlé, et qui nous faisaient penser aux jeunes israélites d'*Esther* et d'*Athalie*. À vrai dire, les quarante années qui séparaient M. Nissim Bernard du jeune commis auraient dû préserver celui-ci d'un contact peu aimable. Mais, comme le dit Racine avec tant de sagesse dans les mêmes chœurs :

Mon Dieu, qu'une vertu naissante,
Parmi tant de périls marche à pas incertains !
Qu'une âme qui te cherche et veut être innocente,
Trouve d'obstacle à ses desseins.

Le jeune commis avait eu beau être « loin du monde élevé », dans le Temple-Palace de Balbec, il n'avait pas suivi le conseil de Joad :

Sur la richesse et l'or ne mets point ton appui.

Il s'était peut-être fait une raison en disant : « Les pécheurs couvrent la terre. » Quoi qu'il en fût, et bien que M. Nissim Bernard n'espérât pas un délai aussi court, dès le premier jour,

Et soit frayeur encor ou pour le caresser,
De ses bras innocents il se sentit presser.

Et dès le deuxième jour, M. Nissim Bernard promenant le commis, « l'abord contagieux altérait son innocence ». Dès lors la vie du jeune enfant avait changé. Il avait beau porter le pain et le sel, comme son chef de rang le lui commandait, tout son visage chantait :

De fleurs en fleurs, de plaisirs en plaisirs
Promenons nos désirs.
De nos ans passagers le nombre est incertain
Hâtons-nous aujourd'hui de jouir de la vie !
...L'honneur et les emplois
Sont le prix d'une aveugle et basse obéissance.
Pour la triste innocence
Qui voudrait élever la voix !

Depuis ce jour-là, M. Nissim Bernard n'avait jamais manqué de venir occuper sa place au déjeuner (comme l'eût fait à l'orchestre quelqu'un qui entretient une figurante, une figurante celle-là d'un genre fortement caractérisé, et qui attend encore son Degas). C'était le plaisir de M. Nissim Bernard de suivre dans la salle à manger, et jusque dans les perspectives lointaines où, sous son palmier, trônait la caissière, les évolutions de l'adolescent empressé au service, au service de tous, et moins de M. Nissim Bernard depuis que celui-ci l'entretenait, soit que le jeune enfant de chœur ne crût pas nécessaire de témoigner la même amabilité à quelqu'un de qui il se croyait suffisamment aimé, soit que cet amour l'irritât ou qu'il craignît que, découvert, il lui fît manquer d'autres occasions. Mais cette froideur même plaisait à M. Nissim Bernard par tout ce qu'elle dissimulait ; que ce fût par atavisme hébraïque ou par profanation du sentiment chrétien, il se plaisait singulièrement, qu'elle fût juive ou catholique, à la cérémonie racinienne. Si elle eût été une véritable représentation d'*Esther* ou d'*Athalie*, M. Bernard eût regretté que la différence des siècles ne lui eût pas permis de connaître l'auteur, Jean Racine, afin d'obtenir pour son protégé un rôle plus considérable. Mais la cérémonie du déjeuner n'émanant d'aucun écrivain, il se contentait d'être en bons termes avec le directeur et avec Aimé pour que le « jeune Israélite » fût promu aux fonctions souhaitées, ou de demi-chef, ou même de chef de rang. Celles du sommelier lui avaient été offertes. Mais M. Bernard l'obligea à les refuser, car il n'aurait plus pu venir chaque jour le voir courir dans la salle à manger verte et se faire servir par lui comme un étranger. Or ce plaisir était si fort que tous les ans M. Bernard revenait à Balbec et y prenait son déjeuner hors de chez lui, habitudes où M. Bloch voyait, dans la première un goût poétique pour la belle lumière, les couchers de soleil de cette côte préférée à toute autre ; dans la seconde, une manie invétérée de vieux célibataire.

À vrai dire, cette erreur des parents de M. Nissim Bernard, lesquels ne soupçonnaient pas la vraie raison de son retour annuel à Balbec et ce que la pédante Mme Bloch appelait ses découchages en cuisine, cette erreur était une vérité plus profonde et du second degré. Car M. Nissim Bernard ignorait lui-même ce qu'il pouvait entrer d'amour de la plage de Balbec, de la vue qu'on avait, du restaurant, sur la mer, et d'habitudes maniaques, dans le goût qu'il avait d'entretenir comme un rat d'opéra d'une autre sorte, à laquelle il manque encore un Degas, l'un de ses servants qui étaient encore des filles. Aussi M. Nissim Bernard entretenait-il avec le directeur de ce théâtre qu'était l'hôtel de Balbec, et avec le metteur en scène et régisseur Aimé – desquels le rôle en toute cette affaire n'était pas des plus limpides – d'excellentes relations. On intriguerait un jour pour obtenir un grand rôle, peut-être une place de maître d'hôtel. En attendant, le plaisir de M. Nissim Bernard, si poétique et calmement contemplatif qu'il fût, avait un peu le caractère de ces hommes à femmes qui savent toujours – Swann jadis, par exemple – qu'en allant dans le monde ils vont retrouver leur maîtresse. À peine M. Nissim Bernard serait-il assis qu'il verrait l'objet de ses vœux s'avancer sur la scène portant à la main des fruits ou des cigares sur un plateau. Aussi tous les matins, après avoir embrassé sa nièce, s'être inquiété des travaux de mon ami Bloch et donné à manger à ses chevaux des morceaux de sucre posés dans sa paume tendue, avait-il une hâte fébrile d'arriver pour le déjeuner au Grand-Hôtel. Il y eût eu le feu chez lui, sa nièce eût eu une attaque, qu'il fût sans doute parti tout de même. Aussi craignait-il comme la peste un rhume pour lequel il eût gardé le lit — car il était hypocondriaque — et qui eût nécessité qu'il fît demander à Aimé de lui envoyer chez lui, avant l'heure du goûter, son jeune ami.

Il aimait d'ailleurs tout le labyrinthe de couloirs, de cabinets secrets, de salons, de vestiaires, de garde-manger, de galeries qu'était l'hôtel de Balbec. Par atavisme d'Oriental il aimait les sérails et, quand il sortait le soir, on le voyait en explorer furtivement les détours.

Tandis que, se risquant jusqu'aux sous-sols et cherchant malgré tout à ne pas être vu et à éviter le scandale, M. Nissim Bernard, dans sa recherche des jeunes lévites, faisait penser à ces vers de la *Juive* :

Ô Dieu de nos pères,
Parmi nous descends,
Cache nos mystères
À l'œil des méchants !

Je montais au contraire dans la chambre de deux sœurs qui avaient accompagné à Balbec, comme femmes de chambre, une vieille dame étrangère. C'était ce que le langage des hôtels appelait deux courrières et celui de Françoise, laquelle s'imaginait qu'un courrier ou une courrière sont là pour faire des courses, deux « coursières ». Les hôtels, eux, en sont restés, plus noblement, au temps où l'on chantait : « C'est un courrier de cabinet. »

Malgré la difficulté qu'il y avait pour un client à aller dans des chambres de courrières, et réciproquement, je m'étais très vite lié d'une amitié très vive, quoique très pure, avec ces deux jeunes personnes, Mlle Marie Gineste et Mme Céleste Albaret. Nées au pied des hautes montagnes du centre de la France, au bord de ruisseaux et de torrents (l'eau passait même sous leur maison de famille où tournait un moulin et qui avait été dévastée plusieurs fois par l'inondation), elles semblaient en avoir gardé la nature. Marie Gineste était plus régulièrement rapide et saccadée, Céleste Albaret plus molle et languissante, étalée comme un lac, mais avec de terribles retours de bouillonnement où sa fureur rappelait le *danger des crues et des tourbillons liquides qui entraînent tout, saccagent tout. Elles venaient souvent, le matin, me voir quand j'étais encore couché. Je n'ai jamais connu de personnes aussi volontairement ignorantes, qui n'avaient absolument rien appris à l'école, et dont le langage eût pourtant quelque chose de si littéraire que, sans le naturel presque sauvage de leur ton, on aurait cru leurs paroles affectées. Avec une familiarité que je ne retouche pas, malgré les éloges (qui ne sont pas ici pour me louer, mais pour louer le génie étrange de Céleste) et les critiques, également fausses, mais très sincères, que ces propos semblent comporter à mon égard, tandis que je trempais des croissants dans mon lait, Céleste me disait : « Oh ! petit diable noir aux cheveux de geai, ô profonde malice ! je ne sais pas à quoi pensait votre mère quand elle vous a fait, car vous avez tout d'un oiseau. Regarde, Marie, est-ce qu'on ne dirait pas qu'il se lisse ses plumes, et tourne son cou avec une souplesse, il a l'air tout léger, on dirait qu'il est en train d'apprendre à voler. Ah ! vous avez de la chance que ceux qui vous ont créé vous aient fait naître dans le rang des riches ; qu'est-ce que vous seriez devenu, gaspilleur comme vous êtes. Voilà qu'il jette son croissant parce qu'il a touché le lit. Allons bon, voilà qu'il répand son lait, attendez que je vous mette une serviette car vous ne sauriez pas vous y prendre, je n'ai jamais vu quelqu'un de si bête et de si maladroit que vous. » On entendait alors le bruit plus régulier de torrent de Marie Gineste qui, furieuse, faisait des réprimandes à sa sœur : « Allons, Céleste, veux-tu te taire ? Es-tu pas folle de parler à Monsieur comme cela ? » Céleste n'en faisait que sourire ; et comme je détestais qu'on m'attachât une serviette : « Mais non, Marie, regarde-le, bing, voilà qu'il s'est dressé tout droit comme un serpent. Un vrai serpent, je te dis. » Elle prodiguait, du reste, les comparaisons zoologiques, car, selon elle, on ne savait pas quand je dormais, je voltigeais toute la nuit comme un papillon, et le jour j'étais aussi rapide que ces écureuils, « tu sais, Marie, comme on voit chez nous, si agiles que même avec les yeux on ne peut pas les suivre. – Mais, Céleste, tu sais qu'il n'aime pas avoir une serviette quand il mange. – Ce n'est pas qu'il n'aime pas ça, c'est pour bien dire qu'on ne peut pas lui changer sa volonté. C'est un seigneur et il veut montrer qu'il est un seigneur. On changera les draps dix fois s'il le faut, mais il n'aura pas cédé. Ceux d'hier avaient fait leur course, mais aujourd'hui ils viennent seulement d'être mis, et déjà il faudra les changer. Ah ! j'avais raison de dire qu'il n'était pas fait pour naître parmi les pauvres. Regarde, ses cheveux se hérissent, ils se boursouflent par la colère comme les plumes des oiseaux. Pauvre ploumissou ! » Ici ce n'était pas seulement Marie qui protestait, mais moi, car je ne me sentais pas seigneur du tout. Mais Céleste ne croyait jamais à la sincérité de ma modestie et, me coupant la parole : « Ah ! sac à ficelles, ah ! douceur, ah ! perfidie ! rusé entre les rusés, rosse des rosses ! Ah ! Molière ! » (C'était le seul nom d'écrivain qu'elle connût, mais elle me l'appliquait, entendant par là quelqu'un qui serait capable à la fois de composer des pièces et de les jouer.) « Céleste ! » criait impérieusement Marie qui, ignorant le nom de*

Molière, craignait que ce ne fût une injure nouvelle. Céleste se remettait à sourire : « Tu n'as donc pas vu dans son tiroir sa photographie quand il était enfant ? Il avait voulu nous faire croire qu'on l'habillait toujours très simplement. Et là, avec sa petite canne, il n'est que fourrures et dentelles, comme jamais prince n'a eues. Mais ce n'est rien à côté de son immense majesté et de sa bonté encore plus profonde. – Alors, grondait le torrent Marie, voilà que tu fouilles dans ses tiroirs maintenant. » Pour apaiser les craintes de Marie je lui demandais ce qu'elle pensait de ce que M. Nissim Bernard faisait. « Ah ! Monsieur, c'est des choses que je n'aurais pas pu croire que ça existait : il a fallu venir ici » et, damant pour une fois le pion à Céleste par une parole plus profonde : « Ah ! voyez-vous, Monsieur, on ne peut jamais savoir ce qu'il peut y avoir dans une vie. » Pour changer le sujet, je lui parlais de celle de mon père, qui travaillait nuit et jour. « Ah ! Monsieur, ce sont des vies dont on ne garde rien pour soi, pas une minute, pas un plaisir ; tout, entièrement tout est un sacrifice pour les autres, ce sont des vies données. – Regarde, Céleste, rien que pour poser sa main sur la couverture et prendre son croissant, quelle distinction ! il peut faire les choses les plus insignifiantes, on dirait que toute la noblesse de France, jusqu'aux Pyrénées, se déplace dans chacun de ses mouvements. »

Anéanti par ce portrait si peu véridique, je me taisais ; Céleste voyait là une ruse nouvelle : « Ah ! front qui as l'air si pur et qui caches tant de choses, joues amies et fraîches comme l'intérieur d'une amande, petites mains de satin tout pelucheux, ongles comme des griffes », etc. « Tiens, Marie, regarde-le boire son lait avec un recueillement qui me donne envie de faire ma prière. Quel air sérieux ! On devrait bien tirer son portrait en ce moment. Il a tout des enfants. Est-ce de boire du lait comme eux qui vous a conservé leur teint clair ? Ah ! jeunesse ! ah ! jolie peau ! Vous ne vieillirez jamais. Vous avez de la chance, vous n'aurez jamais à lever la main sur personne car vous avez des yeux qui savent imposer leur volonté. Et puis le voilà en colère maintenant. Il se tient debout, tout droit comme une évidence. »

Françoise n'aimait pas du tout que celles qu'elle appelait les deux enjôleuses vinssent ainsi tenir conversation avec moi. Le directeur, qui faisait guetter par ses employés tout ce qui se passait, me fit même observer gravement qu'il n'était pas digne d'un client de causer avec des courrières. Moi qui trouvais les « enjôleuses » supérieures à toutes les clientes de l'hôtel, je me contentai de lui éclater de rire au nez, convaincu qu'il ne comprendrait pas mes explications. Et les deux sœurs revenaient. « Regarde, Marie, ses traits si fins. Ô miniature parfaite, plus belle que la plus précieuse qu'on verrait sous une vitrine, car il a les mouvements, et des paroles à l'écouter des jours et des nuits. »

C'est miracle qu'une dame étrangère ait pu les emmener, car, sans savoir l'histoire ni la géographie, elles détestaient de confiance les Anglais, les

Allemands, les Russes, les Italiens, la « vermine » des étrangers et n'aimaient, avec des exceptions, que les Français. Leur figure avait tellement gardé l'humidité de la glaise malléable de leurs rivières, que, dès qu'on parlait d'un étranger qui était dans l'hôtel, pour répéter ce qu'il avait dit Céleste et Marie appliquaient sur leurs figures sa figure, leur bouche devenait sa bouche, leurs yeux ses yeux, on aurait voulu garder ces admirables masques de théâtre. Céleste même, en faisant semblant de ne redire que ce qu'avait dit le directeur, ou tel de mes amis, insérait dans son petit récit des propos feints où étaient peints malicieusement tous les défauts de Bloch, ou du premier président, etc., sans en avoir l'air. C'était, sous la forme de compte rendu d'une simple commission dont elle s'était obligeamment chargée, un portrait inimitable. Elles ne lisaient jamais rien, pas même un journal. Un jour pourtant, elles trouvèrent sur mon lit un volume. C'étaient des poèmes admirables mais obscurs de Saint-Léger Léger. Céleste lut quelques pages et me dit : « Mais êtes-vous bien sûr que ce sont des vers, est-ce que ce ne serait pas plutôt des devinettes ? » Évidemment pour une personne qui avait appris dans son enfance une seule poésie : Ici-bas tous les lilas meurent, il y avait manque de transition. Je crois que leur obstination à ne rien apprendre tenait un peu à leur pays malsain. Elles étaient pourtant aussi douées qu'un poète, avec plus de modestie qu'ils n'en ont généralement. Car si Céleste avait dit quelque chose de remarquable et que, ne me souvenant pas bien, je lui demandais de me le rappeler, elle assurait avoir oublié. Elles ne liront jamais de livres, mais n'en feront jamais non plus.

 Françoise fut assez impressionnée en apprenant que les deux frères de ces femmes si simples avaient épousé, l'un la nièce de l'archevêque de Tours, l'autre une parente de l'évêque de Rodez. Au directeur, cela n'eût rien dit. Céleste reprochait quelquefois à son mari de ne pas la comprendre, et moi je m'étonnais qu'il pût la supporter. Car à certains moments, frémissante, furieuse, détruisant tout, elle était détestable. On prétend que le liquide salé qu'est notre sang n'est que la survivance intérieure de l'élément marin primitif. Je crois de même que Céleste, non seulement dans ses fureurs, mais aussi dans ses heures de dépression, gardait le rythme des ruisseaux de son pays. Quand elle était épuisée, c'était à leur manière ; elle était vraiment à sec. Rien n'aurait pu alors la revivifier. Puis tout d'un coup la circulation reprenait dans son grand corps magnifique et léger. L'eau coulait dans la transparence opaline de sa peau bleuâtre. Elle souriait au soleil et devenait plus bleue encore. Dans ces moments-là elle était vraiment céleste.

 La famille de Bloch avait beau n'avoir jamais soupçonné la raison pour laquelle son oncle ne déjeunait jamais à la maison et avoir accepté cela dès le début comme une manie de vieux célibataire, peut-être pour les exigences d'une liaison avec quelque actrice, tout ce qui touchait à M. Nissim Bernard était « tabou » pour le directeur de l'hôtel de Balbec. Et voilà pourquoi, sans en avoir même référé à l'oncle, il n'avait finalement pas osé donner tort à la nièce, tout en lui recommandant quelque circonspection. Or la jeune fille et son amie qui, pendant quelques jours, s'étaient figurées être exclues du Casino et du Grand-Hôtel, voyant que tout s'arrangeait, furent heureuses de montrer à ceux des pères de famille qui les tenaient à l'écart qu'elles pouvaient impunément tout se permettre. Sans doute n'allèrent-elles pas jusqu'à renouveler la scène publique qui avait révolté tout le monde. Mais peu à peu leurs façons reprirent insensiblement. Et un soir où je sortais du Casino à demi éteint, avec Albertine, et Bloch que nous avions rencontré, elles passèrent enlacées, ne cessant de s'embrasser, et, arrivées à notre hauteur, poussèrent des gloussements, des rires, des cris indécents. Bloch baissa les yeux pour ne pas avoir l'air de reconnaître sa sœur, et moi j'étais torturé en pensant que ce langage particulier et atroce s'adressait peut-être à Albertine.

Un autre incident fixa davantage encore mes préoccupations du côté de Gomorrhe. J'avais vu sur la plage une belle jeune femme élancée et pâle de laquelle les yeux, autour de leur centre, disposaient des rayons si géométriquement lumineux qu'on pensait, devant son regard, à quelque constellation. Je songeais combien cette jeune femme était plus belle qu'Albertine et comme il était plus sage de renoncer à l'autre. Tout au plus le visage de cette belle jeune femme était-il passé au rabot invisible d'une grande bassesse de vie, de l'acceptation constante d'expédients vulgaires, si bien que ses yeux, plus nobles pourtant que le reste du visage, ne devaient rayonner que d'appétits et de désirs. Or, le lendemain, cette jeune femme étant placée très loin de nous au Casino, je vis qu'elle ne cessait de poser sur Albertine les feux alternés et tournants de ses regards. On eût dit qu'elle lui faisait des signes comme à l'aide d'un phare. Je souffrais que mon amie vît qu'on faisait si attention à elle, je craignais que ces regards incessamment allumés n'eussent la signification conventionnelle d'un rendez-vous d'amour pour le lendemain. Qui sait ? ce rendez-vous n'était peut-être pas le premier. La jeune femme aux yeux rayonnants avait pu venir une autre année à Balbec. C'était peut-être parce qu'Albertine avait déjà cédé à ses désirs ou à ceux d'une amie que celle-ci se permettait de lui adresser ces brillants signaux. Ils faisaient alors plus que réclamer quelque chose pour le présent, ils s'autorisaient pour cela des bonnes heures du passé.

Ce rendez-vous, en ce cas, ne devait pas être le premier, mais la suite de parties faites ensemble d'autres années. Et, en effet, les regards ne disaient pas : « Veux-tu ? » Dès que la jeune femme avait aperçu Albertine, elle avait tourné tout à fait la tête et fait luire vers elle des regards chargés de mémoire, comme si elle avait eu peur et stupéfaction que mon amie ne se souvînt pas. Albertine, qui la voyait très bien, resta flegmatiquement immobile, de sorte que l'autre, avec le même genre de discrétion qu'un homme qui voit son ancienne maîtresse avec un autre amant, cessa de la regarder et de s'occuper plus d'elle que si elle n'avait pas existé.

Mais quelques jours après, j'eus la preuve des goûts de cette jeune femme et aussi de la probabilité qu'elle avait connu Albertine autrefois. Souvent, quand, dans la salle du Casino, deux jeunes filles se désiraient, il se produisait comme un phénomène lumineux, une sorte de traînée phosphorescente allant de l'une à l'autre. Disons en passant que c'est à l'aide de telles matérialisations, fussent-elles impondérables, par ces signes astraux enflammant toute une partie de l'atmosphère, que Gomorrhe, dispersée, tend, dans chaque ville, dans chaque village, à rejoindre ses membres séparés, à reformer la cité biblique tandis que, partout, les mêmes efforts sont poursuivis, fût-ce en vue d'une reconstruction intermittente, par les nostalgiques, par les hypocrites, quelquefois par les courageux exilés de Sodome.

Une fois je vis l'inconnue qu'Albertine avait eu l'air de ne pas reconnaître, juste à un moment où passait la cousine de Bloch. Les yeux de la jeune femme s'étoilèrent, mais on voyait bien qu'elle ne connaissait pas la demoiselle israélite. Elle la voyait pour la première fois, éprouvait un désir, guère de doutes, nullement la même certitude qu'à l'égard d'Albertine, Albertine sur la camaraderie de qui elle avait dû tellement compter que, devant sa froideur, elle avait ressenti la surprise d'un étranger habitué de Paris mais qui ne l'habite pas et qui, étant revenu y passer quelques semaines, à la place du petit théâtre où il avait l'habitude de passer de bonnes soirées, voit qu'on a construit une banque.

La cousine de Bloch alla s'asseoir à une table où elle regarda un magazine. Bientôt la jeune femme vint s'asseoir d'un air distrait à côté d'elle. Mais sous la table on aurait pu voir bientôt se tourmenter leurs pieds, puis leurs jambes et leurs mains qui étaient confondues. Les paroles suivirent, la conversation s'engagea, et le naïf mari de la jeune femme, qui la cherchait partout, fut étonné de la trouver faisant des projets pour le soir même avec une jeune fille qu'il ne connaissait pas. Sa femme lui présenta comme une amie d'enfance la cousine de Bloch, sous un nom inintelligible, car elle avait oublié de lui demander comment elle s'appelait. Mais la présence du mari fit faire un pas de plus à leur intimité, car elles se tutoyèrent, s'étant connues au couvent, incident dont elles rirent fort plus tard, ainsi que du mari berné, avec une gaieté qui fut une occasion de nouvelles tendresses.

Quant à Albertine, je ne peux pas dire que nulle part, au Casino, sur la plage, elle eût avec une jeune fille des manières trop libres. Je leur trouvais même un excès de froideur et d'insignifiance qui semblait plus que de la bonne éducation, une ruse destinée à dépister les soupçons. À telle jeune fille, elle avait une façon rapide, glacée et décente, de répondre à très haute voix : « Oui, j'irai vers cinq heures au tennis. Je prendrai mon bain demain matin vers huit heures », et de quitter immédiatement la personne à qui elle venait de dire cela – qui avait un terrible air de vouloir donner le change, et soit de donner un rendez-vous, soit plutôt, après l'avoir donné bas, de dire fort cette phrase, en effet insignifiante, pour ne pas « se faire remarquer ». Et quand ensuite je la voyais prendre sa bicyclette et filer à toute vitesse, je ne pouvais m'empêcher de penser qu'elle allait rejoindre celle à qui elle avait à peine parlé.

Tout au plus, lorsque quelque belle jeune femme descendait d'automobile au coin de la plage, Albertine ne pouvait-elle s'empêcher de se retourner. Et elle expliquait aussitôt : « Je regardais le nouveau drapeau qu'ils ont mis devant les bains. Ils auraient pu faire plus de frais. L'autre était assez miteux. Mais je crois vraiment que celui-ci est encore plus moche. »

Une fois Albertine ne se contenta pas de la froideur et je n'en fus que plus malheureux. Elle me savait ennuyé qu'elle pût quelquefois rencontrer une amie de sa tante, qui avait « mauvais genre » et venait quelquefois passer deux ou trois jours chez Mme Bontemps. Gentiment, Albertine m'avait dit qu'elle ne la saluerait plus. Et quand cette femme venait à Incarville, Albertine disait : À propos, vous savez qu'elle est ici. Est-ce qu'on vous l'a dit ? » comme pour me montrer qu'elle ne la voyait pas en cachette. Un jour qu'elle me disait cela elle ajouta : « Oui je l'ai rencontrée sur la plage et exprès, par grossièreté, je l'ai presque frôlée en passant, je l'ai bousculée. » Quand Albertine me dit cela il me revint à la mémoire une phrase de Mme Bontemps à laquelle je n'avais jamais repensé, celle où elle avait dit devant moi à Mme Swann combien sa nièce Albertine était effrontée, comme si c'était une qualité, et comment elle avait dit à je ne sais plus quelle femme de fonctionnaire que le père de celle-ci avait été marmiton. Mais une parole de celle que nous aimons ne se conserve pas longtemps dans sa pureté ; elle se gâte, elle se pourrit. Un ou deux soirs après, je repensai à la phrase d'Albertine, et ce ne fut plus la mauvaise éducation dont elle s'enorgueillissait – et qui ne pouvait que me faire sourire – qu'elle me sembla signifier, c'était autre chose, et qu'Albertine, même peut-être sans but précis, pour irriter les sens de cette dame ou lui rappeler méchamment d'anciennes propositions, peut-être acceptées autrefois, l'avait frôlée rapidement, pensait que je l'avais appris peut-être, comme c'était en public, et avait voulu d'avance prévenir une interprétation défavorable.

Au reste, ma jalousie causée par les femmes qu'aimait peut-être Albertine allait brusquement cesser.

*   *   *

Nous étions, Albertine et moi, devant la station Balbec du petit train d'intérêt local. Nous nous étions fait conduire par l'omnibus de l'hôtel, à cause du mauvais temps. Non loin de nous était M. Nissim Bernard, lequel avait un œil poché. Il trompait depuis peu l'enfant des chœurs d'Athalie avec le garçon d'une ferme assez achalandée du voisinage, « Aux Cerisiers ». Ce garçon rouge, aux traits abrupts, avait absolument l'air d'avoir comme tête une tomate. Une tomate exactement semblable servait de tête à son frère jumeau. Pour le contemplateur désintéressé, il y a cela d'assez beau, dans ces ressemblances parfaites de deux jumeaux, que la nature, comme si elle s'était momentanément industrialisée, semble débiter des produits pareils. Malheureusement, le point de vue de M. Nissim Bernard était autre et cette ressemblance n'était qu'extérieure. La tomate n° 2 se plaisait avec frénésie à faire exclusivement les délices des dames, la tomate n° 1 ne détestait pas condescendre aux goûts de certains messieurs. Or chaque fois que, secoué, ainsi que par un réflexe, par le souvenir des bonnes heures passées avec la tomate n° 1, M. Bernard se présentait « Aux Cerisiers », myope (et du reste la myopie n'était pas nécessaire pour les confondre), le vieil Israélite, jouant sans le savoir Amphitryon, s'adressait au frère jumeau et lui disait : « Veux-tu me donner rendez-vous pour ce soir. » Il recevait aussitôt une solide « tournée ». Elle vint même à se renouveler au cours d'un même repas, où il continuait avec l'autre les propos commencés avec le premier. À la longue elle le dégoûta tellement, par association d'idées, des tomates, même de celles comestibles, que chaque fois qu'il entendait un voyageur en commander à côté de lui, au Grand-Hôtel, il lui chuchotait : « Excusez-moi, Monsieur, de m'adresser à vous, sans vous connaître. Mais j'ai entendu que vous commandiez des tomates. Elles sont pourries aujourd'hui. Je vous le dis dans votre intérêt car pour moi cela m'est égal, je n'en prends jamais. » L'étranger remerciait avec effusion ce voisin philanthrope et désintéressé, rappelait le garçon, feignait de se raviser : « Non, décidément, pas de tomates. » Aimé, qui connaissait la scène, en riait tout seul et pensait : « C'est un vieux malin que Monsieur Bernard, il a encore trouvé le moyen de faire changer la commande. » M. Bernard, en attendant le tram en retard, ne tenait pas à nous dire bonjour, à Albertine et à moi, à cause de son œil poché. Nous tenions encore moins à lui parler. C'eût été pourtant presque inévitable si, à ce moment-là, une bicyclette n'avait fondu à toute vitesse sur nous ; le lift en sauta, hors d'haleine. Mme Verdurin avait téléphoné un peu après notre départ pour que je vinsse dîner, le surlendemain ; on verra bientôt pourquoi. Puis après m'avoir donné les détails du téléphonage, le lift nous quitta, et comme ces « employés » démocrates, qui affectent l'indépendance à l'égard des bourgeois, et entre eux rétablissent le principe d'autorité, voulant dire que le concierge et le voiturier pourraient être mécontents s'il était en retard, il ajouta : « Je me sauve à cause de mes chefs. »

    Les amies d'Albertine étaient parties pour quelque temps. Je voulais la distraire. À supposer qu'elle eût éprouvé du bonheur à passer les après-midi rien qu'avec moi, à Balbec, je savais qu'il ne se laisse jamais posséder complètement et qu'Albertine, encore à l'âge (que certains ne dépassent pas) où on n'a pas découvert que cette imperfection tient à celui qui éprouve le bonheur non à celui qui le donne, eût pu être tentée de faire remonter à moi la cause de sa déception. J'aimais mieux qu'elle l'imputât aux circonstances qui, par moi combinées, ne nous laisseraient pas la facilité d'être seuls ensemble, tout en l'empêchant de rester au Casino et sur la digue sans moi. Aussi je lui avais demandé ce jour-là de m'accompagner à Doncières où j'irais voir Saint-Loup. Dans ce même but de l'occuper, je lui conseillais la peinture, qu'elle avait apprise autrefois. En travaillant elle ne se demanderait pas si elle était heureuse ou malheureuse. Je l'eusse volontiers emmenée aussi dîner de temps en temps chez les Verdurin et chez les Cambremer qui, certainement, les uns et les autres, eussent volontiers reçu une amie présentée par moi, mais il fallait d'abord que je fusse certain que Mme Putbus n'était pas encore à la Raspelière. Ce n'était guère que sur place que je pouvais m'en rendre compte, et comme je savais d'avance que, le surlendemain, Albertine était obligée d'aller aux environs avec sa tante, j'en avais profité pour envoyer une dépêche à Mme Verdurin lui demandant si elle pourrait me recevoir le mercredi. Si Mme Putbus était là, je m'arrangerais pour voir sa femme de chambre, m'assurer s'il y avait un risque qu'elle vînt à Balbec, en ce cas savoir quand, pour emmener Albertine au loin ce jour-là. Le petit chemin de fer d'intérêt local, faisant une boucle qui n'existait pas quand je l'avais pris avec ma grand'mère, passait maintenant à Doncières-la-Goupil, grande station d'où partaient des trains importants, et notamment l'express par lequel j'étais venu voir Saint-Loup, de Paris, et y étais rentré. Et à cause du mauvais temps, l'omnibus du Grand-Hôtel nous conduisit, Albertine et moi, à la station de petit tram, Balbec-plage.

Le petit chemin de fer n'était pas encore là, mais on voyait, oisif et lent, le panache de fumée qu'il avait laissé en route, et qui maintenant, réduit à ses seuls moyens de nuage peu mobile, gravissait lentement les pentes vertes de la falaise de Criquetot. Enfin le petit tram, qu'il avait précédé pour prendre une direction verticale, arriva à son tour, lentement. Les voyageurs qui allaient le prendre s'écartèrent pour lui faire place, mais sans se presser, sachant qu'ils avaient affaire à un marcheur débonnaire, presque humain et qui, guidé comme la bicyclette d'un débutant, par les signaux complaisants du chef de gare, sous la tutelle puissante du mécanicien, ne risquait de renverser personne et se serait arrêté où on aurait voulu.

Ma dépêche expliquait le téléphonage des Verdurin et elle tombait d'autant mieux que le mercredi (le surlendemain se trouvait être un mercredi) était jour de grand dîner pour Mme Verdurin, à la Raspelière comme à Paris, ce que j'ignorais. Mme Verdurin ne donnait pas de « dîners », mais elle avait des « mercredis ». Les mercredis étaient des œuvres d'art. Tout en sachant qu'ils n'avaient leurs pareils nulle part, Mme Verdurin introduisait entre eux des nuances. « Ce dernier mercredi ne valait pas le précédent, disait-elle. Mais je crois que le prochain sera un des plus réussis que j'aie jamais donnés. » Elle allait parfois jusqu'à avouer : « Ce mercredi-ci n'était pas digne des autres. En revanche, je vous réserve une grosse surprise pour le suivant. » Dans les dernières semaines de la saison de Paris, avant de partir pour la campagne, la Patronne annonçait la fin des mercredis. C'était une occasion de stimuler les fidèles : « Il n'y a plus que trois mercredis, il n'y en a plus que deux, disait-elle du même ton que si le monde était sur le point de finir. Vous n'allez pas lâcher mercredi prochain pour la clôture. » Mais cette clôture était factice, car elle avertissait : « Maintenant, officiellement il n'y a plus de mercredis. C'était le dernier pour cette année. Mais je serai tout de même là le mercredi. Nous ferons mercredi entre nous ; qui sait ? ces petits mercredis intimes, ce seront peut-être les plus agréables. » À la Raspelière, les mercredis étaient forcément restreints, et comme, selon qu'on avait rencontré un ami de passage, on l'avait invité tel ou tel soir, c'était presque tous les jours mercredi. « Je ne me rappelle pas bien le nom des invités, mais je sais qu'il y a Madame la marquise de Camembert », m'avait dit le lift ; le souvenir de nos explications relatives aux Cambremer n'était pas arrivé à supplanter définitivement celui du mot ancien, dont les syllabes familières et pleines de sens venaient au secours du jeune employé quand il était embarrassé pour ce nom difficile, et étaient immédiatement préférées et réadoptées par lui, non pas paresseusement et comme un vieil usage indéracinable, mais à cause du besoin de logique et de clarté qu'elles satisfaisaient.

 Nous nous hâtâmes pour gagner un wagon vide où je pusse embrasser Albertine tout le long du trajet. N'ayant rien trouvé nous montâmes dans un compartiment où était déjà installée une dame à figure énorme, laide et vieille, à l'expression masculine, très endimanchée, et qui lisait la *Revue des Deux-Mondes*. Malgré sa vulgarité, elle était prétentieuse dans ses goûts, et je m'amusai à me demander à quelle catégorie sociale elle pouvait appartenir ; je conclus immédiatement que ce devait être quelque tenancière de grande maison de filles, une maquerelle en voyage. Sa figure, ses manières le criaient. J'avais ignoré seulement jusque-là que ces dames lussent la *Revue des Deux-Mondes*. Albertine me la montra, non sans cligner de l'œil en me souriant. La dame avait l'air extrêmement digne ; et comme, de mon côté, je portais en moi la conscience que j'étais invité pour le lendemain, au point terminus de la ligne du petit chemin de fer, chez la célèbre Mme Verdurin, qu'à une station intermédiaire j'étais attendu par Robert de Saint-Loup, et qu'un peu plus loin j'aurais fait grand plaisir à Mme de Cambremer en venant habiter Féterne, mes yeux pétillaient d'ironie en considérant cette dame importante qui semblait croire qu'à cause de sa mise recherchée, des plumes de son chapeau, de sa *Revue des Deux-Mondes*, elle était un personnage plus considérable que moi. J'espérais que la dame ne resterait pas beaucoup plus que M. Nissim Bernard et qu'elle descendrait au moins à Toutainville, mais non. Le train s'arrêta à Evreville, elle resta assise. De même à

Montmartin-sur-Mer, à Parville-la-Bingard, à Incarville, de sorte que, de désespoir, quand le train eut quitté Saint-Frichoux, qui était la dernière station avant Doncières, je commençai à enlacer Albertine sans m'occuper de la dame. À Doncières, Saint-Loup était venu m'attendre à la gare, avec les plus grandes difficultés, me dit-il, car, habitant chez sa tante, mon télégramme ne lui était parvenu qu'à l'instant et il ne pourrait, n'ayant pu arranger son temps d'avance, me consacrer qu'une heure. Cette heure me parut, hélas ! bien trop longue car, à peine descendus du wagon, Albertine ne fit plus attention qu'à Saint-Loup. Elle ne causait pas avec moi, me répondait à peine si je lui adressais la parole, me repoussa quand je m'approchai d'elle. En revanche, avec Robert, elle riait de son rire tentateur, elle lui parlait avec volubilité, jouait avec le chien qu'il avait, et, tout en agaçant la bête, frôlait exprès son maître. Je me rappelai que, le jour où Albertine s'était laissé embrasser par moi pour la première fois, j'avais eu un sourire de gratitude pour le séducteur inconnu qui avait amené en elle une modification si profonde et m'avait tellement simplifié la tâche. Je pensais à lui maintenant avec horreur. Robert avait dû se rendre compte qu'Albertine ne m'était pas indifférente, car il ne répondit pas à ses agaceries, ce qui la mit de mauvaise humeur contre moi ; puis il me parla comme si j'étais seul, ce qui, quand elle l'eût remarqué, me fit remonter dans son estime. Robert me demanda si je ne voulais pas essayer de trouver, parmi les amis avec lesquels il me faisait dîner chaque soir à Doncières quand j'y avais séjourné, ceux qui y étaient encore. Et comme il donnait lui-même dans le genre de prétention agaçante qu'il réprouvait : « À quoi ça te sert-il d'avoir fait du charme pour eux avec tant de persévérance si tu ne veux pas les revoir ? » je déclinai sa proposition, car je ne voulais pas risquer de m'éloigner d'Albertine, mais aussi parce que maintenant j'étais détaché d'eux. D'eux, c'est-à-dire de moi. Nous désirons passionnément qu'il y ait une autre vie où nous serions pareils à ce que nous sommes ici-bas. Mais nous ne réfléchissons pas que, même sans attendre cette autre vie, dans celle-ci, au bout de quelques années, nous sommes infidèles à ce que nous avons été, à ce que nous voulions rester immortellement. Même sans supposer que la mort nous modifiât plus que ces changements qui se produisent au cours de la vie, si, dans cette autre vie, nous rencontrions le moi que nous avons été, nous nous détournerions de nous comme de ces personnes avec qui on a été lié mais qu'on n'a pas vues depuis longtemps – par exemple les amis de Saint-Loup qu'il me plaisait tant chaque soir de retrouver au *Faisan Doré* et dont la conversation ne serait plus maintenant pour moi qu'importunité et que gêne. À cet égard, parce que je préférais ne pas aller y retrouver ce qui m'y avait plu, une promenade dans Doncières aurait pu me paraître préfigurer l'arrivée au paradis. On rêve beaucoup du paradis, ou plutôt de nombreux paradis successifs, mais ce sont tous, bien avant qu'on ne meure, des paradis perdus, et où l'on se sentirait perdu.

Il nous laissa à la gare. « Mais tu peux avoir près d'une heure à attendre, me dit-il. Si tu la passes ici tu verras sans doute mon oncle Charlus qui reprend tantôt le train pour Paris, dix minutes avant le tien. Je lui ai déjà fait mes adieux parce que je suis obligé d'être rentré avant l'heure de son train. Je n'ai pu lui parler de toi puisque je n'avais pas encore eu ton télégramme. » Aux reproches que je fis à Albertine quand Saint-Loup nous eut quittés, elle me répondit qu'elle avait voulu, par sa froideur avec moi, effacer à tout hasard l'idée qu'il avait pu se faire si, au moment de l'arrêt du train, il m'avait vu penché contre elle et mon bras passé autour de sa taille. Il avait, en effet, remarqué cette pose (je ne l'avais pas aperçu, sans cela je me fusse placé plus correctement à côté d'Albertine) et avait eu le temps de me dire à l'oreille : « C'est cela, ces jeunes filles si pimbêches dont tu m'as parlé et qui ne voulaient pas fréquenter Mlle de Stermaria parce qu'elles lui trouvaient mauvaise façon ? » J'avais dit, en effet, à Robert, et très sincèrement, quand j'étais allé de Paris le voir à Doncières et comme nous reparlions de Balbec, qu'il n'y avait rien à faire avec Albertine, qu'elle était la vertu même. Et maintenant que, depuis longtemps, j'avais, par moi-même, appris que c'était faux, je désirais encore plus que Robert crût que c'était vrai. Il m'eût suffi de dire à Robert que j'aimais Albertine. Il était de ces êtres qui savent se refuser un plaisir pour épargner à leur ami des souffrances qu'ils ressentiraient encore si elles étaient les leurs. « Oui, elle est très enfant. Mais tu ne sais rien sur elle ? ajoutai-je avec inquiétude. – Rien, sinon que je vous ai vus posés comme deux amoureux. »

« Votre attitude n'effaçait rien du tout, dis-je à Albertine quand Saint-Loup nous eut quittés. – C'est vrai, me dit-elle, j'ai été maladroite, je vous ai fait de la peine, j'en suis bien plus malheureuse que vous. Vous verrez que jamais je ne serai plus comme cela ; pardonnez-moi », me dit-elle en me tendant la main d'un air triste. À ce moment, du fond de la salle d'attente où nous étions assis, je vis passer lentement, suivi à quelque distance d'un employé qui portait ses valises, M. de Charlus.

À Paris, où je ne le rencontrais qu'en soirée, immobile, sanglé dans un habit noir, maintenu dans le sens de la verticale par son fier redressement, son élan pour plaire, la fusée de sa conversation, je ne me rendais pas compte à quel point il avait vieilli. Maintenant, dans un complet de voyage clair qui le faisait paraître plus gros, en marche et se dandinant, balançant un ventre qui bedonnait et un derrière presque symbolique, la cruauté du grand jour décomposait sur les lèvres, en fard, en poudre de riz fixée par le cold cream, sur le bout du nez, en noir sur les moustaches teintes dont la couleur d'ébène contrastait avec les cheveux grisonnants, tout ce qui aux lumières eût semblé l'animation du teint chez un être encore jeune.

Tout en causant avec lui, mais brièvement, à cause de son train, je regardais le wagon d'Albertine pour lui faire signe que je venais. Quand je détournai la tête vers M. de Charlus, il me demanda de vouloir bien appeler un militaire, parent à lui, qui était de l'autre côté de la voie exactement comme s'il allait monter dans notre train, mais en sens inverse, dans la direction qui s'éloignait de Balbec. « Il est dans la musique du régiment, me dit M. de Charlus. Vous avez la chance d'être assez jeune, moi, l'ennui d'être assez vieux pour que vous puissiez m'éviter de traverser et d'aller jusque-là. » Je me fis un devoir d'aller vers le militaire désigné, et je vis, en effet, aux lyres brodées sur son col qu'il était de la musique. Mais au moment où j'allais m'acquitter de ma commission, quelle ne fut pas ma surprise, et je peux dire mon plaisir, en reconnaissant Morel, le fils du valet de chambre de mon oncle et qui me rappelait tant de choses. J'en oubliai de faire la commission de M. de Charlus. « Comment, vous êtes à Doncières ? – Oui et on m'a incorporé dans la musique, au service des batteries. » Mais il me répondit cela d'un ton sec et hautain. Il était devenu très « poseur » et évidemment ma vue, en lui rappelant la profession de son père, ne lui était pas agréable. Tout d'un coup je vis M. de Charlus fondre sur nous. Mon retard l'avait évidemment impatienté. « Je désirerais entendre ce soir un peu de musique, dit-il à Morel sans aucune entrée en matière, je donne 500 francs pour la soirée, cela pourrait peut-être avoir quelque intérêt pour un de vos amis, si vous en avez dans la musique. » J'avais beau connaître l'insolence de M. de Charlus, je fus stupéfait qu'il ne dît même pas bonjour à son jeune ami. Le baron ne me laissa pas, du reste, le temps de la réflexion. Me tendant affectueusement la main : « Au revoir, mon cher », me dit-il pour me signifier que je n'avais qu'à m'en aller. Je n'avais, du reste, laissé que trop longtemps seule ma chère Albertine. « Voyez-vous, lui dis-je en remontant dans le wagon, la vie de bains de mer et la vie de voyage me font comprendre que le théâtre du monde dispose de moins de décors que d'acteurs et de moins d'acteurs que de « situations ». – À quel propos me dites-vous cela ? – Parce que M. de Charlus vient de me demander de lui envoyer un de ses amis, que juste, à l'instant, sur le quai de cette gare, je viens de reconnaître pour l'un des miens. » Mais, tout en disant cela, je cherchais comment le baron pouvait connaître la disproportion sociale à quoi je n'avais pas pensé. L'idée me vint d'abord que c'était par Jupien, dont la fille, on s'en souvient, avait semblé s'éprendre du violoniste. Ce qui me stupéfiait pourtant, c'est que, avant de partir pour Paris dans cinq minutes, le baron demandât à entendre de la musique. Mais revoyant la fille de Jupien dans mon souvenir, je commençais à trouver que les « reconnaissances » exprimeraient au contraire une part importante de la vie, si on savait aller jusqu'au romanesque vrai, quand tout d'un coup j'eus un éclair et compris que j'avais été bien naïf. M. de Charlus ne connaissait pas le moins du monde Morel, ni Morel M. de Charlus, lequel, ébloui mais aussi intimidé par un militaire qui ne portait pourtant que des lyres, m'avait requis, dans son émotion, pour lui amener celui qu'il ne soupçonnait pas que je connusse. En tout cas l'offre des 500 francs avait dû remplacer pour Morel l'absence de relations antérieures, car je les vis qui continuaient à causer sans penser qu'ils étaient à côté de notre tram. Et me rappelant la façon dont M. de Charlus était venu vers Morel et moi, je saisissais sa ressemblance avec certains de ses parents quand ils levaient une femme dans la rue. Seulement l'objet visé avait changé de sexe. À partir d'un certain âge, et même si des évolutions différentes s'accomplissent en nous, plus on devient soi, plus les traits familiaux s'accentuent. Car la nature, tout en continuant harmonieusement le dessin de sa tapisserie, interrompt la monotonie de la composition grâce à la variété des figures interceptées. Au reste, la hauteur avec laquelle M. de Charlus avait toisé le violoniste est relative selon le point de vue auquel on se place. Elle eût été reconnue par les trois quarts des gens du monde, qui s'inclinaient, non pas par le préfet de police qui, quelques années plus tard, le faisait surveiller.

« Le train de Paris est signalé, Monsieur », dit l'employé qui portait les valises. « Mais je ne prends pas le train, mettez tout cela en consigne, que diable ! » dit M. de Charlus en donnant vingt francs à l'employé stupéfait du revirement et charmé du pourboire. Cette générosité attira aussitôt une marchande de fleurs. « Prenez ces œillets, tenez, cette belle rose, mon bon Monsieur, cela vous portera bonheur. » M. de Charlus, impatienté, lui tendit quarante sous, en échange de quoi la femme offrit ses bénédictions et derechef ses fleurs. « Mon Dieu, si elle pouvait nous laisser tranquilles, dit M. de Charlus en s'adressant d'un ton ironique et gémissant, et comme un homme énervé, à Morel à qui il trouvait quelque douceur de demander appui, ce que nous avons à dire est déjà assez compliqué. » Peut-être, l'employé de chemin de fer n'étant pas encore très loin, M. de Charlus ne tenait-il pas à avoir une nombreuse audience, peut-être ces phrases incidentes permettaient-elles à sa timidité hautaine de ne pas aborder trop directement la demande de rendez-vous. Le musicien, se tournant d'un air franc, impératif et décidé vers la marchande de fleurs, leva vers elle une paume qui la repoussait et lui signifiait qu'on ne voulait pas de ses fleurs et qu'elle eût à ficher le camp au plus vite. M. de Charlus vit avec ravissement ce geste autoritaire et viril, manié par la main gracieuse pour qui il aurait dû être encore trop lourd, trop massivement brutal, avec une fermeté et une souplesse précoces qui donnaient à cet adolescent encore imberbe l'air d'un jeune David capable d'assumer un combat contre Goliath. L'admiration du baron était involontairement mêlée de ce sourire que nous éprouvons à voir chez un enfant une expression d'une gravité au-dessus de son âge. « Voilà quelqu'un par qui j'aimerais être accompagné dans mes voyages et aidé dans mes affaires. Comme il simplifierait ma vie », se dit M. de Charlus.

Le train de Paris (que le baron ne prit pas) partit. Puis nous montâmes dans le nôtre, Albertine et moi, sans que j'eusse su ce qu'étaient devenus M. de Charlus et Morel. « Il ne faut plus jamais nous fâcher, je vous demande encore pardon, me redit Albertine en faisant allusion à l'incident Saint-Loup. Il faut que nous soyons toujours gentils tous les deux, me dit-elle tendrement. Quant à votre ami Saint-Loup, si vous croyez qu'il m'intéresse en quoi que ce soit vous vous trompez bien. Ce qui me plaît seulement en lui, c'est qu'il a l'air de tellement vous aimer. – C'est un très bon garçon, dis-je en me gardant de prêter à Robert des qualités supérieures imaginaires, comme je n'aurais pas manqué de faire par amitié pour lui si j'avais été avec toute autre personne qu'Albertine. C'est un être excellent, franc, dévoué, loyal, sur qui on peut compter pour tout. » En disant cela je me bornais, retenu par ma jalousie, à dire au sujet de Saint-Loup la vérité, mais aussi c'était bien la vérité que je disais. Or elle s'exprimait exactement dans les mêmes termes dont s'était servie pour me parler de lui Mme de Villeparisis, quand je ne le connaissais pas encore, l'imaginais si différent, si hautain et me disais : « On le trouve bon parce que c'est un grand seigneur. » De même quand elle m'avait dit : « Il serait si heureux », je me figurai, après l'avoir aperçu devant l'hôtel, prêt à mener, que les paroles de sa tante étaient pure banalité mondaine, destinées à me flatter. Et je m'étais rendu compte ensuite qu'elle l'avait dit sincèrement, en pensant à ce qui m'intéressait, à mes lectures, et parce qu'elle savait que c'était cela qu'aimait Saint-Loup, comme il devait m'arriver de dire sincèrement à quelqu'un faisant une histoire de son ancêtre La Rochefoucauld, l'auteur des Maximes, et qui eût voulu aller demander des conseils à Robert : « Il sera si heureux. » C'est que j'avais appris à le connaître. Mais, en le voyant la première fois, je n'avais pas cru qu'une intelligence parente de la mienne pût s'envelopper de tant d'élégance extérieure de vêtements et d'attitude. Sur son plumage je l'avais jugé d'une autre espèce. C'était Albertine maintenant qui, peut-être un peu parce que Saint-Loup, par bonté pour moi, avait été si froid avec elle, me dit ce que j'avais pensé autrefois : « Ah ! il est si dévoué que cela ! Je remarque qu'on trouve toujours toutes les vertus aux gens quand ils sont du faubourg Saint-Germain. » Or, que Saint-Loup fût du faubourg Saint-Germain, c'est à quoi je n'avais plus songé une seule fois au cours de ces années où, se dépouillant de son prestige, il m'avait manifesté ses vertus. Changement de perspective pour regarder les êtres, déjà plus frappant dans l'amitié que dans les simples relations sociales, mais combien plus encore dans l'amour, où le désir a une échelle si vaste, grandit à des proportions telles les moindres signes de froideur, qu'il m'en avait fallu bien moins que celle qu'avait au premier abord Saint-Loup pour que je me crusse tout d'abord dédaigné d'Albertine, que je m'imaginasse ses amies comme des êtres merveilleusement inhumains, et que je n'attachasse qu'à l'indulgence qu'on a pour la beauté et pour une certaine élégance le jugement d'Elstir quand il me disait de la petite bande, tout à fait dans le même sentiment que Mme de Villeparisis de Saint-Loup : « Ce sont de bonnes filles. » Or ce jugement, n'est-ce pas celui que j'eusse volontiers porté quand j'entendais Albertine dire : « En tout cas, dévoué ou non, j'espère bien ne plus le revoir puisqu'il a amené de la brouille entre nous. Il ne faut plus se fâcher tous les deux. Ce n'est pas gentil ? » Je me sentais, *puisqu'elle avait paru désirer Saint-Loup, à peu près guéri pour quelque temps de l'idée qu'elle aimait les femmes, ce que je me figurais inconciliable. Et, devant le caoutchouc d'Albertine, dans lequel elle semblait devenue une autre personne, l'infatigable errante des jours pluvieux, et qui, collé, malléable et gris en ce moment, semblait moins devoir protéger son vêtement contre l'eau qu'avoir été trempé par elle et s'attacher au corps de mon amie comme afin de prendre l'empreinte de ses formes pour un sculpteur, j'arrachai cette tunique qui épousait jalousement une poitrine désirée, et attirant Albertine à moi : « Mais toi, ne veux-tu pas, voyageuse indolente, rêver sur mon épaule en y posant ton front ? » dis-je en prenant sa tête dans mes mains et en lui montrant les grandes prairies inondées et muettes qui s'étendaient dans le soir tombant jusqu'à l'horizon fermé sur les chaînes parallèles de vallonnements lointains et bleuâtres.*